张斌彬　李　纲　李晓雷　著

户外运动与户外安全防护研究

应急管理出版社
·北京·

图书在版编目（CIP）数据

户外运动与户外安全防护研究 / 张斌彬，李纲，李晓雷著. --北京：应急管理出版社，2019

ISBN 978-7-5020-7495-1

Ⅰ.①户… Ⅱ.①张… ②李… ③李… Ⅲ.①体育锻炼—安全防护—研究 Ⅳ.①G806

中国版本图书馆 CIP 数据核字（2019）第 100138 号

户外运动与户外安全防护研究

著　　者　张斌彬　李　纲　李晓雷
责任编辑　马明仁
封面设计　优盛文化

出版发行　应急管理出版社（北京市朝阳区芍药居 35 号　100029）
电　　话　010-84657898（总编室）　010-84657880（读者服务部）
网　　址　www.cciph.com.cn
印　　刷　定州启航印刷有限公司
经　　销　全国新华书店

开　　本　710mm×1000mm 1/16　**印张**　13 1/2　**字数**　248 千字
版　　次　2019 年 7 月第 1 版　2019 年 7 月第 1 次印刷
社内编号　20192237　**定价**　59.00 元

前 言

户外运动是一项新兴的体育运动，是人们休闲娱乐的重要方式。随着我国经济社会的发展，特别是人民生活水平的提高，人们对高质量、有品位、有个性的生活和休闲娱乐方式越来越看重，并一直在努力追寻。户外运动作为一种愉悦身心、锻炼自我、亲近自然的生活方式受到广大群众的青睐。此项运动在全国发展十分迅猛，目前我国户外运动活动组织形式多达几十种，各类户外运动俱乐部700余家，已逐渐形成了装备制造与销售、竞赛表演、培训服务等市场，有效刺激了户外运动装备、户外运动服务、户外运动赛事，甚至是旅游等相关产业的发展，成为全民健身运动的重要组成部分和经济社会协调发展的重要促进力量。

户外运动教学是以户外运动项目群所共有的基本知识、技术、技能为主要教学内容，以培养学生参与户外运动及相关竞赛所具有的身体素质、心理品质和适应能力为主要教学目的，帮助学生形成健康人格、全面提高综合素质的系列体育课程教学，对促进学生成长成才具有独特的、不可替代的重要作用。

《国家中长期教育改革和发展规划纲要（2010—2020年）》明确指出，要“把提高质量作为教育改革发展的核心任务”。教学质量的提升必须以创新和改革为基础，整合课程是突破传统教学资源匮乏限制，实现课程优化的有力手段。我们本着将相近课程进行交叉、渗透、融合的总体思路，将定向运动、户外拓展运动和安全防护技能这三个既相互联系又体现整体合力特征的体育选项课进行有机的统一。实践证明，三者的有效融合，丰富了各自的教学内容，拓宽了教学领域，形成了最佳的合力效应，培养了学生动脑、动手、团队合作的能力，学生的安全意识得以大幅提升，课程整合改革已彰显成效。基于前期的改革经验和未来构想，我们举全体课程组教师之力，编写本部教材。

本书从较为宏观的角度，列举了各项户外运动的预防措施，以及如何应对意外情况，主要目的在于加强教师和学生对户外运动的认识，增强教师和学生户外运动的安全意识。学校筹办专门的户外运动时，除参考本书的内容外，还须咨询具有相关资格的专业机构，向他们寻求更详尽的活动方案。

作者

2019年3月

目 录

第一章　户外运动概述

第一节　户外运动的起源与发展

一、户外运动的起源与发展

“户外”何解？从字面上看，凡走出家门的，就叫户外。国内也有观点认为户外运动就是“挑战生命，挑战自然，探索险境”。事实上，“户外”更应该被解释为“与我们城市相对立的一种生活形态，而不仅仅是一个探险和挑战”，其宗旨是将人们从生活和工作的双重重压下解放出来，使其疲劳得以缓解，精神得以放松。

狭义的户外运动，通常就是户外登山、露营、定向、远足、穿越、攀岩、攀冰、蹦极、漂流、冲浪、溯流、潜水、滑雪、滑草、高山速降、拓展、滑翔、热气球、飞行滑索、自行（MRP）车、越野山地车等运动。

户外运动最早兴起于18世纪的欧美国家，它从早期的科学考察和户外探险演化而来。

早在1760年5月时，一位在当时享有盛名的法国科学家德·索修尔为了研究探索高山植被就曾在阿尔卑斯山脚下的一个小镇——夏木尼贴出了一则悬赏告示：“凡能登上或提供登上勃朗峰之巅线路者，将以重金奖赏。”勃朗峰是阿尔卑斯山的顶峰，也是西欧地区的最高山峰，它位于法国境内，海拔高达4810米。就当时人们的登山设备和登山经验而言，登上勃朗峰是难以实现的。故而，直到1786年8月，也就是告示贴出26年之后，此告示才被一位当地的医生巴卡罗揭下，他于当年8月6日登上了勃朗峰。巴卡罗有一位登山伙伴叫做巴尔玛，此人以在当地山区采掘水晶石为生，对山区情况较为熟悉，即使如此，对于这次成功登顶，他们二人也筹备了足足两月有余。

之后，德·索修尔组建了一支登山队，共20余人，并请来巴尔玛作为向导，精心筹备后，于1787年8月3日，再次登上勃朗峰。此行中，德·索修尔顺利地完成了他的科学考察，记录了很多珍贵的科学数据，涉及勃朗峰的自然环境和登山人员的人体生理问题等许多方面。从此，登山作为一项户外运动，进入了历史舞台。因此，后世将1786年称作登山运动的诞生年，将夏木尼镇看作是这项运动的发祥地，德·索修尔、巴尔玛等参加这次登山的人更是被看作此项运动的创始人，甚至"阿尔卑斯运动"被作为登山运动的别称而存在。毋庸置疑，以上这些均被国际登山界所认可。

18世纪时，有三类人参与登山：一类是因传教需要而穿越山区的传教士；另一类是参与山地环境下自然生态研究的科学家；第三类则是想通过登山来寻求刺激的一些企业家或实业家。自工业革命以后，这些新阶层的人有了足够的资金和时间，登山就此成为了他们的一种休闲娱乐方式。那时所有的登山者都以首次登上某一山峰（即首登）为傲，所以在阿尔卑斯山脉中那些坡缓易登的山峰很快就都被首登过了。余下的多是一些冰岩地形的山峰，这些山峰常年积雪很难登顶。虽然装备粗陋，技术落后，但是当时的登山者也研发出了一套完善的登山技术方法。二战时期，当时的军队为了能够在这种特殊地形上有效作战，进一步完善了这些登山技术，野营和攀岩就是这时初步形成的，直到1970年之后才完善成分类的体育项目。短暂的发展史并没有影响这些运动项目在各发达国家的普及，只是短短几十年的时间，在欧美国家野外露营这项运动就被各个年龄段的人群广泛接受和喜爱。

户外运动最早是作为谋生手段存在的，因为无论是采药、狩猎还是战争等等，都是人们为了生存发展而不得不进行的活动。而人们首次将户外活动有目的地运用到实际中去，就是第二次世界大战时，英国特种部队为了提高军队的野外作战能力和军人间的团队协作能力，开始以绳网或自然屏障作为障碍物，对其特种兵进行野外障碍训练。众所周知，二战期间有多起海难发生，而这些海难的幸存者年龄大多在28岁到38岁之间，主要原因是他们大多生活阅历丰富，心理成熟度较高，并具有良好的团队合作意识。

二战结束后，经济高速发展，战争也逐渐淡出了人们的记忆，户外活动从此逐渐远离了军事和求生的范围，变成一种单纯的可以提高人们生活品质的休闲娱乐方式。19世纪80年代末，首次越野探险挑战赛于新西兰举行，自此，各种形式和规模的户外活动和比赛迅速蔓延至世界各地，并被各国人民广泛接受和喜爱，尤其在欧洲，几乎每年都会举办大规模的挑战赛。近代竞技运动最早主要是在英国发展起来的，故而人们将英国称作"户外运动之乡"。而在美国，户外运动的参与量及其产值则高居所有体育运动的第三位。18 世纪中叶，资本主义工业化开始，由于蒸汽机的改良和珍妮纺织机的出现，个体手工业被大规模的工厂化生产所取代，英国最早完成工业革命，进入“机器时代”。虽然以军事为目的的兵式体操运动在当时的欧洲正占据主流，但是在英国，新产生的资产阶级却在本国大力推行户外运动，其目的在于改善由于大规模机器生产而造成的生产节奏加快和城市人口剧增等社会问题。这时开展的户外运动种类很多，有帆船、游泳、赛艇、水球、钓鱼等在水上举行的运动；有登山、旅行、狩猎等在山林间进行的运动；有羽毛球、板球、足球、地滚球、曲棍球、橄榄球和高尔夫球等球类运动；也有疾跑、射箭、滑冰、跳远、跳高、撑竿跳高等其他类型的运动。户外运动这种无拘无束、任意随性的特点，使其成为当时英国民众广泛向往和追求的一种体育休闲方式。

鉴于以上所述的户外运动的发展历程，我们将户外运动做了如下定义：户外运动是指以自然环境为场地的带有探险性质或体验探险性质的体育活动项目群。

二、户外运动的分类

（一）根据户外运动开展的场地分类

根据开展活动的自然场地不同，可将户外运动作以下分类：山地户外运动、高原户外运动、海岛户外运动、荒漠户外运动、人工建筑户外运动。

1. 山地户外运动

（1）丛林系列：定位与定向、丛林穿越、丛林宿营、丛林急救等。
（2）峡谷系列：如溯溪、溪降、搭索过河、漂流等。
（3）岩壁系列：如攀岩、岩降、攀冰等。
（4）其他系列：如群众登高活动。

2. 高原户外运动

（1）高原探险系列：如高原徒步、高原峡谷穿越、江河源头探险。
（2）高山探险系列：如登山、高山滑雪等。

3. 海岛户外运动

（1）近岸水域系列：如水中滚木、木筏环岛等。
（2）滩涂运动系列：如滑沙、结绳负重、沙地（上升器）拔河等。
（3）荒岛生存系列：如觅食、觅水、宿营、联络、求援等。

（4）峭壁运动系列：如海上攀岩、悬崖跳水、溜索等。

4. 荒漠户外运动

（1）荒原运动系列：如穿越项目、生存项目等。
（2）戈壁运动系列：如戈壁穿越、戈壁生存等。
（3）沙漠运动系列：如沙漠穿越、沙漠生存等。

5. 人工建筑户外运动

（1）水平户外系列：如自行车、公路徒步穿越、汽车公路穿越、公路穿越等。
（2）垂向户外系列：如攀楼、攀塔等。

（二）从体育竞技角度分类

户外运动从体育竞技这一角度，可分为以下四大类：

（1）荒漠运动：如荒漠定位与定向、徒步越野、畜力越野、非动力机械越野、信号与联络等。

（2）峡谷运动：如溯溪、山涧漂流、搭绳渡河等。

（3）山地运动：如山地（定点）徒步越野、器械越野、登山、攀岩、攀冰、岩降、滑雪等。

（4）野外生存：如生存技能、露营、救援、自救互救等。

第二节　户外运动的价值与规则

户外运动是一种集体育锻炼、休闲娱乐、旅游探险等性质为一体的运动形式，体现了人们精神需求的提高。户外运动带给人们的不仅是一种健康向上的生活体验，还是一种积极乐观的人生态度。人们通过参加户外运动不仅可以锻炼身体、修身养性，而且可以增长见识和开阔胸怀。从某种意义上说，户外运动更是一种人们对自我的挑战，因为在户外运动中，人们可以更好地发掘自身潜能，在面对困难时，激励自己勇敢面对，在克服困难后，又可以增强自信。另外，在户外运动中，人们相互鼓励、相互协作，共同渡过困境的经历拉近了人与人之间的关系。人们对户外运动的钟爱不单单是因为受到回归自然的影响，更是源于人们与生俱来的对大自然和生活的热爱。

一、户外运动的价值

户外运动倡导“自然、环保、健康、自由”的生活态度，崇尚“平等、真诚、互助”的人文精神。户外运动，使人们通过亲近自然、挑战自我的形式，还原人类生存的本质意义，对人的生理及心理健康有着极大的促进作用。

（一）户外运动与生理健康

户外运动属于体育活动的范畴，它对促进人体机能发育和增强人体体质有着显著的作用，辩证来看，参与户外运动也需要人们具有较好的身体素质。总而言之，户外运动与人们的身体健康有着相当密切的关系。

1. 户外运动对神经系统的影响

现代科学研究证实，神经系统是人体最重要的调节方式之一，它的直接参与保证了人体正常生命活动的有序进行。根据神经生理学所述，当人体运动时，无论是肌腱与肌肉的牵张或收缩，还是人体其他各部位的空间位移，这些信息都会转化为神经冲动，源源不断地传向神经中枢，最后到达大脑皮层。通过适量的运动，可以给大脑皮层提供重要的外围生理刺激，使其兴奋和抑制的过程更加协调，神经系统因此得到一定的锻炼，工作效率得以提高，有利于提高其对各脏腑组织功能的调节。

2. 户外运动对呼吸系统的影响

现代科学研究证实，运动时人体的交感神经兴奋、支气管平滑肌松弛、呼吸道阻力减少，人体产生的条件反射使呼吸加深、加快，导致有更多的肺泡参与气体交换，呼吸肌的活动也明显增强，这时肺部的通气量和摄氧量是人体静止时的近十倍。可见，户外运动可以使人体的肺组织保持弹性良好，为人体提供更充足的氧，进而改善人体的呼吸功能。

3. 户外运动对心血管系统的影响

当运动持续几秒钟后，会对心血管造成影响，人体就开始进行复杂的心血管功能调节，调节的幅度与运动的强度密切相关。这种调节主要用于为运动肌肉提供主要的能源物质并将运动产生的代谢物排除，进而保证正常的肌肉工作运动时交感神经兴奋和儿茶酚胺分泌等，心肌收缩力加大，增加了心脏每次搏动的输出量，进而使心脏每分钟的输出量明显增加。运动时，参与运动的肌肉内的毛细血管会扩张，以加快血液流速，随之动脉血压也会发生变化，主要是收缩压上升，舒张压变化并不明显。肌肉的反复收缩和舒张对静脉血管产生“按摩”效应，加快了体内血液的回流。可见，运动时肌肉内的血管均被调动起来，增强了血管的弹性。另外，运动对其他脏器血管影响与对肌肉血管影响不同，其他脏器血管会相应收缩，导致血流发生重新分配。通常情况下，人体进行中等强度的运动时，心脏排血量增大 3 倍，肌肉血容量提高 10 倍，摄氧能力增加 3 倍，那么做功肌最终的获氧量是运动前的 90 倍。可见，坚持适度规律性的运动锻炼可以起到协调和改善肌肉功能的作用，还可以锻炼心肌，使日常活动时血压平稳、心率减慢，使定量运动时心率、血压与排血量变化率降低，身体能够较快适应，使心脏的储备能力增加，当面对更加剧烈的运动时，能够满足身体的各项需要。

4. 户外运动对消化系统的影响

户外运动对消化系统的整体机能有提高作用。具体表现为：户外运动可以增加胃肠道蠕动动力，有利于排便。腹式呼吸时膈肌运动幅度加大，相当于对腹腔脏器进行了按摩。运动对胆汁合成和排出有促进作用，降低胆固醇在肌肉中的含量，增加了人体胆固醇的排出量。

5. 户外运动对代谢的影响

户外运动对人体代谢十分有益，特别是促进了脂类的代谢，并可以提高体内蛋白质的质量。坚持定量运动有利于体内脂蛋白酶活性增加，促进三酰甘油和极低密度脂蛋白的分解，并提高高密度脂蛋白的含量，进而优化人体氧化利用脂肪酸的能力。相关报道指出，虽然血液中总胆固醇的含量与人体是否长期参与运动无关，但参与慢跑等项目的运动员与不运动者相比，其体内的高密度脂蛋白含量较高，低密度和极低密度脂蛋白含量较少。这两种密度脂蛋白的作用恰好相反，高密度脂蛋白有利于清除脂肪堆积，而极低密度脂蛋白促进了脂肪沉积于血管壁。除此之外，运动还可以促进体内水和电解质的代谢，导致人体产热增加，受到外周温度感受器和下丘脑体温调节中枢的调节后，75% 的热能会通过出汗的形式排出体外。

6. 户外运动对内分泌、免疫功能的影响

机体遇到刺激后，会产生相应的运动应激反应，这种非特异性适应反应具有以下特征：交感——肾上腺髓质及垂体——肾上腺皮质的功能增强，进而导致血液内一些相关激素和神经肽浓度发生改变。现今多方证据均已证明，一旦以下丘

脑——垂体——肾上腺皮质为轴的神经内分泌系统被激活，人体的免疫功能会受到一定程度的影响。因此，长期定量的进行户外运动，有助于人体内分泌的调整和人体免疫功能的提高。

7. 户外运动对运动系统的影响

运动在促进和维持骨的整体结构中起着至关重要的作用，它不但可以提高骨质密度，增加骨质储备，改善骨皮质厚度和硬度，还承担着为软骨组织输送营养的任务。软骨与正常骨骼不同，没有直接的血管供应，其营养的主要来源是软骨下骨组织的血液以及关节液，而运动对软骨产生的“挤压”促进关节液“渗入”软骨，为软骨组织提供营养。另外，各种形式的运动方式对骨骼肌功能的影响也不同：耐力性运动可提高肌细胞内线粒体数量和体积，提升线粒体酶活性，在运动中降低糖原利用率，产生较少的乳酸，增加肌耐力；力量性运动可使肌肉横断面积明显增大、肌纤维增粗、肌力增强。总之，运动可使体内主动肌、拮抗肌、辅助肌更为协调地工作。

（二）户外运动与心理健康

心理健康是指个体无论在何种环境中均能很好适应并保持良好的效能状态。一个人不仅仅是生物体，更是一个社会成员，而健康的心理是一个社会人适应社会的基本条件。根据体育心理学的研究，所有的体育运动都需要参与者具有坚定的信心、优秀的自控能力和坚毅果敢的意志性格等优秀的心理素质。因此，通过运动锻炼的方式，可以有针对性地填补人们的心理缺陷，培养人们健全的人格。可见户外运动不仅有利于人们的身体健康，而且对保持人们的心理健康有更重要的意义。

1. 户外运动与情绪调控

近年来我国城市化进程脚步加快，城市化给人们生活带来便利的同时，其快节奏的生活也使个人与家庭间的距离逐渐增大，人与人之间的关系更加淡漠。在紧张的学习和工作中，人们急需一种适当的途径来宣泄这种紧张的情绪，而户外运动正好可以适量缓解人们的这种压迫感。户外运动特有的刺激性、挑战性和冒险性，使其成为人们放空心灵、宣泄情感的重要途径。绝大多数人都可以通过参加户外运动的方式来宣泄心中的压抑感，最终获得心理正能量。户外运动的艰苦辛劳与都市生活的舒适惬意相比有很大不同，带给人们以不同的生活体验，使人们更加珍惜现有的生活，更加爱惜生命。

2. 户外运动与智力发展

时常参加户外运动，不但可以提高锻炼者的反应能力和思维能力，改善其注意力、记忆力和想象力，还可以稳定参与者的情绪，使其具有开朗的性格。这些因素虽是非智力的，却可以提高中枢神经系统和大脑的功能，进而促进人的智力发展。换言之，良好的体质，特别是良好的神经系统，才是智力发展的基石。首先，户外运动是在户外良好的有氧环境中进行的，能为大脑活动提供充足的氧气供应。其次，户外运动练习并不是一项单纯的体力运动，也需要大量的脑力活动，户外运动时会有大量信息涌入大脑和神经系统，对大脑细胞产生持续性刺激，促进大脑神经的发育。一旦大脑神经细胞的突起和分支增多，整个大脑皮层活动的灵活性、协调性和强度也会改善，外在表现就是人们的注意力、记忆力得到提升，感知能力更加敏锐。这些都能说明户外运动可以有效促进人类智力的发展。

3. 户外运动与人际交往

户外运动中，参与者与人和自然和谐相处，满足了交往与情感的需要，使其内心充满愉悦；一旦战胜困难获得成功，从中发现自己的个人价值，也就获得了成就感和自我实现的喜悦，可见户外运动为人们提供了更高品质的情感体验。其中体现出的互相关心、互相帮助的团队协作精神和征服大自然、挑战自我、实现自我的大无畏精神，将会增加我们对社会的适应性。

二、户外运动的活动守则

户外运动中存在许多难以预料的因素，当有意外或计划外的情况发生时，如果事先准备不足，参与人员将浪费大量的时间来解决这些意外的困难。而如果准备工作做得充足，即便困难重重，我们也可以淡定应对。所以如果我们能够根据可能面临的特殊情况做出一套详尽、周全的行动方案，并按照其进行准备，那么将显著提高户外活动的安全性、舒适性和愉悦性。因此以下活动守则在户外运动中是必须遵循的。

第一，时刻要有危险意识。所有户外运动者必须牢记入门的第一课，就是要学会“害怕”，懂得尊重生命。

第二，要储备个人体能。因为在户外运动时，环境变化难以预测，当恶劣环境来临时，身体内的隐藏病症就可能会爆发出来，带来不良后果。

第三，要学习相关知识。户外运动绝不是仅靠热情就能进行的，要学习相关的知识。例如需要学会运用地图等定位工具，还要学会必要的急救知识。

第四，选择专业、安全的户外装备。户外运动是一项专业的运动，从事户外运动，早期需要有较高投入，为了保证自身安全，一定要选择专业、可靠的户外装备。同时，初入户外运动者，切勿轻易尝试高山、悬崖等危险性较高的运动项目。

第五，选择户外团体时，最好选择正规俱乐部。专业的户外俱乐部通常会做活动预案，而且联络系统和后勤保障较为完备。这些条件，自发的团体活动一般是不具备的，它们的活动较为随意和盲目，导致问题出现的概率大幅增加。

第二章　户外运动的基本准备

第一节　周密计划

户外运动的无穷吸引力，源于爱好者对回归大自然的渴望以及挑战极限、超越自我的体验心境。诚然，户外运动能欣赏到沿途美景，可严酷的环境对参与者体力、经验、装备和团队意识等方面也带来了考验。专业户外运动员在从事这项运动的过程中都会出现不可预知的事故，何况是初学者。俗话说，良好的开端是成功的一半。在开展野外活动之前，必须制订一个详细的活动计划。制订计划一方面是使户外活动的目的性明确，另一方面可以帮助组织者考虑得更周全。计划的周密与否直接影响到活动开展效果的优劣。

一、户外运动前期准备

（一）收集信息资料

对于户外运动的目的地，我们应该尽可能地掌握和了解更多的信息，了解目的地的交通、住宿、民俗、历史、文化、建筑等情况，多研究当地人们的生活习惯和特点，多了解当地的风俗和各种禁忌，准备一份详细的地图并认真阅读；多读一些相关资料，比如河流的走向和流速；水的落差、速度以及有无险滩；山的高度、坡度；植被的种类、特点与分布情况；气候条件、日夜温差及变化特点、何时天亮、何时天黑、月亮阴晴圆缺、何时潮起潮落、风力风向如何等情况。对于这些情况，了解得越多，准备工作就能做得越充分，就能为圆满完成户外运动打好基础。

（二）明确活动目标

每次户外活动的目标都不一样，在出行之前要明确活动目标，只有在明确每次活动的目标后，才能实现户外活动功能的最大化。没有目标的户外活动，在安全上存在隐患，也会使活动本身没有什么乐趣。因此，明确活动目标是在出行之前必须要做的准备。

（三）明确活动内容

在明确活动目标之后，要做的就是根据活动目标，明确活动内容。每一项户外运动项目达到的效果都是不一样的，活动内容就需要参照活动地点收集的资料特点予以匹配，在安全原则下，把风险控制在可承受的范围内。

二、合理制订计划

在完成了以上这些准备工作后，我们就应该对户外行程制订一个合理的行动计划。总体来说，整个行动可以分为行动前准备阶段、行动开始阶段和行动结束后恢复阶段。对于每个阶段，都应该有一个明确的任务和目标，并列出详细的进程表，对于这一阶段中可能出现的各种情况都应该进行全面的预想并做好充分的准备。对于每一阶段的每一次行动，在出发前也应该有一个细致而周密的计划，并严格按照计划进行落实。也就是说，对于整个户外行程我们应该有个整体计划，每一个小的行动我们都应该有详细的计划，这样，才能扎扎实实地走好每一步，牢牢掌握住户外运动的主动权。

以下是制订计划的基本要求。

1. 熟悉

（1）要保持头脑清醒，量力而行；
（2）思路清晰；
（3）任何环节都要做到心中有数。

2. 周详

（1）交通及线路问题；
（2）食宿问题；
（3）装备物资情况；
（4）医疗保障情况；

（5）行程的安排；
（6）经费问题；
（7）人员情况。

3. 共知

（1）做书面计划，所有参与人员共知认同；
（2）有备份方案；
（3）机动人员安排。

三、树立安全意识

户外运动不可预测的因素很多，风险随时都有，危险随时可能发生，不可掉以轻心。因此，我们必须要树立安全防范意识。

（一）安全防范知识储备

在户外运动过程中，安全最为重要。户外运动中意外受伤时有发生，出行之前务必做好充分准备和学习户外安全急救与防范知识，了解户外用品的正确使用方法，等等。了解野外生存知识会减少意外的发生。一旦发生意外，如果了解救护的基本常识，准确、充分地利用事发后最为关键的时间，正确及时地组织施救，可以减少损伤的程度，最大限度地保证出行目的的实现。

（二）保持良好心态

户外运动具有一定的危险性，参加者有时候可能会在突然间陷入十分危险的境地。然而，面对危险和困难，不仅需要各种生存的技巧，同时更需要有顽强的意志。要学会控制自己的情绪，调节自己的心理，在任何情况下都保持一种良好的心态，是克服困难、走出险境的重要前提。

（三）化解可能的风险

户外运动的风险并不可怕，关键在于是否有应付风险的思想准备和安全措施。要想快乐安全地参加户外活动，就要做好充分的准备工作。这包括两个方面：一是做科学理智的户外运动实践者，必须遵循循序渐进的原则；二是加强自身的体能训练与经验积累，最大限度地防范风险。

第二节　身心准备

一、体能锻炼

从事户外运动，必须要有健康的体魄和充沛的体能。有目的的锻炼和体能训练是非常重要的举措。所以，在决定进行户外运动之前，应制订一个详细的计划，做好充分的体能准备。

（一）健康检查

在参加户外运动，尤其是涉及登山、高空运动等项目之前，很有必要进行一次身体健康检查和体能测试，以便更好地了解自己的身体状况并制订相应的锻炼计划。即使是在熟悉的环境中进行的有危险性的户外运动，也需要事先进行健康检查，即便是感冒之类的小恙也不可疏忽大意。

（二）符合户外运动特点的几种锻炼方法

1. 长跑

长跑是慢速度、长时间、长距离的有氧锻炼方法。呼吸节奏为：二步一呼、二步一吸或三步一呼、三步一吸，节奏不能起伏过大。练习方法：开始时每周 3 ~ 5 次，每次 20 分钟左右，距离 3000 ~ 4000 米；2 ~ 3 周后，时间逐渐增长。最后增加到 40 ~ 50 分钟，距离逐渐增加至 8000 ~ 10000 米或更长，每天运动量可以不恒定，但运动量增加要遵循循序渐进的原则。

2. 爬、跑楼梯（山坡）

爬、跑楼梯（山坡）练习应分组练习，以 10 层为例，上下跑一趟为一组，练习 4 ~ 5 组，组间休息几分钟。随着运动能力增强，练习组数可增加到 8 ~ 10 组，练习时间也由开始的每次运动 20 ~ 30 分钟增加到每次 40 ~ 50 分钟。

3. 游泳

游泳是户外运动爱好者必须掌握的基本技能之一。可选择长距离游

（500 ~ 1000 米）或短距离游，具体游距应根据身体状况选择，并在练习中不断克服“极点”。

4. 跳绳

跳绳持续时间不长，强度较高，可提高心肺功能，发展腿部力量，增强力量、耐力、灵活性和协调性。

5. 负重

负重行走作为适应性练习，可选择背负 25 ~ 35 公斤重物，距离 3 ~ 4 公里（途中设置障碍如楼梯、沙地、水沟）为一组，练习 2 ~ 3 组。

二、心理适应

户外运动作为一项艰苦的活动，是对参与者意志和体力的考验。装备及健康的身体是不可缺少的，同时参加户外运动的心理准备也是必需的。在户外运动过程中一个重要的因素是将自己整个身心融入大自然中，在“美丽而又危险的大自然之旅中”洗涤着我们的心灵。但户外运动的乐趣经常伴随着艰苦。想户外运动的人要有心理准备接受大自然的一切：既享受微风轻拂，也要承受狂风暴雨；既欣赏山边的美丽花朵，也要接纳刺人的灌木；既聆听鸟雀鸣唱，也要忍受蜇人的昆虫的考验。户外运动是用艰辛的方式来获得一种特殊的体验，因此要真正享受到这种乐趣，做好心理准备是不可或缺的。所以，我们要努力提高自己的心理承受能力，集中精力克服客观存在的困难，在户外运动过程中陶冶和磨炼身心。

第三节　装备购置

一、户外装备的分类及作用

户外装备是指户外运动爱好者在户外运动中需要使用到的器械、服装等物品。户外运动既不同于居家生活，也不会如普通旅游那样有完善的补给条件，户外的环境往往比较恶劣多变。所以在户外运动中，装备占有相当重要的地位，参与者为了保证活动的顺利进行和自身的安全，需备有合适的户外装备。比如，野外穿越往往需要露营，这时参与者应该携带合适的露营装备；溯溪运动中活动环境处于水中，需要装备有良好的防水性；高海拔登山对装备有着极高的保暖、抗风要求。

户外装备按使用范围可以分为个人装备和公用装备。个人装备包括背包、睡袋、防潮垫、户外衣物、登山杖等；公用装备是指一个团队集体使用的物品，主要包括帐篷、炉具、对讲机、登山绳等。公用装备可以是个人所有，但是由团队分享使用。

户外装备按照户外用途又可以分为基础装备和专业装备。基础装备一般指大多数户外运动常用的、大多数户外爱好者都会拥有的装备，例如背包、睡袋、帐篷、户外服装、指北针、灯具等；专业装备是指在特殊的活动中需要使用到的装备，例如高海拔登山的高山靴、冰爪、冰镐，攀岩运动中的安全带、攀岩鞋，探险活动中的海事卫星电话，滑雪运动的滑雪板等。

针对户外运动的特殊性质，参与者对于户外装备的设计和质量也有着特别的要求。比如冲锋衣除了要求材料有防雨性外，还需要透气、耐磨、防风等，另外在设计上也有别于一般的风雨衣。应该说，户外装备是根据参与者的实际需要来设计生产的，消费者应该根据自己的需要来利用户外装备，以便于达到物尽其用的效果。在登山和探险等户外活动中，装备就是运动者的生命，如果装备不适合或者使用不当，轻则会导致运动者受伤，重则会使运动者有生命危险。

二、基础装备

（一）背包

背包是户外最重要、最基础的装备之一。户外活动中，通常都需要携带大量物品，如帐篷、睡袋、衣物、食品等，这时一个专用的背包就可以发挥很大的功效。早期的背包背负系统设计不合理，将重量集中在双肩上，长期使用之后会造成肩、腰部的酸痛疲乏。而随着设计水准的不断提高，如今专业的户外背包既可以省却手提的麻烦，又可以保持行走的稳定，而且能够最大限度地减轻旅行者在负重情况下的身体疲劳。

1. 分类

不同大小和设计的背包适合不同领域的户外运动，如高海拔登山、攀冰、自行车等户外运动所使用的背包都有特殊的外挂点，以方便携带冰镐、头盔、水袋等用具。

1）根据使用范围分类

①登山包。一般是指进行高海拔山峰的攀登活动时所使用的背包。因为其环境特点，除了需要可靠的质量外，背包还需要特殊的设计，比如专门的外挂点，方便携带冰镐、冰爪、绳索等技术装备。

②越野包。一般是指长途的负重穿越，往往需要在野外露营时所使用的背包。长途负重穿越对于背包要求较高，不但需要方便实用，还需要具有耐用性以及较好的负重能力和舒适度。

③徒步包。一般是短途行走，负重减少，基本不用携带露营装备时所使用的背包。背包大小适中即可，多在 20 ~ 40 升，需要舒适结实且具有一定的功能性。

④旅行包。一般是指在城市、旅游景点观光游览时所使用的背包。对于设计无特殊要求，方便、结实、实用即可。除了双肩背包以外，也有采用单肩设计的。

⑤骑行包。骑行包即自行车运动专用背包，大小一般为 10 ~ 20 升，主要设计要求为紧凑贴身，不能影响骑行，并且尽可能地降低风阻，背负部分需要有良好的透气性。骑行包一般没有水袋口，背包外部有专门挂扣头盔的地方。

⑥儿童包。儿童包是根据儿童的身体特点，专为他们设计的背包，更加舒适，尺寸也适合儿童的幼小身体。

2）根据结构功能分类

①软式背包。此类背包基本为中、小型背包，没有任何内外支架，一般没有背负系统。用于户外的软式背包会在功能性和耐用性方面做一些特殊设计，如水袋口或耳机口等。软式背包属于多用途背包，比较适合轻装登顶、一日的郊区徒步或攀岩活动。

②外支架背包。此类背包拥有非常牢固的外部支架，早期的背包均为此种类型，骨架的结构均为 H 型，在背包和肩膀及臀部之间起着良好的支撑作用。背包和背负系统（可调节肩带、腰带、胸带等）均固定在背包的框架上。

③内支架背包。这类背包将支架移至背包内部，使得支架和背包更紧密地融为一体，体积大大减小，同时也能更好地将负重在肩膀和臀部之间进行分配。此类背包的骨架材质多为铝合金或碳纤维，外观为流线型设计，符合人体功能学，能贴紧背负者的背部，行进时身体易保持平衡，不易跌倒。如今绝大多数使用的都是内支架背包。

2. 结构功能

结构功能是一个背包品牌设计力量、生产实力等方面的集中表现。

（1）容积。背包的容积常以“升”（L）为单位。根据户外运动的类别和时间的不同，需要的容积也不等。比如：一般 2 ~ 3 天的越野活动，男性背包大小需要 60 ~ 70 升，女性需要 50 ~ 60 升。不同生产商所标示的背包容积的标准也往往会有所不同。另外，为了提高背包的适应性，很多厂家生产的背包都有容积调节功能，具有一定的扩充性。这样的设计包含可扩充的包体（多数为 10 升左右）、更多的外挂点（可以外挂更多的装备）、可自由脱卸的左右侧包等。

（2）背负系统。简单地说，我们把背包和身体接触的部分，包括腰带、肩带、胸扣、支撑结构等部分叫作背负系统。背负系统设计的目的在于让使用者背得更舒适，并且在正确的姿势下从事行走、攀爬等活动。符合人体工程学的背包设计可以将负重合理地分配到身体的胯、腰、肩等各部分，避免一处集中受力。背负系统集中了一个品牌背包的最高设计水平，是背包的基础。

①腰带。宽大厚实的腰带能将大部分的重量传送到臀部，减少肩膀的负担。

②肩带。优良的肩带能使背负柔软、舒适，从而让使用者能够合理控制身体的重心，同时方便调节长短、坚固耐用。

③支架。支架是负重的关键部分，它能使背包贴合身体，并且在负重的情况下保证背包不会变形。目前，背包的支架常使用铝合金材料，有些高档的背包会采用钛合金作为原料。

④面料。背包常用的面料有普通尼龙面料和 Cordura 面料。普通尼龙面料质量较轻，有着不错的强度，易干且不容易发霉，缺点是不耐磨且不防火。Cordura 面料（杜邦弹道尼龙布）可以用在背包的不同部分，比如背包底部需要更多的耐磨性，常常使用 1000D 的 Cordura。

⑤搭扣。腰带、胸扣和头包等处都要使用到搭扣，尤其是腰带的主扣一定要选择质量好的产品，这样才能保证使用。一般好的背包都会使用尼龙扣件，以最大程度保证搭扣在使用中不会断裂、损坏。

⑥收缩带。背包的收缩带可以紧固背带，保持背包的紧凑。肩部的调节带是背负系统中的一处重要设计，但却常常被忽略。一般好的收缩带需要针脚紧密无毛边，质地柔软且不易变形，折叠恢复后不易留下痕迹。

3. 购买注意事项

一个合适的背包应该具有功能性、耐用性和舒适性，同时还应该根据使用者的身高和体型有着不同尺寸、不同大小的选择。好的背包会陪伴旅行者 5 年或者更长的时间，所以在选择背包时一定要慎重。

（1）必须亲身背过，才能知道具体的一款背包是否适合你。购买时应要求店员将背包负重（空包没有检验效果），调整好背负系统，购买者亲自背上，站立并行走 10 ~ 15 分钟。背包是一项长期的投入，不必理会店员的不耐烦，半小时的麻烦换来的可能是你一路的舒适。

（2）背负时腰带的中心点要处于坐骨中央，腰部垫片尾端彼此不要靠得太近，腰带要有可调节空间，收紧时要留有余量，不要刚刚合适；调整肩带固定点，肩带的曲线须贴紧背负者的背部；头部应能灵活活动，背包的头包不能阻碍戴头盔；女性背包的胸带位置需有特殊设计。

（3）不同的背包适应不同的活动，购买时选择合适的大小和功能即可，并非越大越好。

（4）检验搭扣最简单的方法是让店员（注意不要自己动手，避免损坏）将搭扣向外掰，能向外 90° 并且自动弹回的质量较好；扣入时要感觉到弹性，不要有涩感，声音短促不刺耳为好。

（5）在装备购买预算中，背包应占有较大比重，品牌宜选择口碑较好的国外品牌。国内品牌的优势在于价格，但国内品牌的背包，尤其是背负系统，大多数都是仿制国外产品，在材料选择和加工方面往往不能满足大强度的活动。

4. 使用技巧

（1）背包装填。背包装填的方法关系到背包空间的充分利用和使用者的背负感觉。物品摆放的位置，会很大程度上影响使用者的方便程度和舒适程度，不合适的装填方法会造成重心偏移，导致背包损坏。

背包的装填方法如下：

①背包重量需合理分布。正常情况下重心要求高并靠近背部，让臀部承受大部分的重量，即轻的物品（如睡袋和备用衣物等）放置底层，重的物品（如水、食品）可以放在上部。而当遇上艰难的地势，重的东西可稍往下放，使重心降低，这样较易保持平衡。

②装填时要保证物品便于取用，随时要用的东西如手套、帽子、墨镜、地图、冲锋衣、防雨罩等，最好放在头包或侧包中。

③坚硬物品不要放在贴近后背的部位，以免棱角压迫背部。

④物品要分类袋装，将同类物品或同时使用的物品放在一袋中以便于取用。

⑤最好养成物品固定放置的习惯，这样不但整理背包较快，而且即使光线不好的情况下也能较快地在背包中摸出想要的东西。

⑥为了防水可将物品分别用塑料袋或密封袋装好，配合背包防雨罩，可以保证在雨中行走或不慎落水时包内物品不被打湿。另外，可以在背包内加套一个大的垃圾袋来保持物品干燥。

⑦帐篷、地席、防潮垫等可放在背包外部，使用外挂固定。外挂的时候要仔细检查外挂带是否牢靠。可根据背包重心位置和穿越地形决定是挂在背包顶部还是底部。

装好的背包应保持左右重量平衡，所有物品应尽量压实，避免留下空间。

（2）上包方法。上包方法主要有两种。

第一种：双脚站弓箭步，双手分别提住背带将背包提到大腿上，一只手先穿入肩背带。然后背包上肩以单肩撑住背包，随后另一只手快速穿入另一边的肩带，随即扣好腰带主扣完成上包动作。

第二种：将背包拖到较高的地方，人只要稍微蹲下便可将双手同时穿入肩背带，站起后扣好腰带主扣完成上肩动作。

注意：完成上肩动作后不要着急起步，应对背包的各种调节带再作适度调整，以最舒适的背负状况前进。

（3）下包方法。下包动作与上包动作反向即可，但注意放下背包时应轻缓，重摔很容易损坏背包和包中物品。

（4）注意事项。

①一个人长时间使用同一个背包后，背负系统会根据他的身体调整定性，其他人再使用可能会感到不适，所以不建议将背包借给别人使用。

②无论是在路上休息或者抵达驻地，下包后第一件事情就要把腰带主扣扣上，避免被踩坏。

③在通过急流、陡峭地段时，需有绳索保护。在无保护通过时，应放松肩带，打开腰带和胸带以便万一出现危险时，能以最快速度使人包分离。

④露营时，背包口要扣好，避免昆虫、小动物或杂物进入。

⑤如果背包放置在帐篷外，则睡觉前最好用防雨罩覆盖背包，因为即使是晴朗夜晚，露水依然会打湿背包。

⑥冬季寒冷环境下露营时，可以将空背包置于脚下套在睡袋外，可起到一定的保暖作用。

（二）鞋袜

1. 鞋

如果你只是在城市或者成熟的景点旅游，一双舒适的运动鞋就可以满足基本的需要。但是在户外环境中，人们需要面对不同的路况，有时是布满石头的山路，有时是终年积雪的雪山，有时是阴暗潮湿的幽径。在这些环境下，长时间的徒步会使你的双脚受到比平时大得多的压力，你的足踝会受到来自不同方向的冲击，你的脚掌会因为长时间不断地摩擦而起泡。为了使双脚更加舒服，旅程更加顺畅，你需要一双合适的户外鞋。

在户外活动开始流行的初期，很多人都会选择运动鞋或者军靴，花费较小且平时也能穿着。但为户外活动专门设计的鞋品拥有着卓越的性能，这些是运动鞋和军靴无法比拟的。实际上从19世纪开始，欧洲就已经有专门为登山和徒步旅行而设计制造的专业登山鞋。如今全世界各地的户外爱好者都已经认识到了户外鞋对于旅途和自己的重要性。

登山鞋的品牌很多，总体来说欧洲出产的牌子较老，遵循着多年的高品质制作工艺，知名度也较高；而美国生产的鞋品则式样新颖，采用了大量新技术。随着技术的不断发展，户外鞋的分类也越来越细化，功能性、美观性都得到了很大提高。出门在外一双合适的户外鞋至关重要，所以当你决定去旅行和爬山之前，一定要记住选购一款适合你的户外鞋。

（1）分类。野外各种严酷环境对登山鞋提出了许多特殊要求。为了适应不同的活动要求，登山鞋在多年的发展中逐渐细化，根据用途和设计特点分为以下几种。

①高山靴。专业高山靴的适用范围为高海拔登山、攀冰等。因为使用环境极为恶劣，这类鞋一般自重较大，保暖性极好，非常坚固，但柔软和舒适性较差。此类鞋均为高帮设计，靴底和靴帮有较强的硬度。一般为内外两层靴，内靴的作用是保暖防寒，外靴质硬，多用高级塑料制成，防水防风，鞋底坚硬不易变形。这样的双层设计可以在-40℃以下的环境中保护使用者的脚不被冻伤。另外为了应对冰雪路况，外靴一般都带有专门的卡槽对应卡式冰爪或滑雪板。除非专业的登山者，绝大多数户外爱好者一般情况下不需要此类鞋。

②登山鞋。使用比较广泛，适用于低海拔登山、徒步穿越等，能满足大部分户外行走的要求，大多数户外爱好者都会选择此类鞋。

此类鞋对舒适度和耐用性要求较高，为提高防滑性，通常有较深的底纹；鞋体一般不会有低帮，多为中高帮鞋，以适应户外运动中难以行走的道路，起到保护踝关节和整个脚部的作用；鞋舌与鞋体相连，避免水或小石子等异物进入；鞋面多采用全皮，或者用软皮和尼龙拼接而成，因为要考虑到鞋面的防水功能，在选择内衬时非常讲究，很多采用美国戈尔公司的GOTE-TEX或其他防水透气材料；鞋底通常选择硬质橡胶材料，如Vibmm底，因为这种材质防滑性和耐磨性较高，足以适应复杂多变的路面情况，能够有效保护使用者的脚不被路面尖锐物损伤。

登山鞋按照重量和材质不同，还可以分为重型和中型。重型登山鞋拥有坚硬且变形小的底部，鞋面部分多由全皮制成，有些还衬有钢片，适合攀登海拔6000米以下的非雪山或者穿越极度崎岖的道路；而中型登山鞋鞋底较重型柔软很多，鞋面选择软皮和尼龙拼接而成，穿着时舒适度较前者高，足以适应正常强度的徒步穿越。

③轻型徒步鞋。这类鞋的适用对象主要是一些短途户外活动者，适合强度较低的旅游、郊游、远足和户外野营等活动。这类活动路况一般较好，选择这种重量轻、舒适度高的轻型徒步鞋最为合适。考虑到提高舒适度的问题，这类鞋大多制作成低帮，鞋面材料一般是皮革和尼龙混合，只需具有防泼水功能即可；鞋底花纹较浅，材质也较登山鞋柔软许多。这类鞋不但适合野外活动，还可以日常穿着，款式多样，较为时尚。

轻型徒步鞋虽然材质看似普通，但是与常见的运动鞋还是有很大区别的，它的制作工艺更为考究，比运动鞋更加结实，能够适应远距离的行走；鞋底虽然不如登山鞋厚实，但是比运动鞋要硬，能够对脚提供更多的保护，鞋的整体重量也较普通运动鞋重。

（2）结构功能。一般户外鞋都是由三个主要部分组成：鞋帮、中底和外底。

①鞋帮。鞋帮通常可以分为鞋面和内衬。

常见的鞋面材质通常有三种：一种是皮革，一种是尼龙，还有就是皮革与尼龙混合材质。鞋面材质的选择很重要，它直接关系到鞋子的一些基本性能，如重量、透气性、耐磨程度和防水性。登山鞋的鞋面通常采用以下两种主要面料。

第一种：全皮面。全皮材质具有较好的防水性和较高的耐磨性，对脚面有较好的防护功能，适合于远距离野外徒步、负重较大、路况较硬的山地上行走的登山者。

第二种：小块皮革与尼龙布块拼接。这种面料较全皮鞋面轻，具有很好的透气性，可以保证常见气候下的脚部保暖，穿着舒适度也较高。这种材质的户外鞋是负重轻、短距离的野外活动登山者的首选。

内衬材料通常有两种：天然软皮和人造材料，少数鞋为了提高舒适性和保暖性还在内部增加了软垫。最初的登山鞋需经过油浸皮革处理后达到一定的防水性，但是如果长期浸泡的话，水依旧会渗透到鞋内。但是随着人造材料的不断进步，防水透气得到了一定的解决，人们已经发明出多种防水透气薄膜和涂层，如美国戈尔公司的GORE-TEX就属于这种材料。很多厂家把这些材料制成的面料与传统内衬材料相结合，制成了新型的登山鞋内衬，使鞋子的防水透气效果得到了明显提升。

②中底。中底对保护双脚有着很重要的意义，起到保护脚部，避免脚部瘀伤

或脚部受到撞击伤害。道路越是崎岖难行，对鞋底硬度的要求自然就越高。优质的户外鞋不仅外底结实，其中底也有较高的硬度。中底由经过强化处理的塑料或金属板来支撑足底，这样的鞋底相当结实，能为你提供双层保护。中底需要与人的脚型相符，以保证脚部与之密切贴合，这样登山者的重量给脚部带来的压力会以放射式扩散的形式最大限度分散到鞋底，而不是集中于某些接触点上。

市面上流行的运动鞋中底上多有气垫，这种结构并不适合出现在登山鞋上。海绵泡沫这种独特的减震结构更适用于登山鞋，因为在进行户外运动时，中底所提供的支撑感要比气垫的柔软更加重要和安全。

鞋垫也是常被购买者忽略的部分，其实鞋垫在一双好鞋中起着重要的作用。专业的鞋垫会大大提高户外鞋的性能，这也是为什么专业鞋垫的价格是普通鞋垫的 10 倍甚至 100 倍。专业鞋垫的主要作用是吸震、稳定与支持、矫正。

③外底。外底和地面直接接触。户外活动中地形多变，多数崎岖不平，对于脚和膝盖等部位会产生损害，所以户外鞋的外底需要厚实耐磨，具有防震、防滑效果。

根据需要，各种款型户外鞋的底部设计有特殊的纹路，如深浅不同的沟槽，以便于鞋底抓住地面，防止打滑。各厂商会根据其研究结果设计出各种各样的鞋底花纹，但是为了提高鞋底的防滑性能，这些鞋底的底纹通常会以大波浪形为主。另外，为了避免泥沙和石子卡入鞋底，底纹会有较大的沟槽间距，并将其设计成斜角。

登山鞋鞋底的硬度和耐磨性能十分重要，对于布满碎石的山路或坚硬的岩石，如果鞋底过软，长时间的行走会造成小腿的过度疲劳，造成不必要的损伤。外底的材料各式各样，目前登山鞋使用最多的是 Vibram 底，简称 V 底，其耐磨性要高于普通橡胶材料。是外底材料的一种。而轻型徒步鞋为了保证舒适性，一般会选用 PU 材料。这种材料的优点是不仅轻软，而且耐磨性好，还可以减轻整个鞋子的重量。

（3）购买。一般选择户外鞋的标准是舒适、耐用，能够有效地保护脚部和踝关节不受伤害。每一类户外鞋在设计时都要考虑到其适应的道路状况和需要满足多久的跋涉时间等因素。所以在选购登山鞋时，务必要明确自己所要行走的环境和要求，然后根据需要购买合适的户外鞋，不要奢望一双鞋可以应付所有要求。

①买鞋最重要的是要合脚，所以买鞋时必须由本人亲自试穿。不要用平时穿鞋的号码去确定户外鞋的大小，也不要被鞋上标注的号码所迷惑，鞋尺寸的大小会因为制鞋工厂自有的标准与设计而各有不同，所以一定要多试穿几个相近的尺寸。

②长途行走后，脚会略微膨胀，所以选择高山靴和登山鞋要比日常穿着的鞋

大一码，选鞋时务必先穿上一双厚袜子，脚趾紧贴鞋的前部，系好鞋带后后跟处仍能伸进一根手指为宜。

③条件允许的话，穿上鞋后，再背上背包体验一下爬坡和下坡的感觉，这样的话，你对这双鞋是否合适你的脚会有更清楚的了解。

④挑鞋时一定要耐心多试，不能将就，大多数人需要尝试多种款式和不同号码以后才能找到合适的鞋。

（4）使用技巧。

①刚买的新鞋需要磨合一段时间，登山前可以在城市里穿着两周，使鞋合适脚的形状。若脚底磨出水泡，可以换双更厚的袜子或多穿一双袜子；若脚面磨出水泡，试着换一双薄袜子；若脚后跟磨出水泡，把鞋带系紧一点或许管用；若脚踝出现瘀伤，那么就不要将鞋带系到顶端。倘若这些方法无效，那么最好还是另选一双鞋。

②外出登山或徒步可随身携带一些胶布，将其贴于磨脚部位。

③硬底登山鞋适合崎岖的路面，但是经过湿滑的道路时应注意步伐，因为鞋底硬，摩擦系数小，容易滑倒。

④穿鞋一定不能过紧，特别是在脚趾部，否则经过一天的长途跋涉，脚趾很大概率会出现瘀血；当然也不能过松，那样脚会在鞋里打滑，太多空间会让足部与靴底长时间摩擦出现水泡。

⑤袜子可以穿两双，一来保暖性较好，二来一双是厚毛袜在外，另一双合成纤维在内，这样内层的薄袜会将汗水传到外层被厚袜吸收，便于保持脚部的干爽。

⑥下雨时，会有部分雨水从鞋口或接缝线处流入鞋内，为了避免这种情况，可以选用雪套，并且在鞋面缝合处涂抹防水剂以提高鞋面的防水性能。

⑦记住即便是鞋有防水功能，也不能将其当雨靴使用，如果鞋内进水，可以换上干袜子后在脚上套上塑料袋应急。

⑧圆形鞋带不容易死扣，但是打结不好容易脱开；扁平的鞋带比较牢靠，但是打湿后不容易解开，各有利弊。外出旅游可以多带一双鞋带备用，除了做鞋带作用以外，还可能有其他用途。

⑨如果鞋带过长，步行时可能会绊倒自己，因此需要剪短，然后把鞋带顶端用透明胶或细线粘起来，以利于穿解。

⑩如条件允许的话可以准备两根鞋带，若无多余的鞋带可将鞋带从中间截断，将鞋子的上端与下端分开系上。这种分层系鞋带的方式便于登山者根据不同的需要控制前后脚掌的松紧，需要脚踝部位较紧实就可以拉紧上端鞋带，不会影响到脚掌；当脚掌部位感觉过紧时，就适量放松下端鞋带。

2. 袜

参加日常体育运动时，我们通常会选择穿着棉质的袜子，因为其具有吸汗能力强、穿着舒适度高的特点。但在参加户外运动时，选择袜子就要经过多方考量了。纯棉材质的袜子并不适合长时间的户外行走，棉质袜子会吸收鞋内的湿气，时间久了会使脚部皮肤变软，耐磨性下降，这样再坚持走路，脚部易出现水泡。然而户外袜却没有这个缺点，它从选材到裁剪都经过专业的设计，例如现今多数户外袜在制作材料上都加入了弹性较好的尼龙或莱卡，可以保证袜子具有较好的紧缩性且不易变形；另外，还会在袜尖、袜底以及脚后跟等部位加入一些耐磨材料，以减小袜子褶皱并增加户外袜的使用寿命。穿着这些经过专业设计的户外袜，在恶劣的户外环境中或长期的奔波后，脚部仍能受到良好的保护。常参加户外运动的人都知道，在户外最需要保护的就是我们的双脚，不仅需要一双好鞋，而且需要一双适宜的袜子。

（1）分类。户外运动种类繁多，根据不同的户外运动项目，人们制造出各种不同厚度和用途的袜子，通常有以下几类：

①衬袜。衬袜大多采用化纤原料织成，主要的用途是将脚面的汗水尽快排掉，从而保持脚部干爽和舒适。此类袜子一般非常薄，不耐磨，所以一般穿在外袜和脚之间。

②轻量级的徒步袜。这类袜子主要适用于气候良好和运动强度较低的旅行。设计时主要考虑的是袜子的舒适度和是否具有较好的排汗性。比如夏天的户外穿越类袜子比衬袜厚，且暖和、耐用，但是由于厚度有限，所以不适合在寒冷条件下使用。为了同时达到较高的排汗性和舒适度，这类徒步袜通常会选择混织的排汗材料。

③中量级的徒步袜。这类袜子适用于较寒冷的气候，应具有较高的保暖性，所以对袜子的厚度要求较高。中量级徒步袜应比适用于温暖环境的轻量级徒步袜更厚、更暖、更舒适，在制作这种徒步袜时，除了正常的加厚外，应着重加厚袜子的脚尖、脚掌和脚后跟等易磨损部位，使袜子更加耐穿。此类袜子配合衬袜一起穿着效果会更好，衬袜负责排汗，中量级徒步袜负责保暖。

④登山袜。登山袜是户外袜中最厚、最暖和、最舒适的一种，此类袜子主要适用于环境条件苛刻的户外运动，特别是应能够适应低温环境、崎岖地形和长时间徒步等状况。如果和衬袜搭配穿着会有更好的效果。

（2）材质。制袜的主要材质有棉、丝、毛棉混合材料。

①棉制袜。棉制袜是物美价廉，不仅价格低，而且具有良好的保暖性、舒适性与吸汗性，但是的确不适合长时间的徒步，因为棉袜易吸收鞋内湿气，时间久

了，不利于排汗，导致脚部皮肤软化，易出现水泡，且棉袜潮湿后很难晾干，如果穿在脚上，一旦停止运动，脚部会非常凉，恶劣天气下脚部会冻伤。

②丝制袜。丝制袜具有较好的舒适度，十分轻巧但不如其他材料耐磨。一般不单独使用，常常织成有排汗效果的衬袜。

③毛制袜。主要使用羊毛材料。此类材料的优点是保暖性好、柔软，穿着舒服，即使潮湿之后也可以保暖；缺点是较重，耐磨性也较差，潮湿之后虽然可以保温，但是不容易干。

④合成材料。使用合成材料制成的袜子很大程度上满足了人们对户外袜的各项要求，此类最常见的材料如 coolmax 等。在实际使用中，通常是将合成材料融入天然材料中，这种材质功能性很好，不仅舒适保暖，而且利于排汗，还能够速干。当然此类袜子也有缺点，经长时间运动会产生强烈的异味。

（3）购买。选购袜子时，应特别注重以下几个方面。

①不仅要有细致的剪裁，还要有良好的做工。

②袜口具有较好的弹性，保证袜子经多次穿脱后，袜口仍不松弛。

③袜子整体应具有一定的弹性，可选择合成材质的，以保证其可以和整个脚部完美贴合。

④在袜子的脚尖、脚跟和脚踝部位应有加厚处理，保证袜子具有良好的舒适性和耐磨性。

⑤具有独特的剪裁设计，减少袜子在运动后产生的变形。

除上述几项必须具备的要求外，在作出选择时，还应关注以下几点：

首先，大小合适。日常活动中，我们会选择大小合适的袜子，户外活动中袜子的大小合适就更重要了，错误的选择会导致脚部磨破或起泡。虽然袜子具有一定的弹性，选择时看似简单，但是仍要精挑细选。因为如果袜子过大，运动时可能会滑落，不能保护好脚踝，造成皮肤损伤；如果袜子过小，长时间穿着会影响血液循环，行走时脚部会感到不适。

其次，材料适宜。每种材质都有其固有的特性，例如纯棉材质吸汗性好、舒适度高；合成材料，易排汗，但容易产生难闻气味；羊毛材质保暖性最好，适合寒冷气候。应根据具体情况选择，必要时，还可以混合穿着。

最后，符合环境需要。选择袜子时一定要特别关注户外活动的气候条件和路面状况，根据温度的高低和道路的优劣，做出最合适的选择。比如夏天温度较高，应选择较薄的袜子，而冬天或者在雪山上时当然要选择羊毛袜。

（4）使用技巧。

①与鞋子相同，切勿首次穿着就长时间行走，应在户外活动前，穿上它进行

适量的运动，以便其适应脚型，提高贴合度。

②根据活动时间，确定准备袜子的数量，一旦到达营地，应及时更换以保证脚部干爽。

③如果环境温度过低，可以多套一层袜子，里层利于排汗，外层用于保暖。

④在脚与鞋接触较多的部位，可适量涂些护肤品，如凡士林等，这种做法可以减小摩擦，避免脚部擦伤。

⑤遇到特殊情况，可将塑料袋穿在袜子之外，用来防水。这样穿有很大缺点，即走路容易打滑，塑料袋也不能长时间防水，所以不宜常用。

⑥露营时，如没有准备多余的袜子，可将袜子置于睡袋内，在温暖的睡袋中，袜子很容易被蒸干，第二天再穿上时，袜子会比之前干爽很多。

⑦如突发紧急状况，剪开的袜子也可以当作绷带使用，因为袜子的松紧度比普通布条好，用于包扎比较结实。

（三）睡袋

在一天的长途奔波之后，疲惫的旅行者需要一个舒适温暖的地方充分休息。帐篷为大家提供了“房间”，而睡袋和防潮垫则是“被子”和“褥子”。合适的睡袋可以为户外爱好者提供良好、安全、温暖的睡眠条件。睡袋是户外露营的必需品，同时也可以在普通旅行中作为卧具使用。

事实上，在户外露营时，帐篷的主要功用是遮风挡雨，睡袋才是最重要的夜间保暖工具。因此睡袋的选择十分重要，冷则无法入睡，伤害身体，热则代表睡袋较重，携带了多余重量。了解睡袋的分类和材料会让你在购买时易于确定自己的需要。

1. 分类。

人们习惯上根据形状的不同，将睡袋分为木乃伊形和信封形；也可根据制作睡袋的材料以及睡袋内的填充物的差别，将睡袋分为抓绒睡袋、棉睡袋和羽绒睡袋。

（1）根据形状分类。

①木乃伊形睡袋，也叫妈咪形睡袋。顾名思义，这种睡袋的外形类似于埃及的木乃伊，肩部比较宽，然后往下到脚部逐渐变窄。肩部以上的可以收紧，包裹着头部，防止温度流失。

②信封形睡袋。其外部形状类似于一个信封，所以得名。此类睡袋大多适用于低强度户外运动中较温暖环境下的露营，或者作为居家以及入住旅馆的卧具。

（2）根据材质分类。

①棉睡袋。大多数户外爱好者都使用棉睡袋，通常棉睡袋的舒适温度在 0 ~ 5℃，一般在春夏秋三季组织的户外运动，均可以选择这种睡袋。现阶段制作棉睡袋时，多选择中空棉来填充，这种棉的纤维带有小孔，不但可以减轻重量，而且大大增加了保暖性。很多公司都可以生产这种材料，比较常用的有美国杜邦公司的四孔棉和七孔棉。

②羽绒睡袋。此类睡袋多用在寒冷天气下的户外活动中，一般填充料是鸭绒或鹅绒，同等条件下鹅绒的保暖程度要稍高于鸭绒。由于绒毛之间的空气含量大，所以羽绒睡袋的保暖性很强，而且便于压缩，在同等重量下品质要优于棉质睡袋。

③抓绒睡袋。此类睡袋材质较薄，保暖性较以上两种差很多，单独使用时只能用于夏季户外活动，或者当做卫生睡袋在旅店使用。抓绒睡袋还有一个更好的使用方法，就是将其放入棉质或羽绒睡袋内，遇到十分寒冷的环境，这样的保暖效果更好。

2. 结构功能

睡袋不能够发热，只能够保温，因此，在进行结构设计时应最大限度地避免热量流失。

（1）头部。睡袋的头部有一个帽兜，宜选择大小合适的，太小了不利于头部活动，太大了会遮挡脸部，适宜的大小可以最大限度地减少热量散失。一般的帽兜在设计时会在边缘加入绳扣，这样的设计便于使用者根据气候和自身习惯进行调节。

（2）颈部。从睡袋结构上看，颈部是最容易钻入冷空气的部位，为了保证睡袋的严密性，避免热量从此处散失，通常会在睡袋的颈部加上收紧领或胸领这样的隔断。特别是在极度寒冷的环境下，睡袋上的这种颈部设计效果更加明显。

（3）脚部。脚部离心脏最远，是最容易被冻伤的部位，所以露营时要特别注意脚部保暖，一般的睡袋，脚部位置也会比较厚实。当环境温度极低时，可以在睡袋里用抓绒衣裹住脚部，并在睡袋外面套上背包或加盖其他厚衣物。

（4）内外料。不同材质的睡袋内外材料选择时要考量的因素也不同。在选择棉睡袋时，应该以内部舒适度优先，选择外部材料时则要兼顾耐磨性和防泼水性，涤纶和尼龙这两种材料就很适合。羽绒睡袋必须选择透气性好的内部材料，因为如果湿气散不出去，会极大地影响睡袋的保暖性能；选择外部材料时，也要注重防泼水性；此外在选择时还要考虑到绒毛露出的问题。优质的内外材料是保证睡袋具有良好保暖性和较长使用寿命的关键。

（5）温标。温标是户外运动者选择睡袋的重要指标之一，每个睡袋都有舒适温度、最高温度和极限温度这三个温标，通过这些数据，我们可以清晰了解这个睡袋。舒适温度顾名思义指使用者在这个温度范围内使用睡袋较为适宜，会感到非常舒适。最高温度指的是使用者在这个温度下使用睡袋会感觉太热，超过这个温度会有不良后果。极限温度则指的是睡袋可以使用的最低温度，若低于这个温度，使用者有可能会被冻伤。

（6）拉链。睡袋一般会采用双头拉链，这种拉链的优势在于使用者可以在睡袋内部拉开或收紧睡袋。拉链的内侧应附有一层薄且硬的织物带（PP 带），叫做防缠贴条，其作用是避免拉链和面料缠绕。从头到尾整条拉链都必须带有挡风层，这种严密的设计有效地减少了从拉链缝隙中进入睡袋的冷气。此外，有少数睡袋在左右两侧还设有拉链，两个这种类型的睡袋可以拼合在一起，构成一个双人睡袋。

（7）口袋。一些睡袋会在其内部颈部靠下的位置缝制一个小口袋，可以在其中存放一些小件物品，如钥匙、钱物等。

（8）睡袋压缩袋。睡袋压缩袋是专门用于收纳睡袋的。睡袋本身体积较大，压缩袋能够将其体积压至最小，便于将其轻松放入背包中带走。一般对这种压缩袋的要求较高，不仅要具有良好的防水性，以保证睡袋不会潮湿，而且无论是面料还是搭扣和绳都必须选择非常结实的材料，连接处也要结实紧密，这样才有足够的压力来压缩睡袋。

3. 购买

在购买睡袋时，使用者应充分考虑到自己参加的是何种强度的户外运动，不仅要选择适宜的睡袋种类，还要选择合适的温标。具体可从以下四个方面来考量。

（1）形状。木乃伊形睡袋保温效果较好，体积小，是户外活动常用的睡袋形状。如果户外活动强度不高，要求睡眠舒适，还希望能够居家使用的话，也可以选择信封形睡袋。

（2）材料。大多数人参加的一般是春、夏、秋三季的户外活动，选择价格低廉的棉睡袋即可。棉睡袋在淋湿之后，拧干后仍然具有一定的保温效果，这点是羽绒睡袋无法相比的，所以棉睡袋比较适用于南方潮湿多雨的环境。如果需要冬季出行，活动的环境在 -10℃以下，则需要考虑购买一个优质的羽绒睡袋。羽绒睡袋虽然价格较高，但可以保证足够的睡眠质量，这点对于人身安全十分重要。如果是长线旅游，住宿条件差别较大，且无法保证卫生情况，可以考虑购买一个轻便的抓绒睡袋，套在旅馆的卧具里面。

（3）温标。极限温度是睡袋可以使用的最低温度，是极端条件下的情况，所以建议大家根据舒适温度选择。如果偏爱夏季露营又怕热，那么舒适温度 5℃的睡袋就很适合。此类睡袋多为轻质棉睡袋或者抓绒睡袋。通常温标的舒适温度为 -5℃左右的睡袋多为三季用睡袋（春、夏、秋三季）。此类睡袋大多是棉睡袋，但有一部分充绒量较小的羽绒睡袋，温标也在这个范围内。由于羽绒良好的压缩性，所以此类睡袋体积很小，只有棉睡袋体积的 1/2 ~ 1/3, 也是不错的选择。当然，如果从事冬季露营、登雪山或极地探险等活动，睡袋的温标应该达到 -15 ~ -30℃，此类睡袋基本都为羽绒睡袋。

（4）大小。应按照个人需要选择长度与宽度均适宜的睡袋：如果睡袋太小，人体在睡袋内活动不开，过于拘谨，影响睡眠质量，如果太大，需要用更多的体热来温暖睡袋；睡袋过长，脚部难以保暖，如果睡袋太短，睡袋尾端紧抵脚部，填充隔绝层被压平，脚部一样会感到寒冷。目前睡袋大多有 UM、S 等尺寸，根据自己的身材选择即可。

4. 使用技巧

经过一天的长途跋涉睡一个安稳的好觉非常重要。睡袋是没有发热功能的，只能减少睡袋内的热量散失，人体才是热量的来源，所以要睡一个好觉必须在体内储存足够的热量，还要选择好周围的环境。外界环境的因素亦会影响睡觉的舒适度。睡袋的保暖、舒适由以下五个方面的情况决定。

（1）睡袋本身。

①要根据户外活动地点的环境和温度选择适宜的睡袋。

②扎好帐篷后的第一件事就是打开睡袋，使其处于蓬松状态，越早打开越好。

③进入睡袋后，应将帽子和颈部的抽绳收紧，并将脱下来的衣物覆盖于睡袋脚部，以提高睡袋的保暖性。

④所有类型的睡袋在使用时都要保证其干燥，特别是羽绒睡袋，一旦弄湿将失去所有保暖性，并且很难变干。

（2）帐篷的条件。

①帐篷里住的人越多越好，最少也要达到标准要求。

②允许在帐篷内使用发热设备，如气灯和炉子等，但一定要注意安全。

③露营时通常会点燃篝火取暖，可将帐篷搭建在熄灭的篝火上，但之前一定要保证其完全熄灭，还要在其上覆盖上一层厚厚的泥土。

④不能为了保暖，把帐篷建得密不透风，适度的通风可以将氧气输送到帐篷内，同时将人呼出的水汽带出，避免这些水汽凝结于帐篷上，滴落打湿睡袋。

（3）衣物的穿着。

①为了睡觉时更舒适、更暖和，切勿穿着潮湿的内衣或袜子入睡。

②当感受到睡袋厚度不够时，可以多穿几件衣服进入睡袋，甚至可以将抓绒衣和羽绒服都塞到睡袋里，也可以在睡袋外覆盖更多的衣物。

③可以选择戴一顶帽子入睡，因为从头部散失出去的热量会占到热量总散失量的一半。

（4）地表的绝缘。

①最好选择干净平整的地面作为宿营地。

②睡袋下必须铺一条优质的防潮垫。

③防潮垫下最好再铺一张地布或地席。

（5）身体的条件。

①为了保证人体的正常新陈代谢，切勿在口渴状态下入睡，条件允许的话，应在睡前喝一些热饮。

②进入睡袋前，应适当做一些运动来热身，但最好不要出汗。

（四）防潮垫

在户外露营的人都知道，和睡袋一样，防潮垫也是户外露营的必备装备。

防潮垫的作用在于防潮隔热，抵御来自地面的寒气，保证睡眠的质量，保护露营者的身体健康。即使是在夏天，地球表面的温度还是比空气的温度要低很多，当我们的身体接触地面时，传导作用会将身体的热量带到地面，导致皮肤失去能量而产生冰冷的感觉，因此我们需要防潮垫来帮我们做好隔绝的工作，这样才不会因为损失能量而导致失温。

1. 分类

如今市场上常见的防潮垫主要有两种：一种是泡沫防潮垫，一种是自充气防潮垫。前者价格便宜重量轻，后者价格略高，但比较舒适。

（1）泡沫防潮垫。泡沫防潮垫又可分为两种：开放式发泡防潮垫和封闭式发泡防潮垫。

①开放式发泡防潮垫。一般是由膨胀的聚氨酯制成，里面有许多细微的气室可以允许外界空气的进入，形成隔热层，但吸水，一旦碰到水就不能使用。

②封闭式发泡防潮垫。内部含有很多封闭的细微气室的泡绵防潮垫，隔热效果好，不会吸水。缺点是有一定的重量，垫子的厚度较薄，睡眠可能不够舒适。为了舒适，现在多选用双层封闭式发泡防潮垫。

（2）自动充气防潮垫。自动充气防潮垫内部是开放式发泡层，表面为组织紧密、防水性佳的尼龙布，同时还设有自动充气气阀以方便空气的流通。

2. 结构功能

防潮垫的隔绝原理跟我们使用睡袋和保暖衣服一样，都是利用一层几乎不流动的空气来做成隔绝层，挡住外界的低温，防止身体的热量散失。其隔绝效果根据使用的材质而有所不同。

所有防潮垫最根本的是用“发泡”构成的，其最基本的种类有两种：封闭式和开放式。封闭式发泡就是一片含有细小泡泡所构成的塑料防潮袋，由于每个气泡是独立单位而且封闭，所以这种防潮垫不吸水。户外用品店销售的不可压缩、不会膨胀、无法拆解、多种颜色的防潮垫多是封闭式的。

封闭式防潮垫是耐伤害的，即使被冰爪踩到或者被登山杖戳到，也并不会因此不能使用。被损坏的只是一个部分，其他部分仍是完好的。但是由于它并不是非常柔软，所以对一些惯于睡柔软床垫的人来说，还是很难适应的。

在制作自充气防潮垫时，防潮垫的内心用压缩和膨胀性很好的海绵填充，挤压海绵中的气体，关闭气阀使垫内呈半真空状态，体积会变小。打开气阀，在外界空气压力的作用下，海绵膨胀，可以自动把空气吸到垫内，因此称其为自动充气防潮垫。充满空气的防潮垫有非常好的弹性和舒适性。

3. 购买

户外露营之前，可以根据下列因素来购买合适的防潮垫。

（1）天气因素。如果活动中天气状况比较稳定，如春、夏、秋三季，不会有低温出现的情况，舒适度的要求应该比隔绝性重要；如果不能掌握气候变化的因素，应该选择隔绝性好的防潮垫。

（2）舒适度。户外露营的地面状况不定，越厚越柔软的防潮垫舒适度越好，根据各人的睡眠习惯可以选择不同舒适度的防潮垫。需要注意的是，柔软舒适的防潮垫，可能其价格较高，重量也比较大。

（3）重量。较舒服的防潮垫通常也比较厚，比较重，如果要从事负重长途穿越或登山，每件装备的重量都得仔细考虑，此时需要选择轻便、耐用的防潮垫。如果是自驾出游，那么沉重但很舒适的气床也可以在考虑之列。

（4）体积。大多数时候防潮垫都是外挂的。但有的人不喜欢背包外面太过零碎，那样容易被树枝剐蹭，所以这个时候就需要选择体积较小的自充气防潮垫，便于放入背包内。

（5）价格。发泡防潮垫，无论是化学发泡还是物理发泡，价格都在几十元，较为便宜。而自充气防潮垫的价格则要高出 3 ~ 4 倍。高档自充气防潮垫甚至要近千元。防潮垫是易耗品，所以一般户外爱好者选择发泡防潮垫即可。

4. 使用技巧

（1）防潮垫一般都是外挂在背包外，使用防潮垫套可以减少不必要的损坏，能大大延长垫子的使用寿命。

（2）将地布、地席配合防潮垫使用，保温效果、舒适度更好。

（3）地席、地布大多不能代替防潮垫的功能，而防潮垫可代替地席或地布的基本作用。

（4）一般自充气防潮垫自动充气结束了可以补 2 ~ 3 口气，以增强其弹性，但应注意的是，不要太多依靠补气，尤其用嘴补气时，口中带有的水汽会影响气阀的使用寿命。

（5）使用时注意地面是否平整，应清理干净地面上的石子或树枝等异物。

（6）一般防潮垫的材质都易燃，所以要注意防火，不要在防潮垫上使用炉具。

（五）户外服装

户外运动往往是在多变的天气下进行，阳光、雨雪、狂风等都可能成为参与者的“敌人”。为了保护自己的身体，圆满地完成计划，户外服装就体现出其不可或缺的重要性。

户外活动的内容与形式很广泛，从一般的郊游登山、徒步旅行，到登山、攀岩、越野自行车以及滑雪、溯溪、帆板等。为了适应这些户外运动形式，市场上也出现了各种款式和类型的户外服装，如贴身紧凑的自行车服、排汗快干的内衣、滑雪专用的滑雪服等。试想如果背负着大包行走在山野中，遇到风雨时，绝不可能拿出雨伞，这时候你需要的是一套能够抵御风雨的冲锋衣裤。又如毛衣是大家用来保温的日常衣物，但是在户外，一旦毛衣被打湿，保温性能将大大减弱，重量增加且不易干燥，穿着湿漉漉的衣服不但感觉苦不堪言，严重时还会危及生命。

所以户外服装的出现，在功能性上满足了户外爱好者的专业要求，为户外运动的开展和参与者的人身安全提供了保障。

1. 分类

为了适应自然环境下多变的天气，抵御恶劣环境对人体的伤害、保护身体的热量不被散失，快速排出运动中所产生的汗水，户外参与者对户外服装的分类提出“三层着装”的概念，据此来购买、选择、添减衣物，可以适应各种天气的变化以及各项户外运动的实际需求。其实“三层着装”的概念，不仅仅适合户外运动，对一般日常生活也是十分适用的。“三层着装”分为基本层、中间层和最外层。

①基本层——排汗层。基本层即贴身的内衣，其主要用途是保持人体皮肤表层的干爽、不闷热，因此其注重的功能是衣服的排汗性和舒适度。如果人体排出的汗水在皮肤表面蒸发成气体，会带走身体大量的热量，从而使人感到寒冷。所以基本层应该能够迅速将湿气及汗水排到内层衣服的表面，使得汗水不会停留在皮肤上。

②中间层——保暖层。中间层服装的作用是在衣服内形成一个空气层，空气层是良好的隔热媒介，所以衣服内形成空气层之后，外界的冷空气被隔绝开，可以达到保暖的效果。理论上空气层越厚，保暖效果也就越好。

③最外层——隔绝层。最外层服装也就是通常说的“冲锋衣、冲锋裤”，其主要提供防水、防风、防撕，以及部分保暖透气的功能。由于最外层是直接面对外界环境的衣物，所以其最终目的是将外界恶劣气候对身体的影响降到最低。除此之外还要能够将身体产生的水汽排出体外，避免汗水带出的蒸汽凝聚于中间层，使得隔绝效果降低而无法隔绝外部环境的低温或冷风。

“三层着装”中的每一层不是独立的，需要三层服装互相配合提供保护，例如空气被阻隔在两层之间要比单独的一层提供更多的保温作用。为了使衣物达到最佳的效果，所有各层的透气和排汗功能应该保持一致，如果其中一层不透气排汗，那么其他层的效能也将无法发挥。

“三层着装”的好处在于可以因气候制宜，灵活运用：如果你觉得热，可以脱去中间层，因为最外层也有一定保温作用；如果风力不大，也可以脱掉最外层，因为中间层更加轻便舒适、透气性好；如果觉得冷，穿上不止一个中间层，这样可以提供更多的空气层，更好地保证温暖。

2. 结构功能

（1）基本层——排汗层。内层服装一般都需贴身穿，形式有点像我们平时穿着的短袖 T 恤、秋衣、秋裤等，其主要作用就是使身体保持干燥并有一定的保暖作用。在户外，基本层一般不采用纯棉质内衣，因为在户外不可能经常更换内衣，而纯棉制品在汗湿之后，保温能力将大大下降，易造成感冒、失温，甚至发生冻伤。目前排汗层所用的材料多为人工材料，如 Coolmax 等，此类材料并非提供吸汗功能，其特点在于排汗、快干、透气效果好，汗湿后能将汗水排到外部，自身能够迅速变干，保持皮肤的干爽温暖。另外，一些混合纺织的材料除了排汗之外，也能提供不错的保暖作用。

（2）中间层——保暖层。中间层服装的主要材料可以分为自然材质和人工材质两种。

自然材质包括羽绒、动物皮毛和棉花制品。

①羽绒。由于羽毛具有许多微孔，膨胀起来能容纳很多空气，所以具有极佳的保暖效果，是最为常用的保暖材料。羽绒制品既可以将体积压缩到极小，又能迅速膨胀起来，收纳、使用都很方便。但其缺点是被打湿后就不再具有保暖效果，并且不易干；穿着也比较臃肿，行动不太方便。基于这些特点，羽绒服不适合在户外的运动过程（尤其是负重运动行进）中作保暖层，而比较适合在休息时或露营后穿着。

②动物皮毛。动物皮毛也是优良的自然保暖材质，但皮质衣物重量较大，且保养不易，价格昂贵。目前羊毛制品使用得比较多，因其能够提供较好的保暖效果，但是遇到水之后，性能也会受到影响。另外，有些人可能会对皮毛制品过敏。

③棉花制品。这是最传统的保暖产品，价格便宜但是保暖效果不够理想，户外活动中已经较少用到。

人工材质中最为常用的是抓绒。抓绒只是对一类材料的统称，其总体的优点是质轻、穿着舒适、易清洗、保温性好，同等重量抓绒的保暖性甚至会超过同等重量的羊毛。另外，抓绒在打湿的情况下，还能有一定的保暖性，其排汗性能也很不错。抓绒的缺点是防风性能比较差，通常需要加上一层防风外套。另外，抓绒在干燥的情况下易起静电。

目前随着技术的提高，除了单一的抓绒材料，还出现了很多复合人造材质的中间层衣物。生产厂家通过各种材料的组合，希望能够将防风、防水和保暖性能结合起来。例如 Softshell 技术将两种不同面料胶合在一起，有防风、防水、耐磨的外层和柔软绒面的内层，这样两种面料的优点便可兼而有之。

（3）最外层——隔绝层。

①材料。最外层服装的材料尤其重要，毕竟这是面对外界环境的第一道防线，通常会选用高品质的尼龙作底料，复合以高科技的防水透气胶膜，以达到防水、透气、耐磨、防撕的目的。防水透气面料的原理是其在薄膜状态下表面的小孔直径大小正好处于水分子和蒸汽分子之间，也就是说水分子不能通过，而蒸汽分子可以通过，从而达到防水效果的同时兼顾透气。目前市场上有很多防水透气材料，其原理都是这样的，如 Gore-tex、dentik 等。

②设计。根据户外运动自身规律的要求，户外运动服装的剪裁方式有着其特

别的设计，以适应户外运动多变环境的需求和使用者的身体需要。外层服装的主要设计特点有：

第一，理想的户外运动服装通常采用紧凑的剪裁，使服装在保证运动功能的前提下，减小体积和降低重量。

第二，此类服装对于需要活动的身体部位采取了特殊的形状，例如肘部、膝部预制的关节弧状，腋下预制的皱折，这些设计可以便于身体各部位的活动。通常袖子都会比较长些，为的是可以方便地活动双臂。

第三，在这些服装的肩部、臀部、膝部或肘部等易磨损的部位，还会加上防潮的牛津布，以增加服装的使用寿命。

第四，为了增加排汗效果，使身体保持干爽，很多外层服装在防雨面料里还加了网眼衬甩，以便把身体与防水膜隔开。

第五，为了增强防风性和防止雪进入，有的衣物在腰际设计了防雪檐，收紧后，保温效果会更好。

第六，在运动中为了保持空气的良好流通，增强透气性，此类服装多在腋下设计有通风拉链的开口，同时加有防雨保护。

第七，为了防止雨水从拉链处进入内部，很多衣物都采用防水拉链。衣服的缝合处也需要压上一层胶，防止雨水从接缝处浸入。正面拉链的三层保护、宽大的下颚保护、紧缩式的袖口、底边的收紧绳，都进一步增强了服装的防风保暖性，有利于行动的便捷。

第八，外层服装基本都有帽兜设计，平时可以收纳在衣领中，需要时可以展开，起到防风雨的作用。其设计注重风雨环境里活动的需要，例如帽子前面有帽檐。宽大的帽兜可以套戴头盔或者抓绒帽子，而不戴头盔时又可收紧两边的抽绳。另外，为了保证防雨的效果，帽子一般都是和衣服一体的，不可拆卸。

第九，有的衣物还有专门放置地图和手机、对讲机的透明口袋。

第十，外层衣物中的裤子一般两侧都有拉链，以方便穿脱。拉链一般采用防水拉链，或者覆盖有防水条。

3. 购买

这些具有特殊功能的户外服装能够保护参与者，将天气变化的影响降到尽可能小的程度，因此选择的时候应更多地重视衣服的功能性，而不是样式和颜色。在决定购买之前应该先想好个人的身体情况、使用需求和范围，以便购买到性价比最好的户外服装。购买户外服装有四个需要考虑的因素。

（1）用途。购买之前一定要考虑所购买服装的用途，合理搭配“三层着装”。

例如，经常参加的是三季活动，就无须购买羽绒这样的保暖衣物；而南方雨季较多，购买外层衣物时需要特别注意防水效果；进行冬季活动，气温低、条件恶劣，需要购买功能性强、保暖好的衣物。

（2）功能。户外服装的功能性非常重要，即使是服装的色彩也要满足功能性的要求，比如外层服装多采用鲜艳的颜色，便于户外队友辨识。至于基础层服装的排汗性能、中间层服装的保暖性能和外层服装的防水、防风、防撕、透气性能都是基本要求。尤其是在冬季穿越或者雪山攀登等户外活动中，严酷的环境会带来生命危险，所以服装的选择要十分严格，不能追求时尚和低价。另外，正规产品的服装都有标牌明示采用的原料，应该仔细考量，并向店家确认。

（3）重量。户外运动要长时间负重行走，重量当然越轻越好，这也是为什么我们不选用日常衣物的原因之一。在选购衣物的时候，在性能、价格类似的情况下，最好选择轻质的衣物。

（4）价格。价格也是选择的一个重要因素。传统材料价格便宜，而新型材料科技含量高，功能性强，一般价格都较高。国内厂家的产品价格低，国外品牌价格昂贵，购买时要注意服装的性价比，在保证使用的前提下，选择自己经济能够承受的产品。例如，普通的抓绒衣物不过百元左右，在已经可以满足保暖需求的情况下，不一定要购买千元以上的防风抓绒产品。防水透气涂层的衣物价格比较高，如果出汗少或者参与对透气要求不高的活动，则可以选择不透气的衣物，价格会低许多。

4. 使用技巧

（1）衣物本身并不会产生热量，穿上衣服让人感觉温暖是因为我们的体温散发时，衣物包围的冷空气被体温温暖成热空气，所以穿着越多的衣服，可能捕捉到的空气层就越厚，也就会感觉越温暖。

（2）衣服的穿着应该根据天气、温度及时调整，太热、太冷对身体都不好。

（3）人的体温范围很小，正常值在 37℃左右，太低会造成失温，高了又会发烧。而衣服本身又不会产生热量，所以体温太低时常觉得穿上衣物也不暖和，此时最好让身体运动一下。

（4）风对温度的影响很大，在同样的温度条件下，如果有风会迅速带走热量，造成温度急速下降；同理，雨水一样会很快带走热量，所以防风、防雨都很关键。

（5）在进行运动的过程中，如果汗水较多，基础层无法快速排汗，此时一定要注意保持身体的运动，避免在阴凉地方长时间休息，到了营地应立刻更换上干爽的衣服，否则容易受凉感冒。

（6）宿营时，白天汗湿的衣物可以放到睡袋中，用身体的热量蒸干，以便第二天穿。

（7）在雨中行进时，可能衣服的内部是湿的，这并非透气层无效，而是因为此时衣服内外的气压类似，身体的水蒸气无法有效地排出。

（8）毛衣、棉服、牛仔裤等日常穿着的衣物不适合野外环境中穿着，应尽量避免到户外使用。

（六）快干衣物

在“三层着装”的原则之外，如夏季温度较高时，快干衬衫和快干裤是很多人户外活动的首选。快干是指衣服所选择的面料比棉、毛、羽绒等材质更快速地将水分排出，从而保持衣物自身的干爽。在登山穿越、攀岩、溯溪等户外活动中，快干衣物是十分常见的衣物。

1. 分类

快干衬衫主要分为短袖和长袖两种。短袖衬衫的透气性好，但是和短袖 T 恤有重合，不利于遮阳。一般快干衬衫多为长袖，胸口会设有 1 ~ 2 个口袋，方便存放零碎物。为了便于透气，袖子有两种设计：一种是卷起后用纽扣固定；一种是可拆卸式，使用拉链连接。很多衬衫在背部还设有透气口。另外，为了便于户外使用，很多快干衬衫会使用可变形的橡皮纽扣。

快干裤主要有普通长裤和两截裤两种。两截裤由于适用范围广，所以在户外使用较多。快干裤的外形比较宽大，穿着方便，利于透气。裤子设有 2 ~ 4 个口袋，可以放置地图等物品。两截裤有半截和七分式等，下半截通过拉链和上半部分接连。一般快干裤都自带有尼龙腰带，裤脚一般都会设有松紧带，利用弹簧扣可以收紧或放松，利于不同地形的行走。

2. 功能

快干衣物多采用化纤材料，一般有快干、防泼水、防撕、防紫外线等功能。

（1）快干。化纤材料和棉制品相比，比较不容易吸收水分，也就是说汗水接触到衣物后，在风和温度的作用下，可以较快地挥发。一般情况下衬衫采用的是快干面料，和内衣所采用的面料不同。

（2）防泼水。虽然快干衣物不需要特别防水，但是为了达到快干的目的，有部分材料作了防泼水处理，使衣物不易吸收水分。

（3）防撕。在野外常常需要穿过树林，为了防止衣物被撕破，很多快干衣物都作了防撕处理，例如在面料中加入网络，通过经纬线条达到防撕的效果。

（4）防紫外线。快干衣物多在天气炎热的情况下穿着，阳光比较强烈，所以有些面料还有防紫外线的功能。

3. 购买

购买快干衣物可以从面料、设计、价格等几方面因素考虑。

（1）面料。虽然快干衣物不像其他衣物强调使用高科技材料，但是面料也是重要的考虑因素。选择面料时，应该要求有较好的快干能力、较舒适的穿着感、较好的防撕和防紫外线能力且不易皱褶。

（2）设计。户外衣物的设计是另外一个关键因素，设计的关键是便于穿着、提供便利。例如在衬衫和裤子的口袋中，很多产品都设有扣子，可以避免钥匙从口袋中滑落；在衬衫背部和腋下设有排气口，会使穿着更加舒适；快干裤在臀部会有加厚的耐磨层，在腰部有细绒质地的衬里，穿着比较舒适。

（3）价格。快干衣物从几十元到数百元不等，国外品牌的正品设计好、耐用，但价格较高；而国内生产的快干衣物价格很低，质量却良莠不齐。购买时可以比较各个品牌的各种款式，挑选性价比高的即可，并不需要刻意追求高价或者低价。

4. 使用技巧

（1）烈日的暴晒、树枝的剐蹭会使你的皮肤受伤，所以尽量穿着长袖衣服和长裤。

（2）快干裤尽量选择较为宽松的，因为户外活动幅度较大，太紧会受到限制。

（3）为了透气可以使两截裤的拉链半开。

（4）如果没有合适的快干裤，夏季也可以穿运动裤，但是不要穿有防水效果面料的裤子。

（5）如果路上比较泥泞或者尘土较大，可以把裤脚收紧，缚在登山鞋上，可防止泥土进入鞋内。

（七）帽子

在户外用品中，帽子是一般人比较容易忽略的东西。根据研究，头部的表面积虽不到整个体表面积的 1/10，但人体所产生的热量却有一半左右是从头部散失的，尤其是在冬季，热量会大量从头部散失，从而可能造成身体的失温。所以环境越冷，越应该注意户外运动中对头部的保暖防寒。

另外在丛林中行走，帽子可以有效地保护头部、面部、颈部不会因为落下的物件或树枝而受伤。烈日下，帽檐也能防止脸部、颈部晒伤。所以在户外，一定要带上顶帽子。

1. 分类

帽子的种类很多，在户外，常用的帽子有棒球帽、丛林帽、滑雪帽等。

（1）棒球帽。棒球帽是最为常见的帽子，其主要特点是帽子的前部有较长的硬质帽檐，硬质的帽檐可以遮阳挡雨，保护面部。如果给棒球帽加上其他附件，可以延伸出很多类型的帽子。比如夏天可以采用网状面料，透气好又凉快；冬天采用抓绒、尼龙等面料，保暖又防风。如果在帽檐加上一圈护颈，还可以保护颈部不被太阳晒伤。

（2）丛林帽。丛林帽是野外较为常用的帽子，其特点是有一圈软质的帽檐，可以较好地保护面部和颈部，遮阳的同时还能防止虫子等落入颈部。软质的帽檐不需要的时候，还可以收起来，比较凉快。丛林帽多采用帆布或者快干尼龙材料制成，颜色多为绿色、灰色或者迷彩色。

（3）滑雪帽。为了降低风阻、扩大视野，滑雪帽一般都没有帽檐，但有些产品设计了可折叠的帽檐，需要时可以翻下来保护耳朵。滑雪帽多用毛绒和抓绒材料制成，轻便且保温效果好。另外，为了便于在雪地里辨识，滑雪帽的颜色一般比较鲜艳。

2. 材料

常用来制作帽子的材料有帆布、抓绒、快干材料、毛绒、防水透气面料。

（1）帆布。早期常用的材料，价格便宜，耐磨耐用，具有一定的防御功能，多用于丛林帽。

（2）抓绒。抓绒材质的帽子有不错的保温效果且十分轻便，和冲锋衣的帽子搭配使用效果较好。另外，抓绒材质即便打湿后，还有一定的保温效果。

（3）快干材料。快干材料在户外使用的范围越来越多。使用快干材质制成的帽子轻便、凉爽、透气性能好，较为适合夏天或者雨季使用。

（4）毛绒。毛绒织成的帽子保温效果不错，价格便宜，是比较常见的帽子，但是毛绒的空隙间距较大，防风性能较差。另外，毛绒被打湿后，重量会大大增加。

（5）防水透气面料。大多数冲锋衣都有折叠式帽子，下雨时可以取出来保护头部，当然如果帽子有防水效果则更好。采用防水透气材料制成的帽子一般价格比较贵。

3. 购买

（1）规格尺寸应符合标准要求。购买时最好选择几个号试戴一下，以便挑选到大小合适的帽子。帽子的大小以“号”来表示。帽子的标号部位是帽下口的内圈，用尺子测量帽下口内圈的周长，所得的数据即为帽号。

帽子的规格从 46 号开始，46 ~ 56 号为童帽，55 ~ 60 号为成人帽，60 号以上为特大号帽。号间等差为 1cm，形成系列。

（2）帽子的形状应该符合户外活动的需要。如果在丛林或者阳光比较多的地方，应该选择丛林帽；如果是冬季户外运动，应该选择保暖性能较好的抓绒帽。

（3）用料应符合要求，材料优良。有的帽子会综合多种材料制成，如果使用防水透气面料作外层，然后在帽子的内侧使用薄抓绒，既能保温又能防水，这样的帽子功能性较好。

（4）单色帽要求各部位色泽一致，花色帽各部位应色泽协调，各部件位置应符合要求，缝线整齐，无开线、松线和连续跳针现象。仔细观察面料，经纬纱应该无错向、偏斜，面料无明显瑕疵，绣花或烫印的标识应该不变形、不起皱。帽子整体洁净，无污渍、无折痕、无破损等。

（5）辅件齐全。丛林帽应该具有帽绳，防止突然的大风吹走帽子；棒球帽应该能够方便地调节大小；滑雪帽的帽檐放下时应能遮住自己的耳朵。

4. 使用技巧

（1）如果帽子本身没有防止颈部晒伤的设计，可以把方巾压于帽檐下，盖住颈部。

（2）下雨时，如果头顶不防水，可以将其置于帽檐下以防被打湿。佩戴近视眼镜的使用者，也可以利用硬质的帽檐防止雨水打湿眼镜。

（3）冬季寒冷的环境下，为了保暖，睡觉时也可以戴上帽子，最好选用抓绒无帽檐的帽子，以免影响睡眠。

（八）帐篷

如果说睡袋和防潮垫是户外爱好者的被子和床，那么帐篷就是他们的“家”，疲惫的一天行程后，有一个舒适的“家”很是必要。在户外宿营中，帐篷提供了防风防寒的功能，同时还能防止昆虫和小动物的侵扰。以前人们经常使用简陋的帆布搭建棚子居住，这样对于身体的危害非常大，夜里的低温和露水会对你的身体造成伤害。而有了帐篷，这些不利的情况就会大大减少。

1. 分类

帐篷的分类有很多种，主要可以分为以下几种。

（1）按帐杆区分。按帐杆可分为玻璃钢帐篷和铝杆帐篷。

①玻璃钢帐篷一般常用于低强度的户外运动。玻璃钢帐杆较重，材质较脆，抗寒性和抗风性都不如铝杆，但是由于其价格便宜，足以应付一般日常环境，所以也有不小的使用范围。

②铝杆帐篷。原来铝杆帐篷多是为攀登雪山或者低寒地带的户外运动准备的，使用的材料为航空铝，重量轻、抗风好、延展性好。但近年随着技术的不断改进，价格不断下降，越来越多的普通帐篷也采用铝制杆。

（2）按帐布的层数分。按帐布的层数可分为单层帐篷和双层帐篷。

①单层帐。市场上有一些单层帐，主要使用范围为冲锋帐，为攀登雪山时使用。此类帐篷重量轻、体积小、价格很高，生产上对于各部分材质和做工要求很高。尤其是帐布的面料，因为只有一层，所以需要帐布兼有防水透气的功效。但是一些帐篷生产商为了满足市场的需要也推出了一些低价的单层帐，主要用于郊游、海滩，实际防雨性、抗风性都很差，基本无法满足户外运动的要求。

②双层帐。目前市场上常见的帐篷皆属于双层帐，两层帐布各有功用。外帐主要用来防水防雨，内帐负责提供居住空间及必需的透气性和通风能力。帐篷内人呼出的热气会在帐篷外冷空气的作用下，在帐篷内壁凝结水珠，从而打湿睡袋。双层帐篷的设计，优点在于热气会透过内帐，在外帐内壁凝结成水珠然后直接流到地面。

（3）按适用季节分。按适用季节可分为三季帐和四季帐。

①三季帐。此类帐篷是最为常见的帐篷形式，因为大多数户外爱好者都是在春、夏、秋三季活动，此类帐篷可以满足绝大多数环境下的使用强度。此类帐篷的设计简洁、透气、搭建方便，常用 2 ~ 3 根帐杆来撑起帐篷主体，材料使用方面突出性价比。有些较好的三季帐其强度也可在意外的天气时使用，如降雪、大风等天气。

②四季帐。此类帐篷的设计使用范围为较严酷的自然环境，例如雪山攀登、极地穿越等，通过 3 ~ 4 根或更多的帐杆增加强度，以便适应大风、大雪等恶劣天气。此类帐篷保暖性好，但透气性稍差，在面料和帐杆上尽可能使用最好的材质，同样强度下追求更轻，所以价格更高，但是物有所值。此类帐篷往往是行程顺利和人身安全的保证。

（4）按外观和搭建方式分。按外观和搭建方式可分为 A 形帐篷、圆顶帐篷、隧道式帐篷和露营袋。帐篷的品牌众多，外观也是各式各样，这里主要介绍几种常见的外观样式。

① A 型帐篷。A 型帐篷属于传统造型的帐篷，外形就像我们以前居住的有屋檐的屋子，搭建时需要利用帐钉将帐篷固定在地面上，然后利用帐杆将帐篷撑起来，再用绳子固定。帐篷从前方看去是一个三角形，此类帐篷早期使用比较多，但侧面受到风吹时强度会大幅下降。另外一个缺点是帐篷内空间不佳，帐篷两侧较为倾斜，内部空间较小。现在已经较少看到此类帐篷。

②圆顶型帐篷（也称蒙古包式帐篷）。这是目前市面上最常见的款式，多采用双杆交叉支撑，拆装都比较简便。又因为其屋顶较高，形似倒扣的碗状，所以也叫蒙古包式帐篷。此类帐篷的帐杆利用内部的松紧绳连接起来，搭建时弯曲帐杆，利用帐杆的张力将帐布撑起来。这种帐篷的优点是可独自站立，搭建方便，抗风性较强，帐篷内活动空间比较舒适。为了增加强度，此类帐篷也有使用 3 根甚至更多的帐杆交叉搭建。

③隧道式帐篷。此类帐篷是由前后各有一个半圆形的帐杆所构成，彼此平行不交叉，整个帐篷外形如同隧道状。此类帐篷不能独立站立，需要靠帐钉或防风绳才能固定成型。其优点是强度大，因为帐篷比较低矮，受风面积小，重量轻，搭建快，只要穿好帐杆，两端一拉即可。其缺点是必须依靠帐钉、防风绳才能搭建，在水泥地等硬质营地使用不方便。同时，由于比较低矮，帐篷内部空间较小，活动会受到限制。

④露营袋。露营袋是比较特殊的一款“帐篷”，外形类似一个睡袋，依靠两根很短的帐杆在头部支撑起一个空间。使用者使用睡袋躺在里面如同钻入一个更大的睡袋。露营袋可以提升舒适度，但不能抵御长时间降雨和恶劣天气。露营袋的重量较轻，体积较小，帐布面料多采用防水透气材料，价格昂贵，主要作用是在极端情况下能够提供一个相对舒适的环境，发挥类似于求生毯的作用。

（5）按大小分。按大小可分为单人帐、双人帐、多人帐。

①单人帐。主要用于自行车运动、长线旅游等活动，最主要的特点是轻便，大多数重量为 1.5 ~ 2kg。此类帐篷一般空间较小，只能容纳一个人和一个背包。设计上有单杆（需要配合地钉才能搭建）和双杆，帐杆多采用铝杆。

②双人帐。大多数帐篷都是双人帐，一般此类帐篷可以容纳 2 ~ 3 人，重量适中，使用范围广，所用的材质也根据用途各有不同。

③多人帐。一般指满足 4 个人或者 4 人以上使用的帐篷，如家庭账、登山时的大本营等。此类帐篷大多体积大、重量大，不适合背包旅行，或者需要由多人分开背负。此类帐篷一般作为集体装备备用，或者自驾车等无须人工背负的户外活动。

2. 结构功能

帐篷主要由以下六种部件构成。

（1）帐杆。帐杆主要负责帐篷的支撑成形和承受外界的风力，其材质多为铝合金或玻璃钢。帐杆是帐篷的关键部件，帐篷主要由数节长短相同的帐杆通过内部一根松紧绳连接而成，连接起来后可以弯曲成形，收纳时可以折起放入帐篷套。

（2）外帐。外帐指的是双层帐篷外侧的帐布，起到防水、防风的作用，通常是防水的尼龙布。尼龙布薄而轻，适合登山和徒步者选用。牛津布厚，但比较重，适合自驾车或集体使用的大本营帐篷。从防水涂层看，现在多用 PU 涂层，防水效果不错，一般外帐的防水压力要求 1500mm 汞柱以上。

（3）内帐。内帐指的是双层帐篷内侧的帐布，通常是由具有透气的尼龙布甚至丝网构成。内帐帐底与地面接触，材料需要耐磨、防水，一般防水要求达到 3000mm 汞柱以上，现在多用 PU 涂层的牛津布做帐底。

（4）帐钉。帐钉用来固定帐篷和防水绳，由木质、金属或塑料等材质制成，其中铝制帐钉重量轻，比较常用。外形有 T 形、半月形、片形等，针对草地、岩石地或雪地都有相应设计。

（5）防风绳。防风绳用来固定帐篷，增加帐篷的强度和稳定性。需要选择有一定抗拉性的绳索，一般连接帐杆和重物，如石头、断木等，也可以用帐钉固定。

（6）帐篷套。帐篷套包括帐篷袋、帐钉袋、帐杆袋，是收纳帐篷时使用的外包装。

3. 购买

帐篷的主要功能是防风、防雨、防尘、防露、防潮，为露营者提供一个相对舒适的休息环境。选择帐篷应着重考虑以下因素。

（1）需求。先确定帐篷需求，明白自己需要在何种环境中使用到帐篷，然后确定自己需要关注的重点是重量、强度还是价格。由于帐篷是公用装备，可以先出去活动几次再确定是否购买或者购买哪种帐篷。

（2）重量。一般家庭露营或者自驾车等形式的旅行可以不太考虑帐篷的重量，但如果要从事登山的活动，帐篷的重量则是很关键的因素，因为在徒步的过程中你需要背负帐篷行走，如果太重则对行程带来不利影响。又比如进行单人自行车长途旅行，帐篷就需要极轻，这个时候就可以考虑单人帐篷。

（3）搭建。方便的搭建会让你更快地享受到休息的乐趣，这一点在夜晚和高寒地带尤其重要。如果一天的行程结束时已经天黑，在微弱的光线下搭建帐篷可不是件容易的事情。而在高寒地带，如果搭建方式太复杂，带来的就是冻伤的危险，关系到人身的安全。

（4）空间大小。在户外行走，背负着大包、炉子、睡袋等，选择一款大小合适的帐篷是必要的。不能太大，否则会增加重量，睡眠时容易散失热量；也不能太小，不然太挤，睡眠质量得不到保证。还要考虑如果下雨了，帐篷是否有空间放下你的背包等装备以免被淋湿。

（5）材料。帐杆要求强度高，回弹力好。外帐则需要防雨防风好，在缝线部分贴上防水胶可以增加防水性。内帐透气要好，而帐底则需要有良好的耐磨防水性。

（6）做工。仔细检查缝线的质量，观察是否整齐，有无线头露出；查看线和胶条的接合处，看是否有脱落；观察帐杆的接头是否光滑，接起来后检查是否密合；检查帐门的拉链是否顺畅。

（7）颜色。如果要减少对自然环境的影响，低亮度的绿色及棕色是很好的选择，而米黄、红色等颜色的帐篷在自然环境中容易被找到，辨认方便。亮色在夏天清爽，而暗色可以更多地吸收太阳能，较适合寒冷的天气。

4. 使用技巧

帐篷的使用虽不复杂，但应该说也是一门学问，同样的帐篷，使用得当，防风、防雨效果俱佳，反之则会不理想。使用帐篷应注意以下事项。

（1）搭建地址的选择。

①营址应该在相对平坦的地方，避免在可能落石的地点扎营，以免被砸伤。不要在水边扎营，以免突然的涨水冲走帐篷；不要在大树下扎营，防止遭雷击。

②地面要相对干燥，以薄草坪为佳。

③帐篷出入口应背向风口。

④避免在斜坡上扎营，如地面稍有坡度，出口应选在下坡处，这样便于挖沟排水。

⑤选定营址后要清理干净石头、树枝等杂物，既可以提高睡眠舒适性，还可以避免划破帐底。

（2）搭建帐篷。

①帐篷铺开后应首先固定帐篷的四角，使帐篷底在地面上铺平。

②根据帐篷搭建的方式，先撑起外帐或内帐，注意使外帐绷紧并和内帐保持一定距离，这样会有利于帐篷的防雨。有雪裙的帐篷，应用沙土或者石头压好。

③如有条件，可垫一张地席，这样既可保护帐底，还可达到较好的防水效果。

④记住要使用地钉和防风绳，户外天气多变，应准备充分。

⑤使用地钉切忌用脚踩，地下可能会有石头，太过用力会折弯地钉。

⑥防风绳与地钉成 90° 角最好，这样有利于达到最大强度。

⑦撑好帐篷之后，检查一下内外帐间的距离，若贴在一起，则会影响防雨和防露，应作调整。

（3）挖排水沟。露营时，天气多变化，尤其是在山中，晴雨不定，一定要记得在帐篷四周挖排水沟。排水沟沿着帐篷的四边，位置大约能够使外帐的水正好流入排水沟为宜。

（4）帐篷的打包。购买帐篷时都会带有一个帐篷袋，大多数时候使用者都是将其直接放入背包中或者做外挂。但帐篷的重量要远远大于防潮垫，外挂时稳定性不好。直接放入背包中，由于其体积较大、形状固定，影响整个背包重心的调整，背包内的空间得不到合理的利用。为了合理分配包内空间，可以考虑把帐篷拆开放置，内外帐可以根据背包容量重新折叠放置，而帐杆可以贴紧背负插入背包。

5. 注意事项

（1）登山鞋不可穿进帐篷，靴底的烂泥或小石粒会弄脏帐篷并磨损底层。

（2）避免让雨水进入内帐，湿衣物应避免弄湿其他物品。

（3）尽量不要在帐内点火做饭，避免损坏帐篷。

（4）睡觉时应打开通气口，保持帐内的通风。

第三章　户外陆地项目

第一节　徒步

一、项目介绍

（一）徒步旅行

徒步旅行是指靠双脚跋山涉水，可分为远足和远征训练。远足通常指一组人为了休闲而进行的短途旅行；远征训练是有特定目的而举办的陆上或海上的行程，主要是激发参加者的冒险及探索精神。

（二）徒步穿越

徒步穿越是指在徒步区域里主要靠徒步完成起点到终点的穿越里程，中间可能要跨越山岭、丛林、沙漠、雪原、溪流、峡谷等地貌的一种户外运动。徒步穿越野外综合技能要求较高，集登山、攀岩、漂流、溯溪、野外生存于一体。穿越人员必须要具备良好的体能、稳定的心理素质和道德水准，同时还要有乐于助人的团队精神。

徒步穿越富于求知性、探索性、不可预见性等特点，穿越者必须掌握相关野外生存知识与技能，应对千变万化的野外情况。

徒步穿越包含山地丛林、沙漠荒原、雪原冰川、峡谷、平原、山岭、长城、古道、草地、环湖、江河等很多种类。

二、计划与准备

（一）师资要求

（1）远足活动最少要由两名领队带领，其中 1 名应为专业领队。

（2）具有中国红十字会颁发的救护员证以上资格或职业医护人员方可进行救护。

（3）具有中国登山协会颁发的户外指导员资格。

（4）具有国家人力资源和社会保障部颁发的户外运动领队资格证。

（5）如有女学生参与，则应有女教师同行。

（二）计划内容

（1）在计划行程时，必须考虑下列事项。

①学生的能力。确保学生均有能力完成整段行程。

②天气情况。在天气不稳定的季节必须保持警觉，遇有雷暴、大风等天气，应避免行走山脊。

③有阳光的时间。确保整段行程可在日落前完成。

④危险地区。避免行经石矿场、练靶场、军事演习区和悬崖，并于出发前拟定备用路线。

（2）出发前应拟定行程表及行程地图，并把相关资料留给办公室 1 份。

（3）每组人数 30 人，可根据完成整段行程所需时间及行走路线的情况而定，每超过 10 人应增加 1 名教师或工作人员跟随。

（4）每组最少应有 1 名成员懂得急救。

（5）为所有参加活动的教师、学生、工作人员购买相应的户外运动专业保险。

（6）预定计划路线时，要注明经过的地方及方向，计划行程时切勿过高估计学生的能力。

（7）出发前应举行一次说明会。所有参加者，包括随行教师在内，必须清楚了解其职责及遇到紧急情况时应采取的行动。

（8）如有条件可向学生发放活动计划书或本次活动所需个人物品、装备等相关物品。

（9）远征训练或徒步穿越，应提早为学生开设训练班。训练内容应包括徒步的技巧、体能储备及基本的急救常识。

（10）学校必须在活动前，先取得未满 18 周岁学生家长的书面同意。

（11）在出发前，学校应向当地警方或当地管理处汇报活动的详情。

（12）在出发前，应告知学生所有可求援的地方，包括领队、学校、当地的派出所、公园管理处的位置及联系方式。

（13）长距离和高难度的徒步活动，出发前应先对参与人员做健康检查，尤其是平时很少运动的人，更需认真检查。

（三）活动准备

（1）穿着平底及鞋底有凹凸纹的防滑鞋。

（2）配备双肩背包，携带登山手杖。

（3）穿着适合远足的衣服和鞋袜，避免短衣短裤；戴好帽子、太阳镜；夏天注意遮阳，冬天注意保暖。

（4）随身物品：水壶、身份证、学生证或紧急联系卡、地图、指北针、水、食物、头灯（手电筒）、备用电池、雨具、IC 电话卡、零用钱、急救药品、哨子、记事簿、笔、筒装爽身粉、宽胶带、小圆镜、塑料袋等。

（5）沙漠活动中应携带两副太阳镜，一副平时使用，另一副防风沙。

三、活动注意事项

（1）每名学生穿着合适，以避免强烈日晒、野生植物及其他硬物对皮肤的伤害。

（2）如途中遇到暴雨，应离开山脊、山巅及其他高地；尽可能坐在绝缘的衣物上，并避免接近洞穴及积土的裂隙处；不要坐在树下或坑洞内，并远离墙壁及塔尖等地方。

（3）走山路时，寻找稳固的地方立足，不要站在松散的石堆上。

（4）未得领队批准，任何参加者不得离开队伍独自活动。

（5）前进速度应顾及队中行走最慢者。在队尾委派一人，负责确保没有遗留任何队员。

（6）在经过障碍物及分岔口后应稍作停留，确保没有队员失散。

（7）如遇大雾天气，能见度低于 50m 时应取消活动或远离公路，等待天气转晴为宜。

（8）在公路上徒步时，尽量利用颜色鲜艳的衣物或标志，引起驾车者注意。

（9）随身携带地图和指北针，定时检查行进方向是否正确。

（10）切勿在公路上嬉戏或追逐打闹；切勿在路边或车辆行驶的地方休息。

（11）在公路边行走时，应保持单排行进，不可在路中心行走。

（12）禁止在高速公路、行车天桥、隧道、铁路铁轨上行走。

（13）穿行公路时必须在设有斑马线、交通岗等地点安全通过，或在视线不受阻的地方横过公路，并遵守交通法规。

（14）晚间行走，须使用照明用具和反光条，以便提醒行车司机。

（15）如遇紧急事故或天气突变而未能按时回程，应设法通知学生的家人或由联络人代转。

（16）行走时，要随时注意所经过的明显自然标志，如河、湖、岩壁、形状比较有特点的山头等，这样一旦迷路也可以根据这些明显标识找回来时路。

（17）徒步的时候，根据时间控制行进速度，要注意科学休息：一般每走 50 分钟需要休息 10min，不同的人可以根据自己的情况酌情加减。

（18）每个地区太阳下山的时间都是有一定的规律的。可以向当地人咨询一下当地太阳落山的时间，根据时间及时地寻找营地或准备休息。徒步的时候要尽量避免走夜路。

（19）刚开始登山、穿越时，步伐缓慢一些，以使自己的身体逐步适应运动状况，否则会出现心慌、头晕及无力等问题。

（20）如有人有严重的伤病，整个穿越计划必须作出调整——全体放弃或由部分人带伤病员返回。

（21）所有装备和给养应根据个人体力好坏及性别来科学分配背负，以便队伍保持一致的速度。

（22）人数较多时要注意行进队形，队伍不要过长。

（23）全程尽量保持匀速，掌握节奏，按计划时间休息和进食。

（24）根据途中队员的体力情况及时调整计划，必要时宁可延长行进时间，避免不必要的体力透支，为不可预见情况留有余地。

（25）出行前尽可能地搜集活动地区的地图和相关资料，对将要出现的较大转向和明显的标志物作初步了解。

（26）如对穿越地区所知甚少、条件又较复杂时，最好请走过的人同行或找当地向导带路。

（27）避免在未开发的古代遗迹内部或周围进行穿越、露营等活动。

（28）避免在寺庙、道观、教堂等宗教场所进行大规模活动。

（29）切勿离开现有的山路而随意步入草丛或树林。

（30）切勿在非指定地点生火、煮食或使用明火，此举极易引起山火，亦属违法行为。

四、教师注意事项

（1）出行前，教师对路线计划有详细的行程安排和交通指南。

（2）控制队伍行进速度，保持节奏，以免首尾脱节。首尾通过对讲机保持联系以控制队伍行进速度。

（3）密切留意学生的体力情况，发觉有状态不佳者时，教师应给予照顾，调整休息频率，确保无人掉队。

（4）留意周围环境变化，收听电台天气和新闻报告，以便尽早采取应变措施。

（5）如遇天气变坏，应审慎考虑缩短或取消所计划的行程。

（6）切勿随意更改既定路线或尝试行走杂草丛生的捷径，教师及领队不得随意冒险。

（7）对于学生的个人冒险行为要坚决予以制止。

（8）提醒学生注意沿途和活动地点的潜在危险。

（9）领队教师每隔一段时间清点一次人数，确保没有队员失散。

五、学生注意事项

（1）远足前一晚必须充分休息，出发前要吃得丰富而有营养，以便有充足体力步行。

（2）切勿争强好胜，清楚自身体能状况，量力而为。

（3）活动中避免单独行动，坚决反对个人的冒险行为。

（4）勿采食野生果实和饮用不确定的水源（紧急情况下除外）。

（5）避免站立崖边或攀爬石头拍照或观景。

（6）避免行走在湿滑石面、泥路或布满沙粒的劣地上。

（7）不要只顾低头走路，而错过了周围的风景。在户外徒步，强身健体只是其中一个目的。

（8）徒步时人体的热量损失大，为了补充体力，需要定时补充水和食物。

（9）野外行进时遇到山洞、墓穴、废旧房屋、古代遗址等，不要进入，以免发生危险。

（10）禁止学生携带管制刀具，严禁行进中玩耍刀具或将刀别在腰间。

（11）在山野徒步时，禁止喷抹香水、发胶和其他芳香的化妆品，以防毒蜂闻风而至。

（12）在野外尽量不要穿着鲜艳的服装（如红、黄、橙等接近花蕊的颜色），不要佩带头花、胸针等类似花的装饰品。

（13）学生应穿着舒适的厚袜及耐用的厚胶底户外运动鞋，以保护足踝和防止滑倒。

（14）学生应带雨衣及一些保暖的衣物。

六、沙漠徒步注意事项

浩瀚无垠的沙海，有众多神奇的自然景观。在这荒凉和美丽之中也蕴含着无处不在的危机，这就要求探险者必须有相当的体力、勇气及丰富的野外生存经验。人在茫茫沙海之中，是非常渺小的，只有掌握沙漠的规律才能安全地走出沙漠。

（一）充分的行前准备

沙漠徒步比野外徒步更有危险性，需要有更加周密的计划方案和细致的准备，将风险降低到最小，才能安全完成行程。进行沙漠徒步前要了解当地沙漠的各类情况，制订详细计划，并雇佣当地向导。

1. 季节的选择

沙漠徒步时应避开炎热的夏季和多风的春季，选择 9 月份至次年 3 月份之间为宜。

2. 制定线路和战术

制定沙漠路线和战术时，首先应明确自身客观情况并充分了解前往地域的资料，在保证生命安全的情况下制定出力所能及的沙漠活动方案。

3. 沙漠活动方案的基本原则

完全靠自身能力或集体协作在沙漠中开展活动的（一般情况下不超过 7 天），行进距离应控制在 100km 以内，队伍一天行进不要超过直线距离 20km。此处还须注意：

（1）充分携带必要装备、食品、水。

（2）根据人数、性别比例、行程、体能、毅力等情况制订方案。

（3）携带指北针或卫星定位仪（GPS），准备精度高的地图。

（4）聘请当地向导和雇佣骆驼。骆驼每隔 7 ~ 10 天饮一次水，一次饮水量在 100 公斤左右。不同骆驼的负重不同，要注意不可超过骆驼的最高负重。

（5）食品、水应多备份 1 天以上的份额。

（二）沙漠行进

在沙漠行走必须正确地判断方向，因为沙漠中视野空旷，难以找到定向的参照物，加上起伏的沙丘、高大的沙山和洼地的干扰，一般不可能走直线，可用以下方法判定方向：

1. 用仪器判定方向

用指北针和地图标定方向。首先明确自身所在位置，然后依据地图标定的位置和方位角，根据指北针所指的方位角行进。由于沙漠中不可能沿直线行进，需要不断地校正行进方位。

2. 用自然特征判定方向

（1）用北极星判定方位。我国位于北半球，终年夜间都可以看到北极星。北极星是北天区中一颗较亮的恒星，夜间找到了北极星就找到了正北方。大熊星座（主要是北斗七星）和仙后星座位于北极星的两侧，如图 3–1 所示。

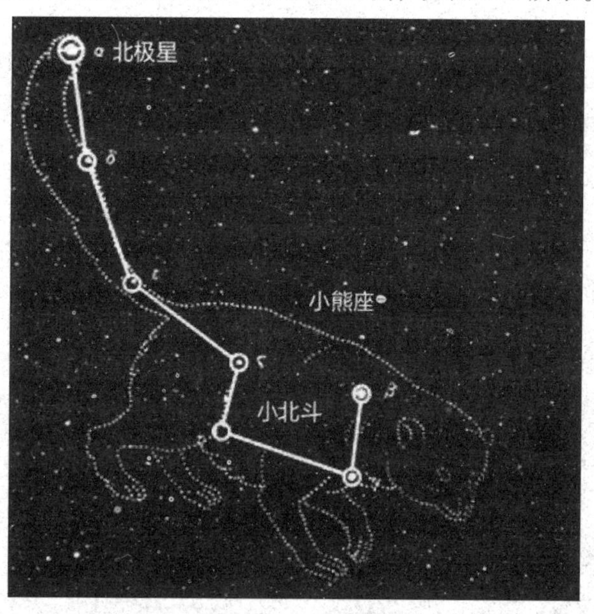

图 3–1　北极星位置图

（2）利用太阳判定方向。太阳东升西落，是最可靠的“指北针”。太阳由东向西移动，而影子则是由西向东移。例如，在我国西部的沙漠，早晨太阳从东方升起，一切物体的阴影都倒向西方，中午时太阳位于正南，影子便指向北方，下午太阳到正西，影子则指向正东。“立竿见影”法、手表判定法等在沙漠活动中都是很有用的。

在沙漠中行走，也有一些注意事项：

第一，选择合适的鞋。沙漠中徒步要选择合适的鞋，鞋底不要太软，一定要穿上大而厚的鞋，并加一副防沙套（或雪套）或用宽胶带将裤腿封上。

第二，学会用双手杖走路。沙漠负重行进，上下翻越松软的沙丘，膝盖容易损伤。用双手杖行走能减轻膝盖的压力并能节省体力。

第三，不要怕走弯路。在沙漠行进应绕行避开大的沙丘或沙山，切勿直接穿越陡坡。尽量避开背风面的沙地，在迎风面和沙脊上行进。在沙漠穿越中，向导很重要，要找好走的路并控制速度慢行。每小时休息 10min。

第四，昼伏夜出避高温。沙漠穿越的成功，取决于三个相互依赖的因素：周围的温度、活动量及饮水的储存量。在阳光的直接照射下行进会造成大量的水消耗，可以采用夜行晓宿的方法行进。

在沙漠中露营时，也有一些注意事项：

第一，营地选择在避风的地方，并防止流沙的掩埋，这类地方一般是在沙丘之中的平地上。

第二，营地不可扎在红柳、胡杨树等植物附近，因为有植物的地方，往往寄生着一些有毒的虫子。

（三）紧急情况处理

1. 寻找水源

（1）如有茂密的芦苇，在地下 1m 多深的地方能挖出水来。

（2）如有芨芨草，在地下 2m 左右就能挖出水来。

（3）如有红柳和骆驼刺，向下挖 6 ~ 8m 就有地下水。

（4）如有胡杨林，向下挖 8 ~ 10m 就有地下水。

（5）如潮湿的沙土或苦水，利用太阳蒸馏的办法得到水。

注意：沙漠中多数地下水含盐碱很高，人不能直接饮用（骆驼可以饮用），必须用蒸馏等方法处理。

2. 躲避沙暴

沙漠的气候可谓瞬息万变，特别是春季和夏季（尤其是 3 月至 5 月），易出现风沙天气，风沙有固有的运动规律，一旦遇见沙暴，首先要避过风的正面，不要到沙丘的背风坡躲避，否则有被沙暴埋葬的危险。

3. 防高温

沙漠最大的危险之一是高温。高温会造成脱水，从进沙漠起就要控制饮水，随身备足饮用水并携带维生素。

4. 对付沙漠动物

不要随便招惹野生动物，比如野猪、狼等。一般情况下，它们不会主动攻击人类。沙漠里的一些小动物身上有很多病菌，如野兔等，不要捕杀并食用。湖里也许有很多危险的生物，不得任意下湖游泳。

七、如何应对意外事件

（一）迷路

（1）保持镇静，全队集中在一起。

（2）根据迷失前已知的最后方位，如山岭、水滩、建筑物等，找出目前的位置。

（3）决定是否折回或前往一个明显的地点。

（4）用电话联系当地相关部门请求帮助。明确告知队伍所在方位、基本情况、所需物品。

（5）留在迷失处，应设法以明显的标志吸引外界注意，并应利用电筒或哨子发出求救信号。

（二）山火

（1）扔掉易燃物品及非必要的装备。

（2）多喝水，把手帕和衣服弄至全湿。

（3）远离茂密的草木及树丛。

（4）朝山火的相反方向、侧面或后面逃走，切勿奔跑。

（5）如遇陡峭的斜坡，应避免继续向上爬，应尽量向下走。

（6）当心掉在地上的电线及落下的烧焦树木，并应留意风向。

（7）当火焰已截断你的逃走路线时可采取以下措施：

①用适当的衣物（不含人造纤维）掩盖自己。

②在浓烟中俯身向下，应接近地面的空气呼吸。

③用全湿的睡袋或湿泥覆盖自己，用湿透的手帕或布掩住口鼻。

④找寻下水道、渠道、地道等地方躲避，并去除所有易燃物品。用浸湿的衣服掩面，以阻挡烟雾。

⑤在衣服着火时贴地打滚，或用其他衣物或毡子包住着火处直至火熄灭。

（三）倾盆大雨

大雨通常会导致河道拥堵而使水位急速上升，甚至引发危险的山洪。如果水位上升至膝盖以上，禁止涉水渡河。应停止前行或绕道而行。

如必须涉水渡河，应遵守下列原则：

（1）领队须检查队员是否已准备好。

（2）不要在岩石间跳跃。

（3）收窄脚步，保持步伐平稳。

（4）选择河水较浅，水流平缓，无暗礁、暗流和漩涡的地点。

（5）涉水过河时，应当穿鞋。

（四）雷击

（1）雷击预兆：空中的积云变厚，不久即变成雷云；收音机出现刺耳的杂音，天空中落下大粒雨滴，此时应赶紧到安全地点躲避。

（2）跑向低地，远离高树及密叶树林。

（3）远离铁塔，去除身上的金属物，装入塑料袋中。

（4）如在水域活动，要赶紧上岸。

（5）不要聚集在一起，应分散开。

（6）小屋内、汽车内、岩石背阴处或凹陷处也是很好的躲避之处。在屋内躲避应注意不要靠墙。

（7）关闭一切通信工具。

（五）落石

由高处掉落的石块会严重伤人，甚至致人死亡。因此在山间行走时须注意：

（1）注意是否有落石标志，要仔细观察，分辨浮石。

（2）通过易发生落石区域时，应戴好头盔或用厚衣服蒙住头，快速通过。

（3）尽量提早发现落石，及时避让，避免意外伤害。

（4）行走中不小心踏落石头时，要立刻通知下面的同伴。

第二节　野外生存

一、项目介绍

野外，是指人迹较少的自然生态环境，其特性是原始性、自然性、封闭性，多为极端恶劣的生态环境。野外生存即人在食宿无着的山野、丛林、沙漠、孤岛中求生。野外不同于户外，野外生存所需的知识非常广泛，如今，它已作为一项新兴的户外运动被列入体育项目中，并在国内外蓬勃地开展起来。

野外生存是一种行为，也是一种能力，更是一种精神。野外生存是人类在非正常环境下，最大限度地维持生命力的行为，其生存的意义往往就是“活下去”。野外生存行为的发生，可分为主动性和被动性两种：主动性是指有计划、有组织、有目的的行为，主要包括地质勘探、科学考察、军队训练作战等；被动性是指在遇到意外情况下发生的，如战争、自然灾害、飞机失事等意外情况，这种情况不常见，但不可能完全避免。如果掌握生存技能，就可以最大限度地维持生命。

二、计划与准备

（一）活动师资要求

所有野外生存活动必须由经验丰富的教师、教练直接领导，还必须注意以下事项：

（1）野外活动最少要由 2 名领队带领，其中 1 名应为专业级领队。而学生必须曾参加过类似活动及受过野外生存训练。

（2）具有中国红十字会颁发的救护员证以上资格或职业医护人员方可进行救护。

（3）具有中国登山协会颁发的户外运动指导员证（初级以上）。

（4）具有国家人力资源和社会保障部颁发的户外运动领队资格证。

（5）如有女学生参与，则应有女教师同行。

（二）计划内容

（1）考虑活动进行的日程、天气状况及当地环境、专项技术、物资装备、食品等因素。

（2）了解学生的能力、体能、技能及经验，切勿高估学生的能力。

（3）制订详细活动内容、行动流程、风险评估书，并把副本存档备份。

（4）制订紧急应变措施及程序。所有学生、教师都应了解本身的职责及在紧急情况下应采取的行动。

（5）在计划路线时，应避开危险地区，如石矿场、危险品存放地、练靶场及军事演习地区。在私人土地上扎营，应预先取得许可。

（6）在野外露营时，领队与学生比例应为 1：15，比例可根据学生的年龄及能力而定。实地或野外研习活动须有学校专业课教师负责指导才可进行。专业课教师与学生人数建议比例为 1：30。

（7）未满 18 周岁的学生在进行野外生存或野外研习活动前，学校必须先取得参加活动学生家长的书面同意。

（8）在预计步行至宿营地和研习地点及回程所需的时间时，应根据学生中行走最慢者的速度来计算，并应考虑中途停留歇息的时间，不应将行程计划得过长。

（9）在沿岸步行或研习时，应事先查出潮汐涨退的时间和高度，避免在无遮蔽而有大浪的岸边进行活动。

（10）避免在峡谷进行研习，如路线途经山谷，应确保行进路线安全，防范落石等意外情况。

（11）如遇到空气污染指数超标，当天有大风、暴雨、雷电、冰雹、中到大雨等警告时，实地或野外研习应取消。

（12）野外生存或野外研习队须备有比例恰当的最新地图。地图应涵盖和清楚显示活动的地区及通往活动地点的路径（地图比例应为 1：50000 或 1：100000 的标准地图）。

（三）出发前准备

（1）为所有参加活动的教师、学生、工作人员购买相应的户外运动专业保险。

（2）联系车辆和活动景区。

（3）为参与学生填写个人资料，发放紧急联系卡。

（4）出发之前为学生开设训练班。训练内容应包括装包、搭建营地、使用各种工具以及基本的急救常识。

（5）出发前应举行一次说明会。所有教师、工作人员、学生，必须清楚了解其职责及遇到紧急情况时应采取的行动。

（6）在出发前，学校应把活动的详情、回程的时间告知当地警方、其他部门及每名学生家长。

（7）在出发前，应告知所有参加者可求援的地方，比如当地的公安局、护林站、公园管理站和急救站，并应列出电话号码及位置联系人。

（8）如在出发前天气发生变化（如冰雹、暴雨等），应将活动延期至天气情况转佳为止。

（四）物资准备

（1）背包、帐篷、睡袋、防潮垫、保暖衣物、食品、炊具等。

（2）急救药品、地图、指北针、笔记本等。

（3）野外实习还需准备试管、烧杯、瓶子及培养皿等。

（4）根据活动项目选择其他应准备的物资。

三、活动注意事项

（一）山径行进注意事项

（1）在进行活动前，学生应有足够的训练，有充分的思想准备，携带适当装备。

（2）所有活动项目应在日落之前完成。

（3）如途中遇到暴风雨，应离开山脊、山巅及其他高地；尽可能坐在绝缘的衣物上，并避免接近洞穴及积土的裂隙；不要坐在树下或细小的坑洞内，并应远离墙壁及塔尖等地方。

（4）山径行进时，寻找稳固的地方立足，不要站在松散的石堆上。

（5）未得领队批准，任何参加者不得离开队伍独自活动。

（6）随身携带地图和指北针，定时检查行进方向是否正确。

（7）如遇紧急事态或天气突变而未能依时回程，应设法通知学生的家人或由联络人代转。

（8）分散行动时，应将学生分组，每组最少要有 3 人，并委任 1 人为组长。每名学生须知道在紧急情况下应采取的适当行动。

（9）身体不适者不宜参加野外生存或野外研习，有花粉过敏症、心脏病或呼吸系统疾病的学生不宜参加实地或野外研习。

（二）动植物采集时的注意事项

（1）应穿着长袖上衣和牛仔裤或长裤，以避免被植物的荆棘刺伤。

（2）不少野生植物是有毒的，切勿吞食野生植物的果实、种子或叶。

（3）切勿骚扰或刺激野生动物和散养的家畜。

（4）尽可能选择已有的小路行走，避免再开新路。

（5）进入灌木丛活动或搜集标本前，应小心视察四周环境。

（6）不应随便坐在石块或木头上，坐前应小心检查，应先以木棍加以翻动查看；切勿伸手入石洞或树洞内。

（7）野外脊椎动物尸骸可能会传染疾病，切勿搜集作为标本或近距离观察。

（8）搜集野生植物和种子时，应选择无病及无虫害者，以免感染其他植物。

（9）采集长有刺的动物或有荆棘的植物时，应避免被刺伤。

（10）避免用手直接采集含有毒汁或刺激皮肤的汁液的植物。采集这些植物标本时，应戴手套操作。

（11）进行土壤分析实验时应小心，以免被藏在泥土里的生物咬伤。

（三）沿海行进中的注意事项

（1）要牢记潮汐的涨退时间，保证在潮涨前返回岸上。

（2）切勿攀爬岩石、探察洞穴、游泳或潜水。

（3）考察沿岸生态时，宜先试探落脚点是否稳固、踏实；切勿在岩石之间跳跃。

（4）在海边应穿着救生衣。

（5）避免在大浪冲击的岸边工作。

（四）江湖行进中的注意事项

（1）除在极浅的池塘和水沟外，在淡水环境工作要注意安全，水流、沉在水中的物品、积满淤泥的水底均可能导致意外。

（2）学生只可在基层泥土结构已知的溪涧地区工作，而且水深只可及膝盖；严禁在激流水域工作。

（3）踏足河溪时应小心，慎防被水底的坑洞和障碍物绊倒。

（4）任何时间均应穿着救生衣。

（5）水位突然上涨或者水流变得湍急及混浊，可能是山洪的先兆，应立即离开河道。

（6）尽可能在已有的小径上行走，通过桥梁渡河，如该处并无桥梁，则应在河流分支处渡河或在水流缓慢的浅水外渡河。

（7）远离受到污染的河流、湖泊。

（五）宿营注意事项

野外环境复杂多变，安全是第一要务，以下几点是选择宿营的基本原则：

（1）应尽量在坚硬、开阔、平坦、相对避风的地方搭建帐篷，特别是不要在河岸和干涸的河床上扎营。

（2）帐篷的入口要背风，不要在风口搭建帐篷，帐篷要远离有滚石的山坡。

（3）在离村庄近的地方扎营，以便在出现困难或危机时及时向村民求救。

（4）在地势相对高的地方扎营，避免下雨时帐篷进水；尽量避免挖排水沟，保持营地的原状。

（5）在雨季或多雷电区，不能在高地上、高树下或比较孤立的平地上扎营。

（6）营地尽可能选在日照时间较长的地方，这样会使营地比较温暖、干燥、清洁，便于晾晒衣服、物品和装备。

（7）距离水源地不要太远，不要在瀑布下方宿营。

（8）避免在兽道扎营，避免在蜂窝周围建立营区。

（9）布置帐篷时，所有帐篷应是一个朝向，即帐篷门都向一个方向开，并排布置，保持不少于 1m 的间距。

（10）帐篷搭建时帐篷进出口必须处于关闭状态，进出帐篷要顺手把帐篷口拉上。

（11）搭建帐篷的区域必须在野外用火的上方。

（12）帐篷之间在没有必要的情况下尽量不系帐篷的抗风绳；需系抗风绳时，应在绳上做出明显标志，防止绊倒他人。

（13）临睡前要检查是否熄灭了所有火苗，帐篷是否固定结实了。

（14）帐篷内应保持空气流通，临睡前应打开帐篷的通气口。

（15）必要时应设警戒线（沟），在山野露营有可能会遇到野生动物，可以在帐篷区外用石灰、焦油等刺激性物质绕帐篷区画一道圈，防止动物入侵，并轮流值班，看守营地和篝火。

四、教师注意事项

（1）在出发前，应检查学生所携个人装备和公用装备是否齐全。

（2）在野外活动期间应提高警觉，时刻留意学生的位置，并在出发前、活动期间、行程结束前多次清点人数。

（3）告知所有教师和学生急救箱的摆放位置。

（4）提醒学生注意沿途和活动地点可能潜伏的危险。

（5）分组时，每组学生最少应有 3 人。学生不得独自活动、攀爬、下水等。

（6）要了解活动地区的基本情况，并了解最近的村落、管理处、警局的位置，以便求助。

（7）在活动期间随时留意天气情况，如遇天气变化，可考虑缩短或取消所计划的行程。

（8）切勿随意更改既定路线或尝试走杂草丛生的捷径，不可随意冒险。

（9）在露营期间应管制明火的使用。

（10）对于学生的个人冒险行为要坚决予以制止。

（11）教师要保证营地的安全，晚间应有人值班，防止野生动物的侵扰及防盗。

（12）密切留意学生的体力情况，发觉有状态不佳者时，应予以照顾，调整休息频率，确保无人掉队。

（13）禁止学生食用采摘的野菜、野果。

五、学生注意事项

（1）禁止在营地附近进行球类活动及乱跑。

（2）禁止在帐篷内煮饭、使用明火照明或吸烟。

（3）罐装气体燃料和普通燃料应存放于帐篷外。

（4）应穿着适合野外活动及当时天气的衣物。

（5）活动中切勿争强好胜，应根据自身的体力和健康状况，量力而为。

（6）活动中避免单独行动，坚决反对个人的冒险行为。

（7）切勿采摘野生果实食用或饮用不确定的水源（紧急情况下除外）。

（8）切勿远离主路而随意步入草丛或树林。

（9）切勿在非指定地点生火、煮食或使用明火。

（10）避免站立崖边或攀爬石头拍照或观景。

（11）避免行走在湿滑石面、泥路或布满沙粒的劣地上。

（12）在山野徒步时，禁止喷抹香水、发胶和其他芳香化妆品，以防毒蜂闻风而至。

（13）在野外尽量避免穿着鲜艳的服装（如红、黄、橙等接近花蕊颜色的衣物），避免佩带头花、胸针等类似花的装饰品。

（14）在野外行进时遇到山洞、墓穴、废旧房屋、古代遗址等未开发地方，不得进入或宿营。

（15）在没有轻声唤醒帐篷内休息的队友前，不得拉开队友的帐篷。

六、如何应对意外事件

（一）溺水

（1）在水中遇到复杂水情而无法驾驭时，不要慌张，设法让自己浮在水面上，保持浮姿，任水冲流并注意水波流向，再一点一点往岸边移动。

（2）在拯救溺水者时，首先考虑用竹竿、树枝、绳索拖拉，或者用大木头、塑料桶等能很好地浮于水面的物体作为浮具实施间接救护，无法奏效的情况之下才入水施行直接救护。

（3）如果被救上岸的溺水者神志不清，就要采取急救措施，可施行心肺复苏术。

（二）落单

（1）冷静地判断：稳定心情，回想来时路径，检查携带的装备。

（2）如有地图，对照附近地形、地物，以了解所在的位置，不要慌不择路；吹响哨子或大声呼喊同伴看有无响应。

（3）如找不到路径或无法联络上同伴，应找一个避风避雨的地方准备过夜。

（4）在附近明显处留下记号以便搜寻人员发现。

第三节　定向越野

一、项目介绍

定向越野是借助地图和指北针，按照规定顺序寻找若干个标绘在地图上的地面检查站的一项体育活动，它以激烈的竞争性、广泛的知识性、浓厚的趣味性强烈地吸引着爱好者。同时定向越野也是一项融知识性、技术性、趣味性、竞技性为一体的体育运动项目，能使人回归自然、放松身心，获得惊险刺激的人生体验。

二、计划与准备

（一）活动师资要求

所有野外定向活动应由经验丰富的教师或教练进行指导，他们须具有以下资格：

（1）曾多次参与个人实践或野外定向比赛，对于将要开展的训练或活动所涉及的相关领域有充分的了解。

（2）曾受过野外定向培训，并懂得运用定向地图及必要的急救知识。

（3）具有中国登山协会颁发的户外运动指导员证（初级以上）资格。

（4）具有中国定向协会颁发的定向越野教练员证。

（5）具有中国定向协会颁发的户外拓展培训师（初级以上）资格。

（二）计划内容

（1）选择相对安全的活动地点，并绘制线路图（比例尺为 1：15000 或 1：10000，等高距为 5m）。

（2）定向设计线路可设为环形。按时间设计：竞争性为 40min 以上 4 ~ 6km，60min 以上 6 ~ 8km；练习性为 30min 以上 2 ~ 3km，50min 以上 4 ~ 5km。

（3）根据年龄组设计，见表 3-1。

表3-1　按年龄设计野外活动距离及时间

组别	距离 /km		完成时间 /min	
	男子	女子	男子	女子
儿童组 8~11 岁	3	3	35	30
少年组 12~15 岁	6	4	55	45
青年组 16~18 岁	12	8	75	65
成年组 19~40 岁	14	10	85	75

（4）在计划活动的内容时，应考虑下列几点：

①保证定向活动在预计的时间、技术难度、学生能力等因素下完成。

②根据天气情况制订活动或比赛，如天气情况转差，应取消该活动，避免在酷暑天气下进行野外定向活动。

③不选择有潜在危险的路线。

④路线设计应避开苗圃、播种地、有农作物的田地、铁路、汽车道和标有“不准入内”的区域。

（5）完成初步计划后，教师应亲临活动的地点，在地图上记下有潜在危险的位置，如有需要，应在地上划明这些位置。

（6）应拟定备用方案，并向学生说明各项安全守则。

（7）每名教师负责的学生人数不超过 30 名。

（8）给每一个参加者配备哨子，以供意外情况下求救使用。

（9）在公园范围内举办野外定向活动，事先须取得管理处的批准。

（三）活动准备

（1）个人装备：长裤、跑鞋、指北针、太阳镜、防晒霜、帽子等。

（2）公用器材：地图、检查卡、打卡器、点标旗、秒表、对讲机、扩音器、急救箱等。

三、活动注意事项

（1）留意天气情况。如天气恶劣应取消该活动。

（2）鉴于定向越野的性质，学生在活动时会脱离教师或教练的视线及声线范围，因此必须限定范围，清楚标出不得超越的界限（如小溪及道路），拉出警戒线或派人值守。

（3）初学者应两人结伴同行或设立查核系统。

（4）活动组织者应核对检查卡数量，确保所有学生已经返回。

（5）野外定向时，应派遣足够的工作人员在活动区域内巡视，并携带急救箱及通信设备。

（6）高温天气时，应在茂密的植被路段设置监管人员。

（7）为所有参加活动的教师、学生、工作人员购买相应的户外运动专业保险。

四、教师注意事项

（1）教师应留意天气变化，及时做出应变。

（2）教导学生在他人受伤及遇到危难时加以援助。

（3）教师应熟悉基本的搜索程序，能对搜索范围进行界定。

（4）向学生强调完成活动后交回活动检查卡的重要性。

（5）确保学生的身体状况良好，要求学生穿着适宜参加该项活动。

（6）警告学生不要胡乱使用哨子。

（7）密切留意学生的体力情况，照顾体力不佳者。

五、学生注意事项

（1）在活动时，如遇不佳天气（如雷暴及倾盆大雨），应放弃行程，退回或找安全地方暂避。

（2）在公园活动时，爱护花草树木；在农村活动时，爱护农作物，不践踏庄稼，路过果园不随意采摘果实。

（3）在活动中遇到水库、池塘、河流、沟渠等，禁止涉水。

（4）避免在湿滑石面、泥路以及布满沙粒的劣地上奔跑。

（5）切勿离开已开发的山路而随意步入草丛或树林。

（6）切勿逞强好胜，要清楚自身体能状况，量力而为。

（7）在野外活动时禁止喷抹香水、发胶和其他芳香类化妆品，以防毒蜂闻风而至。

（8）应注意着装，女生不能穿裙子、高跟鞋等不利于活动的衣物；不穿着鲜艳的服装（如红、黄、橙等接近花蕊的颜色）；不佩带头花、胸针等类似花的装饰品。

（9）注意奔跑的姿势、呼吸、体力分配、速度、节奏等。

（10）善待野生动物和植物，保护环境。

六、如何应对意外事件

（1）意外落水时，应尽量向最近的岸边靠近。

（2）夏季雷阵雨较多，别让自己成为最高点，应关闭手机、远离附近的最高物体，特别是要迅速离开高压电线杆。

（3）路过鱼塘、养殖区、瓜地等地，应提早防范狗的袭击，在经过这些地方时，能避开则避开，不能避开应慢行通过，千万不能跑，奔跑更容易激起狗的攻击意识。

（4）一般情况下牛不伤人，但身穿红色衣服或携带红色物品时，牛容易被激怒，会向人攻击，可将红色衣服或红色的物品藏起来后通过。不可用树枝逗牛。成年牛与幼牛在一起时，要从成年牛一侧慢行通过，不可靠近幼牛。

（5）过草丛时，找一根树枝抽打前面的草丛发出响声，可吓走蛇或其他小型爬行动物。

（6）遇马蜂、蜜蜂时，应放慢速度，不得盲目奔跑。如被蜇伤，应立即服药治疗。

第四节　健身性登山

一、项目介绍

登山运动是从低海拔向高海拔山峰进行攀登的一项体育活动，可分为登山探险（也称高山探险）、竞技攀登（包括攀岩、攀冰等）和健身性登山。登山探险一般是指人们在一定器械和装备的辅助下，以登上高峰绝顶为目标而进行的登山运动。与登山探险相比，健身性登山更具安全性、易行性和广泛性。健身性登山活动一般是在海拔3500米以下山地进行，一年四季都可。健身性登山活动是亲近大自然的健身活动。不同季节有不同的景观，能给登山者带来不同的情趣和感受。健身性登山可以结合野外生存历练、人体潜能拓展和环保意识的强化，使参与者在强身、养心、益智、爱护环境等多方面收到成效。

二、计划与准备

（一）活动师资要求

（1）低海拔登山必须由两名领队领导，其中一名应为教练，或由学校认可的有登山经验的教师。

（2）具有中国登山协会颁发的户外运动指导员证以上资格。

（3）具有中国定向协会颁发的定向拓展培训师（中级）以上资格。

（4）具有国家人力资源和社会保障部颁发的户外运动领队以上资格。

（5）如有5名以上女学生参与，则应有女教师同行。

（二）计划内容

（1）在计划行程时，必须考虑下列事项。

①组员的能力。必须确保学生有能力完成整段行程。

②天气情况。在天气不稳定的季节必须时刻注意天气变化，遇有雷暴或暴雨警告，应避免行走于山峰。

③登顶和下撤在日落前完成。

④避免行经陡坡、悬崖等危险地区。

⑤对于学校的常规路线，沿途设置统一标记物。

（2）设计路线时要注明经过的地点及路线，切勿过高估计队员的能力。出发前应拟定行程表及行程图，并将备份资料留在学校。

（3）活动安排时要有 1 名工作人员懂得急救。

（4）出发前应举办一次说明会。所有参加者，包括教师在内，必须清楚了解其职责及遇到紧急事故时应采取的行动。告知所有学生可求援的地方，包括当地的派出所、森林管理站，并应列出其电话号码及位置。

（5）在出发前，学校可向当地警方告知有关活动的详情。

（6）登山活动前学校必须先取得参加活动未满 18 周岁学生家长的书面同意。

（7）为所有参加活动的教师、学生、工作人员购买相关户外运动专业保险。

（8）对于长距离和高难度的登山活动，出发前应先做健康检查，尤其是平时很少运动的人，更需认真检查。

（三）健身登山活动准备

准备好背包、个人卫生用品、运动服装、手套、帽子、太阳镜、食品、饮用水、登山杖、指北针、地图等物品。

三、活动注意事项

（1）如途中遇到雷雨天气，应离开山脊、山巅及其他高地，尽可能坐在绝缘的衣物上，不要坐在树下，远离墙壁及塔尖等地方。

（2）寻找稳固的地方立足，不要站在松散的石堆上。

（3）充分考虑学生体能状态，安排体力中等的队员走前面，体力较弱者走中间，以防队员因体力不支而掉队。

（4）在经过障碍物及分岔路口后应稍作停留，确保没人掉队。

（5）切勿在登山途中嬉戏或追逐打闹。

（6）登山的基本原则。

①步行时，步伐要自然，整个足底应接触地面。

②登山时必须空出双手或持手杖帮助身体保持平衡。

③保持呼吸顺畅，要与步伐速度协调。

④避免过量的跑跳动作。

⑤避免高声交谈，以免影响呼吸及注意力。

⑥行走时应集中注意力，要与前方队员保持距离。

⑦如需参阅地图，必须停止前进，保持静止。

⑧行走时，必须预先观察前方环境，寻找适当的落脚点。

（7）上山原则。

①举步要自然，步幅不要太大，每步不要高于膝盖，落脚点必须稳固及有足够面积。

②上山不可过快，可减慢速度并稍事休息。

③遇到险坡时，应走“之”字路线向上，避免直线攀登，并以侧身姿势上山，以免过分利用脚尖，利于稳定身体重心。

（8）下山原则。

①不要跑跳。

②落脚点必须稳固及有足够空间，避免在湿滑的地面行走。

③尽量徒步下山，避免使用双手攀扶树木滑行而下。

④遇到峻峭山坡，侧身下山，避免过分利用脚跟，稳定身体重心。

（9）碎石地行进。

①如有其他选择，应避免行走于碎石地。

②落脚前，先试探脚下石块是否稳固。

③避免大力踏足在落脚石块上，避免石块晃动产生危险。

④若有石块松脱下坠时，应大声呼叫发出警告。

⑤前进速度不可太快。

（10）岩道或水沟行进。

①尽量避开湿滑或布满青苔的石面。

②遇到崎岖或危险的岩道时，不要攀爬，应绕道而行。

（11）林间小路行进。

①小心观察小路走向，以免迷途，尽量避免开拓新路。

②行进时保持距离，以免其所过之处的草木反弹而擦伤。

③利用树枝或开山刀去除阻路草木，可避免被刮伤。

（12）保持体力，登山前保证充足睡眠，行进时适当休息。

（13）长距离登山时，应有半小时的午餐时间，不宜饮用汽水或含酒精的饮品。长时间步行后或体热未散时，不要立刻食用冷冻食品。行进时，饮食应多次小量摄取，饮食速度不要过快。不可食用溪水和野生动植物。

（14）夏季登山时，尽量避免在烈日当空时登山；冬季登山时，应缩短休息时间。登山活动须在日落前一到两个小时内完成。

（15）登山时应选择较为平缓的山路，勿开辟未知的路线。整队的装备和个人的负重量要均匀。上山要轻装，少带行李，以免过多消耗体力，影响登山。

（16）登山时控制速度。据测算，山地一般上坡的行进速度在坡度为 5 ~ 7°

时每小时约 4 ~ 5km，7 ~ 15° 时每小时约 3km，25 度以上时每小时不到 2km；下坡比上坡速度提高 15% ~ 20%。长时间行走时，应匀速行走。脉搏尽量不要超过每分钟 120 次，用腹腔深呼吸，全脚掌触地，从脚跟到脚尖位移，按一定的节奏行进，不要时快时慢，时跑时停，尽量保持匀速。

（17）若气候恶劣，如浓雾时，最好先暂停活动，在浓雾中要保持正确的位置，除了计算走过的山头外，主要的支流、溪谷、断崖和特殊地形、地物等都有助于位置的判断。

（18）所有的行动，都应以全队或小组行动为宜。

（19）对于没有到过的山区或浓密的芒草林、箭竹林，都应沿途留下记号，以便走错路时可原路折回；对一些容易误认的兽道、猎道、林道、取水径等，也应加以标记。

（20）从上山到下山，均需随时向留守人员报告行踪。

（21）对于每一座山峰，不论海拔高低和难度大小，均不可掉以轻心。

（22）切忌在无路的溪谷中溯溪攀登，亦不可在无明显路径时沿溪下降。因为高山溪流是由缓渐陡的，对于登山技能不足或不清楚地势状况的登山者，容易失足跌落，因此登山时最好能沿途标示记号，或依循前人所留下的旗帜辨别方向。

四、教师注意事项

（1）出行前，教师对活动路线要有详细的安排，并指定遇到意外后的下撤线路。

（2）如线路难度大、参加人数多（20 名队员以上），学校应增派领队教师。

（3）控制队伍行进速度，保持节奏，以免首尾脱节。首尾可通过对讲机保持联系。

（4）如遇天气变差，应审慎考虑缩短或取消所计划的行程。

（5）切勿随意更改既定路线或尝试行走杂草丛生的捷径，教师领队不得随意冒险。

（6）对于学生的个人冒险行为要坚决予以制止。

（7）留意学生的体力、经验及能力，必要时作出调整，如停下歇息，分担负重量等。发觉有状态不佳者时，教师应给予照顾，确保无人离队。

（8）进入山区以后，不论在何种气候下，都要知道自己的位置，养成每次登山都使用地图、指北针及随时定位的习惯。

（9）登山期间，勿让学生身体及衣物受潮，以免其体内热量随着散热而流失。

（10）领队每隔一段时间须点算人数一次，确保无人掉队。

五、学生注意事项

（1）切勿逞强好胜，要清楚自身体能状况，量力而为。

（2）活动中避免单独行动，坚决反对个人的冒险行为。

（3）勿采食野生果实和饮用不确定的水源（紧急情况下除外）。

（4）切勿离开已开辟的山路而随意步入草丛或树林。

（5）切勿乱丢烟蒂，严格控制生火，切忌在非指定地点生火或煮食，此举极易引起山火，亦属违法行为。

（6）避免站于立崖边或攀爬石块以拍照或观景。

（7）避免行走在湿滑石面、泥路或布满沙粒的劣地上。

（8）行动中应随时留心观察周围的地形、地貌以及前方队员留下的脚印，同时应注意领队留下的记号或足以指引正确路径的任何标志。

（9）遇岔路时应仔细观察、辨认，可用哨音联络，或等候其他队员来指引正确路径。

（10）迷途时，维持体温是首要的，并应随时注意自己及队友的心理变化，设法保持情绪的稳定。

（11）禁止喷抹香水、发胶和其他芳香类化妆品，以防毒蜂闻风而至。

（12）在登山时，尽量不要穿着鲜艳（如红、黄、橙等接近花蕊的颜色）的服装，或佩带头花、胸针等类似花的装饰品。

（13）在野外行进时遇到山洞、墓穴、废旧房屋、古代遗址等未开发地均不得进入，以免发生危险。

（14）在行进中不要私自摘除、悬挂、更改路标。

（15）每名学生都应带雨衣及一些额外保暖的衣物。应穿着舒适的厚袜及耐用的厚胶底户外运动鞋，以保护足踝和防止滑倒。

（16）未得领队批准，任何参加者不得离开队伍。

六、如何应对意外事件

（一）*落石*

（1）山间行走时，一定要注意是否有落石标志，要仔细观察，分辨浮石。陡坡、断崖、陷落的地段、碎石坡、溪谷或刚发生过坍方的地点都可能有落石。

（2）戴好头盔或用厚衣服蒙住头快速通过易发生落石的地段或绕道而行。

（3）听从指挥并且与崖面保持 5 ~ 10m 的距离，以防发生落石时闪避不及。

（4）遇到落石时，可躲到崖壁下或大树后，或以手臂、背包遮挡，以保护头部。若听到或见到落石距离尚远，应注意落石滚动的方向，再以其相反方向闪避。行走中不小心踏落石头时，要立刻发出警告，通知下方的队员。

（5）若有队员遭落石击中，应等落石完全停止后，将伤者移到安全的地方，再施行急救。急救处理的先后顺序为创伤流血、内出血、休克、骨折（脊椎受伤者需进行固定后才可移动）。

（二）抽筋

抽筋发生的原因是登山时运动过度或姿势不正确，引起肌肉的协调不良；也包括因登山时或登山后受寒，体内的盐分大量流失，致使肌肉突然产生非自主性的收缩。

抽筋的症状有患处疼痛、肌肉有紧张或抽搐的感觉等，患者无法使收缩的肌肉放松。急救的方式为拉引患处肌肉，轻轻按摩患处肌肉，补充水分及盐分，休息直到患处感觉舒适为止。

第五节 滑雪

一、项目介绍

滑雪是一项既有趣又刺激的体育竞技运动和休闲运动。穿行在林海雪原，体会从山坡上急速滑降时那种风驰电掣般的感觉，真是无限乐趣在其中。竞技滑雪是将滑雪规定在特定的环境条件下，运用比赛的功能，达到竞赛的目的。娱乐健身（旅游）滑雪是适应现代人们生活、文化需求而发展起来的大众性滑雪，男女老幼均可在雪场上轻松、愉快地滑行，享受滑雪运动的无穷乐趣。其中，高山滑雪由于具有惊险、动感、可观性强、可参与面广的特点，故被人们视为滑雪运动的精华和象征。通常情况下，评估人们滑雪技术水平的高低，多以高山滑雪为尺度。

二、计划与准备

（一）活动师资要求

（1）具有中国滑雪协会颁发的滑雪教练员（初级）资格证书。

（2）通过体育学院或省市体育局认可的二级以上滑雪运动员证书。

（3）学校授权的滑雪教师或滑雪场的专职滑雪教练员（中级以上）。

（二）计划内容

（1）选择一家适合学生滑雪的滑雪场，即拥有初级滑雪练习区（规格应在宽100m、长200m以上），有初、中、高三级相对独立的滑雪道，拥有相对独立的滑雪区、练习区、室内休息区，滑雪场内设有专门医护人员值班，有相关部门认可的滑雪初、中、高级教练员若干名。

（2）仔细了解滑雪场的高度、宽度、长度、坡度以及走向。了解活动区域、休闲餐饮区、救护站位置、滑雪救护流程、索道的开放和关闭时间等情况。

（3）选择正规的租车公司，选择车况好的空调大巴，行车时选择路况较好的路线。

（4）每一名滑雪教练不应指导超过15人滑雪。

（5）滑雪前要检查滑雪器材和滑雪服装，如出现异样要及时更换。

（6）滑雪教练要根据学生的滑雪水平选择雪道，初学者最好在平地进行练习。

（7）滑雪教练应具备基本的保健知识和自救、急救知识。

（8）活动前，学校必须先取得未满18岁学生家长的书面同意。

（三）活动准备

需要准备滑雪板、滑雪杖、固定器、滑雪靴、滑雪装、保暖衣物、帽子、手套、滑雪镜等。

三、活动注意事项

（1）在滑行中如对前方情况不明，或感觉滑雪器材异常时，应靠边停下来检查，切勿冒险继续滑行。

（2）在结伴滑行时，相互间一定要拉开距离，切不可为追赶同伴而急速滑降。

（3）在中途休息时要停在滑雪道的边沿，不可停留在陡坡面，要充分注意并避开从上面滑下来的人；重新进入雪道时也是如此。

（4）不要冒险，禁止单独在树林、陡坡和深谷滑雪。

（5）高山滑雪时最好3人以上结伴滑行。

（6）乘坐滑雪场滑雪索道的注意事项：

①在无人看守时切勿乘坐缆车。

②乘坐封闭型索道要将滑雪板与雪鞋分离，将滑雪板、滑雪杖用松紧带捆绑

在一起携带，以避免将器材遗忘在索道上。

③乘坐开放型索道时，滑雪者在上下索道时要在索道运行中完成。乘坐开放式索道应将所有滑雪器材带好，然后将滑雪板平行移至运动的索道上，面向索道的运行方向站立；在索道的吊椅靠近身体时，微蹲下身坐在吊椅上，再将护栏轻轻放下，将滑雪板放在吊椅的踏板上。

④在索道运行至距下车站10m左右时，应将滑雪板提离吊椅踏板，打开护栏，同时身体稍向前移动；当滑雪板与地面呈水平状时，双手紧握滑雪杖，并向上抬起。此时滑雪杖绝不能和地面接触，以防在索道运行中将滑雪杖折断。

⑤在滑雪板和雪面接触后，将臀部微微抬起，双脚踏实雪面的同时用力向后撑动滑行，即可安全脱离索道。

⑥人和吊椅分离后，必须用力撑动雪杖向前滑行，如果原地不动，运行中的吊椅会将人刮倒。离开索道后，尽快向前滑行，给后面的人让出下车空间，防止相撞。

⑦使用牵引索道上山时，首先应将全套滑雪器材带好，站在索道下面，两只雪板平行摆放，间距与肩宽持平；然后双手紧握牵引器，身体微微后仰，即可随索道向上运行。到达下车站时，身体直立，松开牵引器，双手用力撑动雪杖滑离索道运行线路。

（7）在进行滑雪前应充分进行热身训练，以便尽快进入运动状态。

（8）应停止滑雪，进行休息的情况：

①感到身体有异样。

②感觉没有运动欲望。

③注意力涣散。

④乘缆车时感到腿部疲劳。

⑤频繁地打呵欠。

（9）发现他人受伤，千万不要手忙脚乱地去随意处置和搬动，应尽快向雪场救护人员报告。

四、教师注意事项

（1）注意检查学生滑雪器材的安全性，包括雪板有无折裂的地方，固定器连接是否牢固，附件是否齐备等。

（2）切勿让学生在陌生的雪区滑雪或娱乐。

（3）让学生明白滑雪是循序渐进的，要量力而行；在训练期间应听从教练和雪场工作人员的安排和指挥，在未达一定水准时不可擅自到对技术要求较高的雪区滑雪，以免发生意外。

（4）应让学生了解滑雪的有关规则，如停下休息时要离开雪道以免影响他人，滑降时不能碰撞前面的人。

（5）在区域较大的雪场滑雪时教师应控制学生的滑雪范围，不可让学生擅自越过雪场界限以免发生意外。

（6）掌握运动强度，避免学生出现因反复多次出汗而感冒等情况。

（7）气候突变时（如突起大风、气温突然下降等），最好终止滑雪，带领学生到休息厅暂避或停止本次活动。

（8）出发前学习一些基本的保健知识和自救、急救知识（易突发的疾病是胃疼、腹疼、雪盲）。

（9）教师应注意观察初学者的不安和紧张情绪及疲劳和冒汗等情况，给予合理的指导。

五、学生注意事项

（1）不要进入已关闭的雪道和禁止入内的区域。

（2）滑雪时不要靠近其他滑雪者、压雪车以及建筑和设施。

（3）不得横穿牵引缆车路线。

（4）滑雪时必须遵守雪场所有的标志和标示物的指示，不要损坏或拔除警示牌或标志物。

（5）严禁在雪道丢弃空瓶、石头、雪块、烟头等物品。

（6）禁止在雪道上步行或玩耍。

（7）严禁可能威胁他人或自己安全的行为。

（8）在能见度低时，应减缓滑行的速度。

（9）看见缓行标志，接近缆车或牵引车以及安全地带时，应减缓滑行的速度。

（10）初学者应注意循序渐进、量力而行，要掌握运动强度，避免因反复出汗而感冒或体力透支。

（11）在滑雪过程中出现异常情况，要到滑雪道的边沿检查，不能停在雪道中间。

（12）参加滑雪活动前，应有下列准备：

①穿着保暖和轻便的衣服或专业滑雪服，戴齐帽子、手套、滑雪镜。

②至少做 15min 的准备活动。

六、如何应对意外事件

在滑雪场滑雪时，因某种原因导致乘坐高空缆车或吊椅在空中停滞时，应注意以下几点：

（1）不得从吊椅跳下或攀爬钢缆及缆车塔，以免发生意外。

（2）不要打开缆车门或吊椅升起护栏，也不要摇晃吊椅。

（3）保持冷静，注意听广播，耐心等待工作人员的帮助与救援。

第六节　攀岩与下降

一、项目介绍

（一）攀岩运动

攀岩是从登山运动中派生出来的一项运动，是人类生存的原始本能，是人类天生攀高的欲望，是人类征服大自然的交会点，是人类自我挑战体能耐力、智慧胆识、极限超越。人们可以在与悬崖峭壁的抗衡中学会坚强，在征服攀登路中享受成功与胜利的喜悦。攀岩不只需要运用身体，还要用心，是全身心的投入，要使岩壁与自身合二为一，用心去体会肌肤与岩壁相接触的感觉。

攀岩运动可分为高山探险、攀岩、攀冰、冰岩混合攀登，从不同的角度又可细分为以下几种：

（1）按使用器械的方式可分为竞技攀登、自由攀登、器械攀登、无保护攀登。

（2）按保护的方式可分为先锋攀登、顶绳攀登。

（3）按运动场所可分为人工场地攀登、自然场地攀登。

（4）按竞技攀登可分为难度赛、速度赛、抱石赛。

（二）下降项目

下降是在登山、攀岩中很常用的一种技术，包括装备的配备、保护点的设置、保护绳的固定、下降器与保护绳的连接及下降几个过程。

二、计划与准备

（一）活动师资要求

（1）具有中国登山协会颁发的攀岩教练员（初级）以上资格才能进行指导训练。

（2）攀岩、下降训练必须由 2 名以上受过训练的教练指导。

（3）由学校指派的教师须受过攀岩、下降保护培训，并能熟练掌握各种器械操作和保护站的设立。

（4）由国家体育总局相关部门认可的国外攀岩教练资格可进行攀岩指导。

（5）具有中国登山协会颁发的攀岩保护员以上资格可进行攀登保护。

（二）计划内容

（1）在计划行程时，必须考虑下列事项。

①向当地有关机构咨询线路情况。

②根据学生能力选择开展活动的岩壁、线路的难度及攀登的方式。

③在良好的天气状况下进行攀爬及下降活动。

④自然岩壁攀登时，应计划在日落前 1 小时前完成攀爬活动。

⑤选择自然岩壁时，应选择上方没有落石、公路或居民活动区，岩壁没有风化并适合设立保护站的山体岩壁。

（2）策划项目时，切勿过高估计学生的能力。

（3）策划自然岩壁攀登时，在出发前应拟定行程表、行程图、人员名单、联系方式、攀登所需装备清单，并将备份资料留在学校。

（4）在自然岩壁攀登时应给学生办理相应的户外运动专项保险。

（5）开展自然岩壁攀岩训练时，教练与学生的比例须为 1 ∶ 10, 并由专业攀岩教练员设立保护站，检查保护设施。

（6）野外攀岩前应举办一次说明会，所有参加者包括教师在内，必须清楚了解其职责及遇到紧急事故时应采取的行动。

（7）在组织野外攀岩活动时，先取得未满 18 周岁学生的家长同意书。

（8）根据活动内容计划所需，配备技术装备及其他物质。

（三）活动准备

活动前需准备安全带、头盔、攀岩用动力绳、下降用静力绳、绳包、丝扣锁、钢锁、镁粉袋、肩带、快挂、攀岩鞋、保护下降器及上升器等。

同时，需准备好常用药品，如创可贴、酒精、云南白药、胶布和绷带等。

三、活动注意事项

（1）注意环保，垃圾不要乱丢，原有顶点上的主锁和岩壁的挂片锚点不要私自拆走。

（2）杜绝酒后攀爬，严禁有心脏病、高血压的人参加高空项目。

（3）为避免受伤，请在充分热身后再攀爬。

（4）养成良好的安全意识，攀登前检查好装备是否安全。

（5）穿着合适的衣物和专用的攀岩鞋进行攀爬，以免意外发生。

（6）不要过分相信原有顶链，建议过顶链后加一副快挂以保安全或用肩带主锁另外做顶链。

（7）攀岩或下降具有一定危险性，需要专业保护和指导。在无专业人员指导下不得私自攀爬。

（8）攀登保护装备涉及生命安全，在购买和使用时必须注意质量、功能性及安全守则。所有攀登保护装备必须拥有国际攀登联合会（UIAA）认证和欧共体标准（CE）认证。

（9）绳结在攀登过程中是十分重要的组成部分，与其他保护装备、固定点连接时，必须保证所打的结符合安全标准。

（10）在公众攀岩场活动时，言行不得粗俗。

四、攀岩

（1）攀岩时不得佩戴手链、手表、戒指等饰物。

（2）爱护攀岩设施和技术装备，并且要做到经常检查主绳、肩带和铁锁、安全带等其他装备，发现问题要及时上报或处理。

（3）确保攀石线路范围没有杂物。

（4）保护点的选择：相对坚固并能承受200kg以上的下坠力量的地方，如树木、巨石、人工钢架、岩石挂片，并设立多个保护点。

①树木：选择高大结实的活树。检查树木是否是空心，树根是否腐烂等情况。选择两棵以上的独立受力树木作为副保护，并在离地面树根约5cm左右设保护站。

②巨石：检查巨石是否能推动、石块整体是否有裂痕、底部是否有很大空隙。选择几个独立受力点作为副保护站，并防止保护站在石块上下窜动。

③人工钢架：检查钢架是否结实及生锈程度，主梁螺丝是否松动，焊点有无

漏焊。选择两个以上独立受力点设保护站。

④岩石挂片：检查挂片是否损坏，螺丝是否松动，挂片周围岩石有无裂痕，并在两个以上挂片上设保护站。下降时应选择 4 个以上相对独立的挂片设保护站或安装多个受力的岩钉或岩石塞。

（5）上方保护点的要求：

①如要进行攀登或下降活动，必须有两个或两个以上的固定保护点同时起受力作用。

②固定点和肩带强度一样，其安全性的大小取决于设置的方法。两肩带之间的夹角小于等于 60° ；可利用调整肩带的长度来控制两肩带之间的夹角，见表 3-2。

表3-2　两肩带之间夹角及保护点受力情况

角度	各保护点受力
0°	50%
60。	60%
90。	70%
120°	100%
150°	190%
170°	580%

（6）保护方法的正确与否，直接关系到攀爬者的生命安全，其操作步骤绝对不可以出错。按照保护点的位置分上方保护和下方保护两种，在此只介绍顶绳（上方）保护中的五步法。具体操作步骤如下：

①左手手心向上、右手手心向下，分别握紧主绳，左手向下拉绳子的同时右手向上拉绳子。

②右手握紧绳子由胸前回放到右大腿外侧。

③左手移至右手上方，手心向下握紧绳子。

④右手移至左手上方。

⑤还原至第一步。

注意事项：任何时候都要用一只手紧握制动段的绳子；放绳子时，双手要协调配合，缓慢匀速。

整个攀登和保护操作过程如下：

①攀登者和保护者各自做好准备。

②检查保护装置。

③攀登者向保护者发出“开始”的信号。

④保护者向攀登者发出“准备好”的信号。

⑤开始攀登和保护。

⑥攀登者登顶后向保护者发出“下降”的信号。

⑦保护者开始匀速放绳。

⑧攀登者安全返回地面后道谢，整个攀登和保护过程结束。

（7）攀爬者注意事项。

①重视每一条攀爬线路。认真对待不同难度的路线，可以选择不攀爬，切勿做出危险行为。

②不要长时间待在岩壁上，长时间在岩壁休息会为自身和保护者带来一定的危险（攻某条难度较高线路时例外）。

③时刻让主绳在最佳状态并且相信你的保护者。别让陌生人保护你的安全。

④最好能在控制的情况下坠落（攀爬时绝不要让绳子绕到你腿后）。保持下跌姿势下坠，以防头部先着地。下坠时用手脚保护身体，避免身体撞击岩壁，必要时用手握住绳，保持身体平衡。

⑤在横移攀登时应留意钟摆效应，避免撞到岩石突出的部分。

⑥有预期的下跌会让你知道最好怎么做。注意主绳的延伸度，避免长距离下坠。

⑦记得要谢谢你的保护者。

（8）保护者注意事项。

①要充分了解攀登装备的性能，要认真地阅读使用说明，攀登前对各种装备、绳结要检查再检查。要熟悉攀登指令，方便在保护过程中与攀登者的沟通。

②要有很强的责任心，学会尊重生命。不要主动去替陌生人做保护。

③保护者先要保护自我的安全，才能更好地保护他人。

④保护手法必须正确，手必须握住主绳的制动端。

⑤要专心保护，关注攀登者的一举一动，精神要精中，双方要保持沟通。

⑥不要让绳子妨碍攀爬者的攀爬。当攀登者离地面很近的时候要时刻小心。

⑦在保护周围划出至少半径为一臂长的自由空间。旁人、动物、背包、石头、松散的绳子等障碍物都不得进入这一区域。把绳子整理好，避免在收送绳时受到阻碍。

⑧保护者要及时纠正攀登者攀登中不规范的动作，如挂锁的方向、挂绳的方式等。

⑨野外攀登中保护者必须戴头盔。

五、器械下降

器械下降的原理同保护技术类似，即利用主绳同连接于身体上的下降器之间的摩擦，减缓并控制下滑速度达到下降目的。在 45° 以上的陡坡、峭壁下降则必须有一定的装备和技术。

（1）下降者要戴好安全带，将下降器挂到保护环上，戴好手套、头盔，并为自己设一个副保护站。

（2）下降者左手用力握主绳上端，右手在胯后紧握从下降器穿绕出来的主绳制动端。

（3）面向岩壁，两腿分开约成 80° 角，登住崖棱，身体后坐，使躯干与下肢约呈 100° 角，将上方主绳搭于崖棱上之后，便可开始下降。

（4）为了保证安全，应采用双主绳下降，或用一条主绳下降，另一条主绳做上方保护，绳下端连接在下降者的胸绳上或腰部的安全带上，保护者与下降者协调配合完成下降动作。保护者还须在下方做备份保护。

（5）注意绳索与悬崖棱角的摩擦，选择坡缓、支点多、高度低、风化程度小的地段为下降路线。

（6）下降前仔细观察，确认绳索已到底并余出 2 ~ 3m。

（7）下降速度应是缓慢、匀速的，绝不能过快。除非为了避开难点，不得在岩壁上用蹬跳式下降。

（8）对下降者进行保护的方法：握住主绳底端，先不要用力，注意观察下降者。一旦下降者速度过快或平衡失去控制，保护人要迅速在底部拉紧绳子，此时绳子即在下降者腰间的“8”字环上勒紧，下降者被固定在空中，起到保护作用。

（9）如需连接两条绳索进行双绳下降时，一定要使用双渔人结。

（10）下降应注意的事项：

①下降前要有足够的精神准备，消除恐惧心理，要细心、大胆、果断沉着，动作敏捷、准确。

②下降路线以坡较缓而支点多为宜。

③不论采取何种方法下降，都应戴手套操作，防止擦伤。

④下降前先将主绳索向上收紧、整理妥当（不要两股交错卷曲），然后缓缓退至崖边，身体慢慢后倾，将重量加给固定点，并解除副保护。

⑤上方手帮助平衡，不要太用力；下方手不能放开；然后以下方手控制下降速度，缓缓送绳。

⑥下降时两脚与肩同宽，有如双脚在岩壁上行走，身体略侧，以便向下观察路线。

⑦下降时身体任何部位都要同下降器保持一定距离，上身略向后倾，并时刻注意观察，谨防衣服前襟、领子、袖子、头发、手套等卷入下降器造成危险。

六、教师注意事项

（1）工作中要严肃认真，严格按照各项技术要求教授给学生。选择技术过硬的同学担当保护员。

（2）教师在教学训练中要做到胆大心细，善动脑筋，遇事要沉着冷静，不急不躁。

（3）爱护攀岩设施和技术装备，经常检查主绳、肩带和主锁、安全带、下降器等其他装备，发现问题要及时处理。

（4）学生攀登之前一定要严格检查其安全带的穿戴、绳结的打法、保护器的安装是否正确，并确认有人保护，才能允许攀登。

（5）每次活动结束后，要将所有技术装备及时回撤、检查和清点，并按照规定妥善保管。

（6）确保学生身体状况能够适应本次活动。

（7）对于学生的个人冒险行为要坚决予以制止。

（8）攀登教学时教师要自觉戴头盔，给学生作表率。

七、学生注意事项

（1）参加攀岩训练时一定要服从指挥，未经允许不得擅自行动。

（2）学生在无保护情况下攀登不可超过 3m。

（3）穿戴好安全带后应检查是否无误，并向保护员示意后方可攀登。

（4）攀登之前严禁饮酒，保护过程中严禁闲聊和打闹，不可分心去干别的事。

（5）在攀登或下降区域，要保护当地环境，不乱扔垃圾等。

（6）没有保护时禁止独自登高，不准私自在岩壁顶部停留拍照。

（7）观看攀岩时应与岩壁保持一段距离，以免被落石砸伤。

（8）野外活动中，教师有绝对的决定权，任何行动应服从其指挥。若有其他活动，也必须得到教师允许方可执行。

（9）攀登时一定要戴头盔。

（10）有人在进行攀登时，不在一旁喧哗，以免干扰攀登者。

（11）攀岩运动在正确的保护措施下是安全的，进行时心理压力不用太大。

（12）攀岩时最好穿较为宽松并轻巧的服装。

（13）攀岩前应去除指甲，长发者须将头发扎起。

（14）注意保持岩壁的干净卫生，垃圾要统一处理，自己的物品要统一放置到规定的地方。

（15）进行攀爬之前务必先自行检查器械安装是否正确，并由保护者确认后方可攀爬。

（16）攀岩前必须在教练的指导下进行充分的热身。

（17）攀岩时注意保护器材，未经允许绝对不能触碰器材。

（18）攀岩时注意不要踩到垂在地上的绳子，进行器械操作时务必小心防止跌落。

（19）进行抱石训练时须有人保护。

（20）当保护者做保护时，其他人不得以任何形式干扰。

八、如何应对意外事件

（1）散开的长发在下降时容易飘动，会与“8”字环、ATC等下降器绞在一起，在活动前应将长发束起。

（2）绳索过旧而变粗变硬，使用时不能紧绷在“8”字环上滑动而致意外上翻，在双绳下降时会变得为突出，这就要求我们注意操作技术，并尽量不使用过旧或已经变形、变硬、起毛的绳索。

（3）在使用“8”字环做保护和下降时，套在小环上的一部分绳子会在操作过程中忽然上翻到大环上面，与进入大环的两段绳子摩擦并压紧，导致下降者被困在空中，因此被保护者应右手握紧绳子，保持静止状态，教练应迅速用备用绳索降到其身旁稍偏上的位置，用肩带将其和自己连接固定，尽力向上拉或托举，使绳索和“8”字环松弛，帮助其解脱出缠绕物或将绳索置于正常位置；如无法解脱，则应在确保被保护者与自己连接牢固后，用刀将其下降保护绳割断，与其一起降至地面。

第七节　探险性登山

一、项目介绍

探险性登山运动是人类征服和认识自然界的一个重要手段，也是一项具有探险精神的活动。日晒、降雪、大风、阴天、寒冷，甚至滚石、山洪、雪崩、冰崩、裂缝、积地等都对登山者构成了威胁。因此登山者必须熟练掌握和使用现代登山技术装备。探险登山所面对的山峰往往为海拔 3500 米以上并终年积雪的山峰，因此该项活动是登山者与恶劣的大自然环境的对抗，是人的生命力和严酷的生存条件之间的较量。在探险性登山活动中，登山者将面对缺氧、强风、低温和各种困难及危险。对一次成功的登山探险活动的评价，不单是从一般意义上的时间、速度、力量和技巧等方面去判定，还包括对攀登的山峰的高度、难度以及攀登技术的独特性及其科学程度的判定。

登山探险活动，特别是大型的登山活动，是一项庞杂的系统工程，需要强有力的组织工作保证。对登山者不仅要求他们具有良好的身体素质和思想品质，还要求他们熟练掌握各项登山技术，同时还要尽可能具备识别高山环境中的各种危险因素及遭遇危险时的快速应变能力。在组织工作上要依据队伍规模，在大本营建立交通运输、通信联络、医务监督、气象预报、常规炊事等后方保障系统。

登山者在高山上的活动，无论是技术的运用还是战术的实施，都是在特定的装备器材的辅助下进行的。高山装备大体分为御寒装备、露营装备、技术装备和保障装备。

二、计划与准备

（一）活动师资要求

（1）探险登山必须由 2 名以上高山领队领导。

（2）高海拔登山探险师资必须具有国家体育主管部门颁发的高山向导、高山领队资质证书并有多次攀登高海拔山峰（7000 米以上）的经验。

（3）具有国家体育总局相关部门认可的国外同等级的高山攀登资质证书。

（4）具有职业医护人员担当医疗救护工作。

（二）计划内容

（1）在计划行程时，必须考虑下列事项。

①确保学生均有能力完成整段行程。

②在天气不稳定的季节禁止攀登雪山，遇有大雪或大风警告，应避免登山。掌握活动地区长、中、短期天气情况。

③应保障装备适用于本次活动，并有备用装备。

④收集本次活动地域所有历史和现在的情况，如天气、路况、地形、风土人情等资料。

⑤不盲目攀登，根据队员现有经验和体能情况选择山峰。

（2）参与探险性登山活动中未满 18 周岁的学生须先取得家长的书面同意。

（3）对所有参加探险性登山活动的队员必须进行严格体检，以保证活动的顺利进行。

（4）夏季绝对不攀登高海拔山峰，冬季刚下雪 3 天内绝不能登山。

（5）严格执行《国家登山管理办法》的各项规定及当地有关规定。

（6）与当地登山协会或管理部门联系，设计路线。提前向活动地域主管部门提出书面申请并接到同意书后才能进行本次活动。攀登 6000 米以上高峰必须向国家体育总局提出书面申请并接到同意书后方可开展，如有外国队员应按《外国人登山管理办法》执行。

（7）对于初次进行 3500 米以上山峰攀登的学校，一定要配备足够的向导和工作人员，确保携带的装备有富裕，并为每名攀登队员配备基本救护设备。

（8）选派专人对本次活动的经费进行管理与使用。

（9）对所有参加探险性登山活动的队员提前 1 ~ 2 个月进行体能训练，训练标准可参考中国登山协会的登山运动员身体素质指标（表 3–3）。

表3–3　登山运动员身体素质指标

素质	项目	及格	良好	优秀
灵敏度	一分钟跳绳	160 次	180 次	200 次
速度	一百米跑	14 秒	13.5 秒	13 秒
拉引力	引体向上	15 个	24 个	30 个
推撑力	双臂屈伸	30 个	40 个	50 个

表 3-3（续）

素质	项目	及格	良好	优秀
蹬力	原地跳远	2.20 米	2.40 米	2.60 米
静力	屈肘悬垂	2 分 30 秒	3 分 20 秒	4 分钟
耐力	一万米跑	42 分钟	40 分钟	38 分钟

（10）在选购攀登器材时，应购买符合 UIAA 和 CE 认证的装备器械。

（11）对所有装备进行检查、登记、装箱。

（12）为每一名参加活动的队员提供专业探险性登山保险及附加险一份。

（13）制订系统的登山训练计划，包括技术培训时间表、个人体能训练表、团队训练表、前站工作列表、登山时间表、大本营登顶训练计划。

（14）制定系统的装备表，包括个人物资表、技术装备表、前站人员用品表、出发前装备表、公用技术装备表、通信工具表、照明电器表、前期购买物品表、营地物质清单表、食品估计表、行动食品表、冲顶食品表、大本营食品表、高山食品表、内务用品表、文书用品表、娱乐用品表等。

（15）从当地登山协会或管理单位聘请具有经验的人员担任高山向导、领队。

（16）在大本营和登顶期间应注意保护环境，将所有生活垃圾带离。

（17）全队应选定登山队长，并听从队长决定。

（18）活动中应听从指挥，禁止盲目登顶。

（19）攀登 7000 米以上山峰时，曾经攀登过的队员要多于未攀登过此高度的队员。

（20）高海拔攀登或长时间活动时，根据当地情况建立一个物资和人员集结的基地营地（设立现场指挥部和后勤供应中心），可若干个中间补给营地，建立一个突击营地。

（21）选择基地营地（或大本营）位置时应充分考虑活动任务、装备性能、交通后勤保障、医疗救护、气象情况、通信条件等方面的问题，尽量选择地势平坦、避风、日照条件好、有水源、交通通信方便的地点扎营。

（22）借助地图、指南针、GPS 等制订雪山导航计划表。准确地测量距离，误差不要超过 50 米，并绘制登顶路线图。

三、活动准备

个人装备：背包、登山鞋、高山靴、冲锋包、羽绒睡袋、防潮垫、登山杖、大小冰镐、冰爪、踏雪板、羽绒服、冲锋衣、排汗衣、面罩、袜子、安全带、头盔、主锁、小锁、肩带、菊绳、保护器或下降器、上升器、快挂、雪套、手套、帽子、头灯、地图、指北针、水具、个人餐具、刀具、火柴或火机、个人食品、雪镜或登山镜、防晒霜或润唇膏、药品包或急救包、洗漱用品、纸巾、手表、备用电池、头巾、垃圾袋、身份证等。

公共装备：高山帐篷、地布或地席、炉头或气罐或油罐、挡风板、套锅、公共食品、气压计、对讲机、卫星电话、GPS、海拔表、主绳、路绳、辅绳、路旗、冰锥、岩石锥、雪锥、快挂、氧气瓶（攀登 7500 米以上使用）等。

四、活动注意事项

（1）在基地营地周围进行高海拔地区适应性训练，根据队员的身体素质、时间、装备情况等来进行针对性训练。训练计划应在出发前制订出来，并与在此之前制订的计划相结合，可根据实际情况进行适当调整。

（2）一定要将需要的物资列出清单，一一备齐。大到帐篷，小到火柴，都要精心细致地安排。

（3）选择的宿营地一定要能躲避山间的危险，这是一个基本的原则。特别是大本营，既要靠近水源，又不能太靠近。营地要远离滚石、泥石流、雪崩可能发生的地段，尽可能选择避风和每天日照时间长的地点，并注意选好基地营地和突击营地的位置。

（4）登山路线：能在山脊走就不要走山谷线，尽量避免在山谷长时间行军。

（5）在山脊行军，则需躲避裂缝，还要注意滑坠。

（6）应早出发，早宿营，早到达目的地。当然这与山峰的特点有关。一般山区上午风较小、气温低、冰雪结实，此时行军稳而快速。

（7）登 6000 米以上的山峰，任何的预报都不是很准确，气候的小变化不可能完全预测，只有一个大体的状况供参考。

（8）一旦迷路，如果有条件，应该就地宿营，不要盲目抢时间，四处奔走。如果拼命寻找，有可能体力衰竭，导致冻伤甚至一些严重的事故发生。

（9）个人的装备应先试用，尤其是新鞋，须合脚才行。

（10）随身携带必要的衣物、食粮和装备。紧急食品和紧急水只在万不得已时动用。

（11）盲目自信，是登山者大忌。应强调安全，科学登山，克服盲目自信。

（12）相信同伴，每个人发挥自己的能量；拥有团队精神，听从团队的指挥，杜绝个人行动。

（13）前进时想好后撤线路，上升时注意考虑下降。

（14）将登山行程交给留守指挥人员，并记录攀登过程，总结登山经验。

（15）随身携带地图和指北针，定时检查行进方向是否正确。

（16）前进速度应顾及队中行走最慢者。应在队尾委派 1 人，负责确保没有落下任何队员。

（17）不做能力不及之事。

（18）攀登冰川和雪坡要特别谨慎，冰川上裂隙很多，对人威胁最大的是冰瀑区和山麓边缘裂隙，特别是被积雪掩盖着的裂隙。通过裂隙时，应组队行动，用绳子连接彼此，相邻两人之间的距离保持在 8 ~ 10 米之间。在前面开路的人，要随时探测虚实；后面的人则要踩着前面的人留下的脚印走，这样比较安全。通过位于裂隙上的冰桥时，须匍匐前进。

（19）雪坡行进不仅要注意防裂隙，还要注意不要将雪蹬塌。在冰雪和积雪山坡交界的地方，积雪往往很深，行动时必须组队。攀登坡度很大的雪坡时，一定要两脚站稳后再移动。向前跨步时，要用脚前掌踏雪，踩稳后再移动后脚。如果不慎滑倒，要立即俯卧，防止下滑。攀登冰川和雪坡时，尽量选择裂缝少的路线。在积雪上行军，尽可能选雪硬的地方走。

（20）口渴了，不要用冰雪解渴，骤然吞食冰雪易引起喉炎。实在干渴得厉害，可用融化的冰雪漱口，尽量不要咽到肚子里，水会增加人体循环器官的负担，影响体力。

（21）在松软的雪地上长时间行走时，要跨大步，缩短在雪面停留的时间。行走时要先把脚往后稍退一点，再向上抬脚大步迈向前方。后退是使雪鞋前有活动余地，向前迈出时还可以起到拂去附在鞋上的雪的作用。走陡坡，要用雪鞋内缘踏坡，尽量避免身体偏向外缘。雪冻结得十分坚硬时，要脱掉雪鞋步行。

（22）除非事先准备了充分的支援，否则登山队伍的成员不得少于 3 人。

（23）选择登山路线或决定是否回撤时，必须冷静判断，不可冲动。

（24）在出发前应进行侦察，选择比较安全的路线并设好路标，在危险处架设路绳、保护站和必要的装备。

（25）顶峰突击注意事项：

①安排好突击登顶人员。

②等待时机进行登顶或进行轮番突击。

③根据天气预报，选用当地最好的气象周期开展活动。

④登顶后尽快下撤。

⑤在时机运用上坚持留有余地，保存体力安全下撤（必要时可以舍弃部分装备）。

⑥坚持早出发、早宿营的原则，保证安全。

（26）一般情况下，在攀登 8000 米以上高峰时，应在 6000 米开始进行供氧以保证攀登成功，可参考中国登山协会登山队总结的高山供氧经验。

①在攀登时每分钟供氧量为 3 升左右，休息时每分钟供氧量为 2 升左右，睡眠时每分钟供氧量为 1 升左右；对负重和开路队员其供氧量应在每分钟 3 ~ 5 升左右；急救时的供氧量应在每分钟 3 ~ 6 升左右。

②用氧的基本原则为精打细算，节约使用，充分备量。

③一般情况下，不供氧攀登不得超过 7500 米。

④灵活掌握用氧方式，可通过定量式、间断式、集体式、减负式（突击时，将空氧气瓶丢下）等方式来节约用氧量。

（27）使用气压计进行实地观测：

①气压计显示气压陡降，预示着一个冷锋面的到来。

②气压计显示气压缓降，预示着天气恶化。

③气压计显示气压稳升，预示着好天气的到来。

④气压变化趋势准确的前提是必须在同一高度上测量。

五、教师注意事项

（1）出行前，教师须进行详细的行程安排，并指定中途发生意外后的下撤线路。

（2）如线路长、难度大、参加人数多于 20 人，应适当增加高山协作人员或高山教练。

（3）密切留意学生的体力情况，发觉有状态不佳者时，教师应给予照顾，确保无人离队。

（4）留意周围环境变化，收听天气预报，以便尽早采取应变措施。

（5）如遇天气变差，应审慎考虑缩短或取消所计划的行程。

（6）对于学生的个人冒险行为要坚决予以制止。

（7）高海拔登山训练时，高山教练员与学生的比例应为 1：3。

六、学生注意事项

（1）多穿衣物，宁热勿冷。

（2）保持乐观情绪，心理负担会加重高原反应，延缓人体适应高原气候；保证睡眠；严重高血压、心脏病患者不宜参与此类活动。

（3）初入高原，多喝水、多吃水果，严禁烟酒。不奔跑和剧烈运动，不暴饮暴食。

（4）要防止因受凉而引起感冒，感冒是急性高原肺水肿的主要诱因之一。

（5）常用的预防高原反应药物有红景天、肌肝片、葡萄糖等。入高原前两天开始服用，路途中也坚持服用，可有效抑制高原反应。

（6）攀登队员应熟练掌握各种登山器械。

（7）在登山途中，特别是在休息时，严禁擅自解开保护。

七、如何应对意外事件

（1）天气突然变化而回撤不了营地时：登山过程中，要求将睡袋一直背在背包中。如果回不了营地，可在背风的地方挖雪洞或雪坑露营。不可长时间睡眠，要定时活动全身，防止冻伤，如果还有同伴，可拥在一起相互取暖。

（2）须在雪坡和冰坡扎营：在雪坡上扎营，可先踩出或铲平一大块平地，将帐篷四角用雪锥固定好，也可用冰镐等拉上营绳，埋在雪里固定帐篷。若是在冰坡上扎营，可用冰锥来固定帐篷，并用外挂之类的设备将自己和帐篷连接起来，以防不小心滑坠。

（3）被困时：被困之后一定不能沉睡，否则会有可能一睡不醒；应待在易被人发现的地方；不要吃雪，那样会降低体温；保持乐观的心态，等待救援。

（4）独自掉入裂缝时：

①通过身体后坐，双脚深深踩入雪地来控制下坠。绳子将会勒进雪层以停止下坠。将冰镐插入雪中，向前滑动短抓结，使其从胸前到腰际，以降低承重点。

②把长抓结放到短抓结与绳圈之间的主绳上，将长抓结缩短一半，打一个单结或“8”字结，把这个缩短了一半的环套在冰镐的头上。坐在冰镐头上，可将体重平均分配到腰间的短抓结和冰镐的长抓结上。

③把绳圈从肩上拿下，放下背包。

④在身后的一侧固定一个合适的锚点。

⑤解开绳圈，用主绳打一个半扣套在固定锚点上，用两个半套结（如单结、反手结）系好半扣。

⑥将受力点逐渐由身体和冰镐移向固定锚点。

⑦此时身体已不受力了，可以自由移动，将主绳上的长抓结作为保护，接近冰裂缝的雪层观察情况，等候救援。

（5）高山风或高空风：高山风是高山上特有的自然现象之一，一般在7级以上。高山风会将装备吹走，影响正常攀登。同时，随之而来的低温严寒使体表温度较易散失而发生冻伤，直接威胁攀登者上高山的活动能力。在高山风来临时应选择避风的地点躲避，如高山风时间过长，应迅速回撤到营地。

（6）冰崩：冰崩发生的原因和一般规律及其危害性与雪崩一样。一小块冰从高处飞落也可致人死命。容易发生冰崩的地形包括悬冰川边缘、冰塔林中、巨大的冰洞中、直立的冰崖下等。经过冰崩易发区时，应先观察发生冰崩的规律，利用冰崩的间隙时间快速通过。设人员在旁观察。

（7）滚石：被风化破碎的石块，在重力和风力的作用下，从山上滚落下来，称为滚石。在没有植被覆盖的山坡上更易发生滚石。滚石多发生在山区气温较高的午间，往往是一块石头滑动，带动千百块一起滚动坠落。发生过滚石的地方叫滚石区，其下方一段也有大量碎石堆积。一旦遭遇滚石，不要惊慌，要观察滚石下落的方向，待滚石临近时再迅速躲闪，或利用身边的巨大岩石、陡坎等地形，避开滚石的袭击。在通过滚石区时应戴头盔。通过滚石区时的要求和通过冰雪崩区类似。

（8）雪崩：雪崩是由于声音、震动、岩石或雪块滚落，以及风的作用而诱发的。雪崩通常发生在新雪后的次日，经常发生雪崩的地方都有从上而下的雪崩槽，槽下有雪崩后的堆积物。通过有雪崩危险的地带应注意：

①尽早发现雪崩征兆，避免横向通过有危险的雪坡。

②选择登山路线应避开看上去是一片雪坡，也没有明显雪崩槽的地区。在这种地形面前，可采取直线攀登，避免呈“之”字形攀登或横向穿越而破坏雪层，导致雪崩的发生。

③预先松开背带，以备必要时解脱大背囊和其他装备，以保障行动自由。

④摘掉妨碍视觉和听觉的风雪帽。

⑤避免大的声响。避免跌倒等冲击雪面的动作。

⑥如遇雪崩，应在移动的雪流中反复做游泳动作，力求浮到雪流表面，在雪流移动期间尽量浮出雪面。

第八节　攀冰

一、攀冰的定义及发展

攀冰，英语叫做 Ice Climbing，是一项借助于装备、器械进行攀爬冰壁的运动。

攀冰由攀岩运动发展而来，是攀登高山、雪山的必修科目，更是登山运动的基本技能之一。目前攀的冰主要是自然冰，分为冰瀑和冰挂两种。攀冰是一项借助于装备、器械而进行的运动，要求装备质量高且经久耐用。

20世纪70年代以前，冰壁攀登一直是登山探险中难以逾越的障碍，许多登山家就因为在攀登过程中遇到冰壁而功亏一篑。20世纪60年代末欧洲一些登山者针对这一难题，根据多年积累的经验，发明了小冰锦附带锯齿状镐头以及带坚硬前刺的冰爪。许多登山者使用这些改进的新装备到处寻找冰壁进行攀登，他们在攀登冰壁的同时进一步改进了装备和技术，像美国的伊冯·乔内里、杰夫·洛、格里格·洛已成为现代攀冰的代名词。现代攀冰技术被欧洲的登山家和到欧洲攀冰的美国登山家推向一个新的台阶，他们开创了许多非常困难的攀登路线，使得冰雪攀登技术越来越高。攀冰比赛在欧美也逐渐盛行起来。

二、攀冰装备

（1）常用的攀冰装备有以下几种。

冰镐：冰镐最好尾端有一绳套，套在手腕上，以防失手滑落。

高山靴：攀登雪山的必备品。靴表面有防水层，有的分为外靴、内靴，外靴防水耐磨，内靴保温。

冰爪：同高山靴配套使用，分为8齿、12齿、16齿等。使用上分为卡式、捆绑式两种，卡式使用方便，尤其在外界条件突变或环境恶劣时，取出冰爪扣上高山靴即可，因为捆绑式安全、牢固、可靠。

冰锥：使用合金钢制成，呈空心螺旋状，固定在冰面上，用力旋转深入冰层。在冰面上起到固定主绳和保护作用。

其他为防水主绳、头盔、防水服装、防雪套、防水手套、安全带、绳套等。

（2）攀冰的级别难度通常分为以下七级。

一级：只用冰爪就可以走上去。

二级：单绳距60°～70°的冰，包含少量短的陡阶，能确保安全。

三级：持续70°～80°的冰，通常厚且硬，可能含有短距离的峭壁，但有好的休息点，能确保安全。

四级：持续75°～85°的冰，好的确保区零星分布，有少许显著的垂直区，通常冰质很好，能提供良好的保护。

五级：有很多85°～90°冰壁陡峭的绳距，差不多是攀岩5.9所需要的技巧及能力。

六级：非常陡峭，没什么休息处的艰难绳距，常要悬吊着确保短暂停留，冰质不是顶好，安全性可疑，需要高技巧，差不多是攀岩5.10的专业技术。

七级：几乎是垂直的冰壁，非常薄，冰质也不好，不能确定是否附着在岩石上，保护不易或不能，大约是攀岩5.12的专业技术。

美国登山家杰夫·洛根据这七个等级又划分出永久性冰壁和季节性冰壁。

A1为永久性冰壁，W1为季节性冰壁。当攀登者看到这两种符号之一，就明白自己将要攀的是季节性冰壁还是永久性冰壁。

虽然攀冰有难度等级，但季节不同、气候不同，其攀登难度也会有变化。冰壁上的情况经常会发生一些变化，每个攀登者在攀登时，要把攀冰难度再加一级，这样就能确保完成攀登。

最后奉告攀冰爱好者：在准备攀冰之前，一定要仔细收集自己将要去攀的冰壁资料。攀冰一定要做到胆大心细，戒骄戒躁。

三、攀冰技术

攀冰技术可分为德式技术与法式技术两种。法式技术起源早于德式技术，其攀爬特点不同于一般的攀岩技术，它是用一支大冰筒攀爬，采用“两点支撑，一点移动”技术，即用一只脚和一支冰镐支撑身体，移动另一只脚或冰镐，因此它的技术要求比较高，且冰坡超过60°时一般不采用此种方法。法式技术的要领是双手在胸前横握冰镐，一手握冰镐三通处，镐尖向下，另一手握冰镐1/3处，双手间距离相当于肩宽。双臂用力将冰镐扎牢于冰面，然后依次移动双脚，反复进行。德式技术是比较安全的攀冰方法，与法式技术不同，它采用两支小冰镐，这样就和攀岩一样，是“三点固定”。现在大多数攀冰者都采用这种技术。

现代技巧：现代的冰爪技巧是由法式技巧和德式技巧演进而来。与攀岩一样，在攀登冰面时踏出的步伐必须敏捷而果断，这样才能维持平衡，减少疲劳。冰爪着地的步法通常适用于角度较低的斜坡以及容易踏入的地面，前爪的步法则在陡于45°角的坡度，以及非常坚硬的冰地上最为常用。事实上，大部分的登山者都是将这两种技巧融合运用，有人称做美式技巧。无论采用哪一种技巧，最重要的就是在利用冰爪的时候要明快。在低缓或中度斜坡上练习，有助于培养你的技巧、信心，并且让你在陡峭斜坡上的动作更敏捷。

无论采用德式技巧，还是法式技巧，技术高超的攀冰者会和高明的攀岩者在攀登艰险岩块时一样，动作审慎周密。把冰爪的前爪踢入冰面时，务必要谨慎小心，身体重量从一脚换到另一脚时要明快、平顺。胆子大是高明冰爪技巧的必要条件，你目前置身何处且不去管它，心神要完全集中在爬上去的动作。不过，大胆并不是盲目的蛮勇，它是在冻结溪谷的冰峰上，多次练习后所培养出来的信心和技巧，同时随着练习路段与困难度的增加而更趋成熟。

攀冰注意事项：将冰镐扎入冰面时，不要用力过猛，而且冰镐不要晃动，因为这样会使冰面破裂，影响其稳固性。踢脚时要用力使冰爪尖牢牢地扎入冰面。能否使冰爪扎牢冰面，关系到身体的稳定和攀爬的质量。正确的动作是：踢脚的同时以膝关节为轴，利用登山鞋的重量，使脚平稳地前踢，使冰爪的两个前齿都能扎入冰面。注意：脚不要上下晃动，这样容易使冰面破碎而不牢固。另外，脚要平直，如果呈“八”字形扎入冰面，就不能充分发挥冰爪的作用。除安全带等必要的保护性措施外，攀冰时还必须佩戴头盔，以防碎冰坠落。

攀登方法：主要包括镐法和脚法。镐是指手中的小冰镐，利用鹤嘴劈入冰面提供悬挂。基本要领是大臂带小臂，小臂摆方向，手腕出镐即停。主要力量来自大臂、肩和背，小臂使镐尖保证垂直冰面入冰，在入冰前通过手腕将臂的动量转给冰镐，这样冰镐就获得了最大的动量，入冰效率就会提高。入冰后，不必抓冰筒，利用腕带下拉受力即可，手腕休息准备下次挥镐。脚法是指如何利用冰爪提供支撑。攀冰中大量利用前齿踢冰，这种技术称为德式踢冰，要领是摆大腿，小腿提脚，垂直入冰。主要力量来自大腿、臀部和背部，提脚是为了使前齿充分入冰不脱出，使用双前齿冰爪使前齿垂直冰面同时入冰，才能提供最大支撑。学会了镐法和脚法之后，就要依靠镐和脚的配合，与攀岩相似，主要有四变形，也就是固定三点、移动一点的方法；还有单镐向前牵引式的方法，这就要求入筒和入脚都是稳定的，属于进阶了。

保护方法：攀冰中的保护方法与攀岩非常相似，只是需要注意冰上保护点没有岩石结实，不能经受很大的冲坠，因此绳子相对攀岩要打得紧些，减少脱落时的冲坠距离；保护员要保护好自己，接近冰壁时必须戴上头盔，时刻注意上方攀爬者和落冰；如果需要站立在冰面上，保护员需要穿冰爪，最好在冰面上用冰锥将自己固定。另外在攀冰保护中最好能够使用抓结，因为攀冰场地比起攀岩场地突发性的危险更多；不能使用 grigri 等自动保护器，因为在寒冷或结霜时会失效。

第四章　户外水上项目

第一节　自然水域游泳

一、项目介绍

游泳是人类凭借自身肢体动作在水中进行运动的技能。本节介绍自然水域游泳是为了让参与者更好地从事自然水域项目。我国幅员辽阔，有很多地方可以开展水域项目，但野外水域存在较高的危险性，因此加强安全意识，避免各类意外事故的发生及发生意外事故后如何自救和救人是必须强调和学习的。

二、计划与准备

（一）活动师资要求

（1）指导自然水域游泳的教师须具有游泳教练员资格并熟知该自然水域的情况。

（2）聘请学校认可的当地自然水域游泳教练员或救生员。

（3）在自然水域进行教学时，每名教师最多只能指导 15 名学生。

（4）具有中国红十字会颁发的救护员证以上资质或职业医护人员方可进行医疗救护。

（二）计划内容

（1）在计划行程时，必须考虑下列事项：

①确保学生均有能力完成活动。

②在天气状况不稳定时应停止活动。

③尽量使整个活动在日落前完成。

（2）出发前应拟定行程安排和活动内容，并备份给办公室。

（3）向学生发放活动计划书或告知其本次活动所需个人物品、装备等。

（4）将初次接触自然水域的学生安排在水位浅的水域进行活动。

（5）救生衣在自然水域中均有帮助，教师应指导学生正确穿着和使用，特别是初次学习者。

（6）不要在任何水电站、泄洪坝、水上作业区、航道等区域活动。

（三）活动准备

泳衣、泳镜、泳帽、耳塞、游泳圈或救生衣、其他装备。

三、活动注意事项

（1）如天气有所变化，应离开水面并注意保暖。

（2）选择跳水时，水深最少要有 3 米。跳水者须确保在其跳水范围附近没有其他游泳者。

（3）游泳时不准进食，尤其是糖果及香口胶。

（4）如果发现身处水流中，不要试图逆流游泳，应横向游到水流较缓的水域；最重要的是保持冷静，切勿惊慌。

（5）在水中抽筋时：

①保持冷静，不要惊慌，保存体力并正常地呼吸。

②尽量踏水或仰浮在水面。

③单手举起并高声呼救。

（6）养成良好的习惯：

①入水前应先做伸展热身操。

②入水前应仔细勘察水域，并用浮标划分深浅及安全区域。

③结伴游泳以便互相照顾。

④不可拿呼救的动作开玩笑。

⑤从事水上活动，除游泳外，均应穿着救生衣。

⑥离水后应立即擦干身体、保持体温。

（7）游泳出现意外时，当救助者出现后，不要惊慌失措地去抓抱救助者，应配合呼吸，听从救助者的指挥，保持仰卧浮姿。

（8）切勿在漩涡暗流区域游泳，若遇到巨大的漩涡时，应以最快的速度沿其切线方向游离漩涡中心，不能采取直立踩水姿势顶水逆游，以防被强大的漩涡吸入水下；不幸被卷入水下时，应在入水前深吸一口气，争取以潜泳的方式在水下逃生。

四、教师注意事项

（1）经常清点学生的人数，尤其是在活动的前后。

（2）在可以看见全体学生的位置站立。

（3）除遇紧急事故或作示范外不下水。

（4）在水中示范时，让全体学生离开水面。

（5）禁止不适宜游泳的学生下水。

（6）在活动前了解天气状况，随时根据天气情况改变活动计划。

（7）活动前查看水中哪个部位的水开始变深并设置警戒浮标。

（8）结束活动前保证全体学生均已离开水面。

（9）不得在岸边解散学生。

（10）熟悉活动范围内的水流、潮汐、天气情况和有潜在危险的区域。

五、学生注意事项

（1）应采取“伙伴制”，互相照应。如有意外发生，立即向教师报告。

（2）不应在水中停留过久，尤其在气温不高时。

（3）必须严守纪律，禁止独自游泳、在岸边奔跑、跳跃、追逐、在水中嬉闹及假装遇溺。

（4）不在污浊的水中游泳。

（5）留意警示标记及告示板上的警告。

（6）不在没有救生员当值的海滩或泳池游泳。

（7）不在饭后立即游泳，不在饥饿和疲倦时游泳。

（8）在自然水域游泳时，不要完全依赖助浮救生用品。

（9）未经正规训练，不可使用潜水面罩、吸气管或其他潜水用具。

（10）初学者应在浅水区域游泳。

（11）在下水前，告诉同伴自己的活动范围。

六、如何应对意外事件

在自然水域遇到复杂水情而无法驾驭时，千万不要慌张，应想办法让自己浮在水面上，可保持浮姿，任水冲流，并注意水波流向，再一点一点往岸边移动。在拯救溺水者时，首先考虑用竹竿、树枝、绳索拖拉，或者用大木头、塑料桶等能很好地浮于水面的物体作为浮具实施间接救护，实在无法解救时才入水施行直接救护。如果被救上岸的溺水者神志不清，须采取急救措施，如施行心肺复苏术（CPR），并尽快送往医院。在将溺水者送医院途中应注意保暖及避免其于途中二次溺水。若溺水者被救起后仍意识清醒，应先让其休息并观察有无异状，再行决定是否让其继续活动。若其咳嗽不止，应送医院检查，以免引发肺部感染。

（一）救生基本原则

（1）岸上救生优于入水救生。

（2）器材救生优于徒手救生。

（3）团队救生优于个人救生。

（二）救生相关知识

（1）安全第一，预防为主。

（2）评估现场环境。

（3）最好的救人方法是器材救生。

（4）向救援机构求救，可拨打120（北京地区急救电话为999）、119、110。

（三）救援方式

（1）利用树枝、抛绳将落水者拉出。救援者应注意自我重心的控制，不可直接用手去拉落水者，防止失去重心，反被落水者拉下水。

（2）划船前去营救，设法在船尾（不要在船侧，因可能会弄翻小船）把落水者拉起，或让落水者抓住船尾，拖其上岸。

（3）救援者先以绳索确保自身安全并穿着救生衣，再入水救人（经过救生训练的人才可下水救援，而且务必要有其他人在岸边支持）。

（4）善用救生器材（利用岸上一切可用之物）。

（四）入水救溺步骤

（1）救援者下水前应尽快脱去衣裤和鞋袜。

（2）入水时要看清落水者位置，保持其始终在视线范围内。

（3）有条件者应尽可能携带浮具下水救援，让落水者抓住浮具再协助其游向岸边。

（4）对神志清醒者要大声告知，制止其挣扎并听从指挥。

（5）在救助过程中一定要使落水者的头部露出水面，一是可以保证其顺利呼吸，二是可以减轻落水者的危机感和恐惧感，使救助者能够节省体力，顺利脱离险境。

（6）如果没有浮具，可以采取以下方式救援：

①从落水者背后靠近，一手从落水者前胸伸至对侧腋下，肘部紧压其胸，将其头紧紧夹在自己胸前拉出水面，用髋部顶落水者的腰，另一只手划水，将其拖向岸边。

②从落水者背后靠近，双手从两侧夹住落水者头部，托起其下颌，仰泳将其拖向岸边。

③从落水者背后靠近，双手从落水者腋下钩起，仰泳将其拖向岸边。

④让落水者从前面或后面双手搭住救助者双肩，救助者以蛙泳拖带。

⑤双人、三人、四人用搭桥式集体救援，但须注意保持相同频率。

（五）水中自救法

（1）保持镇静、看清方向、协调呼吸，使自己镇静下来。

（2）漂浮于水面，有两种姿势。一种为双手下垂；另一种为双手抱膝，吸足气，全身放松，使背部露出水面，漂浮一段时间再抬头吸气，如此重复，等待救援。

（3）也可以仰漂的姿态，即屏住呼吸，头向后仰，放松肢体，双手向两边摆成“大”字形。感觉上浮时，应尽可能地保持仰位，使头部后仰。口鼻将最先浮出水面，可进行呼吸和呼救。呼吸时尽量用嘴吸气、用鼻呼气，做到吸、摒、吐三个动作协调而缓慢，以防呛水，不得将整个头部伸出水面。

（六）抽筋的自救

若游泳时发生抽筋一定要保持镇静，不要惊慌，应一面呼救，一面采取自救措施。

（1）脚趾抽筋：将腿屈曲，向反方向用力将足趾反复拉伸。

（2）脚掌抽筋：迅速用一只手扳起脚尖，使足背弓起；另一手用力按揉脚掌抽筋部位。

（3）小腿抽筋：先吸一口气，仰浮在水面上，用抽筋的腿对侧的手握住抽筋腿的脚趾，将其向胸部拉，同时用另一手的手掌压在抽筋腿的膝盖上，帮助小腿伸直，缓解抽筋；也可以将足跟向前用力蹬，同时用一手握住抽筋腿的拇趾并朝足背方向扳，另一手则轻轻按揉抽筋腿的小腿肌肉。

（4）大腿抽筋：仰卧并立即举起抽筋的腿，使其与身体成直角，然后双手抱住小腿，用力屈膝，使抽筋的腿贴近胸部，再以手按揉大腿抽筋处肌肉，并将腿慢慢向前伸直，即可缓解抽筋。

（5）手掌抽筋：将抽筋手的手掌用力向下按压，并做振颤动作，直至抽筋缓解为止。

（6）手指抽筋：将手指用力握成拳头，然后再用力将五指伸直，快速连续几次，直到抽筋缓解为止。

（7）上臂抽筋：将抽筋手握拳，并尽量屈肘，然后用力伸直，反复数次，直到抽筋缓解。

（8）腹肌抽筋：此种情况较少见，但危险性极大，应立即呼救，做收腹挺胸动作，尽快上岸。

通过上述方法仍不能缓解者，应一面呼救，一面用未抽筋的肢体做打水动作游到岸边，上岸后及时擦干身体，穿好衣物再进行按摩处理。

第二节　帆船

一、项目介绍

帆船运动是水上运动项目之一。帆船运动是依靠自然风力作用于帆上而推动船只前进的一项集竞技、娱乐、观赏、探险于一体的体育运动项目。它具有较高的观赏性，备受人们喜爱。现代帆船运动已经成为世界沿海国家和地区最为普及的体育活动之一。经常参与帆船运动，可增强体质，锻炼意志。

二、计划与准备

（一）活动师资要求

（1）有足够的个人航海实践或帆船运动经验，了解训练或活动所涉及的领域。

（2）受过帆船培训，懂得选择帆船类型、活动海域、航海气象，并懂得急救，特别是处理一般翻船的应急措施。

（3）具有中国航海协会颁发的帆船教练员证书。

（4）具有中国红十字会颁发的救护员证以上资质或职业医护人员方可进行医疗救护。

（二）计划内容

（1）参与帆船运动的人员须具备以下能力：

①能穿着帆布鞋和轻便的衣服游 50 米以上。

②能踏水 1 分钟。

③能设法在深水中脱去身上所有衣物（不包括泳衣、泳裤）。

④能以任何泳姿游 100 米以上。

⑤能由水面潜入水中，潜泳 5 米。

（2）在海面练习时，应由 1 名懂得海上救援的助手陪同。

（3）出发前应举办一次说明会。所有参加者，包括教师在内，必须清楚了解其职责及遇到紧急事件时应采取的行动。

（4）拟定的路线应在各参与者的能力范围之内。教师应确保所有参与者有足够经验应对出海时的天气变化和水上情况。

（5）出海时，教师应备齐急救箱、修补工具箱、哨子、后备划桨、耐寒胶袋和拖索。

（6）出海时，应将航行最慢者安排在最前，并派 1 名有责任感且经验丰富者负责垫后。教师则应根据风向、水流及帆船队的队形，决定自己的位置。各帆船应按照既定的队形一起前进，每队最少应有 3 艘帆船。

（7）应在举办活动前最少 10 天通知海警。在出发时须再以电话或传真向警方确定航线和参加人数，并于活动结束后向警方报告。

（8）在活动前，学校必须取得未满 18 周岁的学生家长书面同意。

（三）活动准备

宽松的衣服、防滑鞋、太阳镜、航海手套、防水袋、帽子、符合国家标准的救生衣、防晒霜、太阳镜、身份证或学生证或紧急联系卡、排水设备、罗盘、多余的锚缆、急救药品、哨子、食品及饮用水等。

三、活动注意事项

（1）任何时间均应穿戴合格的助浮器。

（2）每艘帆船本身应具有足够的浮力，或装配独立的浮力设备，即使帆船倾覆时，仍足以令帆身浮于水面。

（3）使用前必须检查风帆、助浮器和其他装备。

（4）穿着适当的衣服和帆布鞋，不宜穿着拖鞋或笨重的靴子。

（5）提醒学生不要夸大自己的技巧或经验。

（6）应采用简单的信号系统，确保所有学生明白及懂得辨别。

（7）不在繁忙的水域内活动，并严守防止船只相撞规则。

（8）注意观察游泳区和潜水区，远离渔网，远离商业航线。

（9）使船只一直处于完全控制状态，切勿超载。

（10）看到需要帮助的船只一定要援助。

（11）天黑后，切勿出海。

（12）如风势强劲，不要离岸太远。

（13）初学者切勿在吹离岸风时航行。

（14）切勿航行到筋疲力尽的程度。

（15）用安全链把索具和帆板系牢。

（16）在寒冷的天气下，应穿上紧身潜水衣；在炎热的天气下，应慎防中暑。

（17）如风帆倾覆，除非正在漂向危险的障碍物，不应弃船，应立即采取应对措施。

（18）如风浪太强，难于操控，则应落帆并顺着风势或海浪航行，直至到达安全的口岸。

（19）停靠于码头后，要仔细系好绳缆以防止船体摆动。

四、教师注意事项

（1）督促学生上船前穿好救生衣，并提醒学生切勿独自航行。

（2）应熟悉活动范围内的水流、潮汐、天气情况和可能出现危险的区域。

（3）告知学生有关的安全守则，并演示应对翻船的技巧和救生程序。

（4）注意活动范围内的空气污染指数。

（5）每一名教师或教练不应督导超过 6 艘船。

（6）禁止不宜下海的学生参与。

（7）确保学生在未获得批准前不会擅自下海；还要确保活动结束后全体学生均离开水域。

（8）出发前应注意天气状况。如天气不好、能见度低，则应停止活动；倘若活动已经开始，则应立即返回基地；若处于长途旅程中，则应驶向最近的安全地点并登陆。

五、学生注意事项

（1）必须严守纪律及帆船操作守则。

（2）出海前必须穿好救生衣，检查船体和设备。

（3）留意警告标志及告示板上的警告。

（4）采取“伙伴制”，互相照应，遇有意外发生，立即向教师报告。

（5）在下水前告诉同伴自己的活动区域，以便他们留意你的安全。

（6）在水中遇到困难时应注意：

①保持冷静，不要惊慌，保留体力。

②尽量踏水或仰浮在水面。

③举起单手并高声呼救。

④尽量待在帆船上，如帆船颠覆，应游到船边把扶。

六、如何应对意外事件

（一）帆船倾覆

（1）铲式恢复法：对两人以上的帆船，可由一个人钻到帆船里，向上推，使其复位，在另外一个人的帮助下登船。在帆船复位过程中船员之间保持联系尤为重要。

（2）轻易恢复法：当船开始翻倒的时候，帆杆经常被拖到水中，这样降低了帆船倾覆的速度。如果行动迅速，在帆船完全翻倒之前，船员可以从高的一边转到稳向板上。这部分操作是最难的，如果舵手反应不够快，帆船将完全倾覆。

（二）桅杆插入泥里

如果帆船在浅海中翻倒，那么桅杆有可能插到泥里或沙里。此时需要赶紧行动，避免桅杆弯曲或脱离帆船。舵手和船员需要快速地离开帆船，以免让自己的体重使桅杆更深地插入泥里。若要解开桅杆，可将船头顶风。如果桅杆还不能取出，应立即寻求帮助。

第三节　龙舟

一、项目介绍

龙舟运动是由众多划手依靠单片桨叶的集体划动作为推进方式，使船只前进的一项水上运动。中国龙舟协会的标准比赛龙舟配备有龙头、龙尾、鼓（鼓手）、舵（舵手）。根据不同区域的不同民俗，龙舟造型在头尾设计方面分为凤舟、象牙舟、龟舟、虎头舟、牛头舟、天鹅舟、蛇舟等。

二、计划与准备

（一）活动师资要求

（1）有足够的航海实践或龙舟运动经验，对于将要开展的训练或活动所涉及的领域有足够的了解。

（2）受过龙舟培训，懂得选择活动水域、活动天气、活动人员，并懂得急救措施，特别是处理一般翻船的应急措施。

（3）具有中国龙舟协会颁发的龙舟教练员证书。

（二）计划内容

（1）在计划行程时，必须考虑下列事项：

①确保学生均有能力完成活动。

②在天气不稳定时应停止活动。

③确保整个活动在日落前完成。

（2）出发前应拟定行程和活动内容，并在办公室备份。

（3）向学生发放活动计划书或告知本次活动所需个人物品和装备等。

（4）不要进入任何水电站、泄洪坝、水上作业区、航道等水域活动。

（5）确保参加者身体健康，会游泳，在没有辅助救生设备的情况下能穿着比赛服装游泳 100 米以上。

（6）直道环绕要配备至少 1 条救护艇，救护艇上配备救护人员 1 ~ 2 人，船上还应备有拖绳和竹竿。

（7）拟定的路线应在各参加者的能力范围之内。教师应确保所有参加者有足够经验应对活动时天气变化和水上情况。

（8）对参加者进行健康检查。有心脏病、高血压、传染病、癫痫病等疾病的人一律不能上船。

（9）要提前勘察活动场地的水情、地形，并准备好救护工具。

（三）活动准备

（1）任何时间均应穿戴国家认可的救生衣。

（2）符合安全标准、安全性能良好的龙舟，必须达到下列标准（专指木制龙舟）：

①龙舟灌满水（与水面持平）能浮于水面不下沉。

② 22 名队员坐在灌满水的龙舟上后下沉水位不超过颈部。

（四）比赛注意事项

（1）各队运动员服装颜色、式样必须整齐一致，上衣背后有本队的字样或标志。

（2）比赛时佩戴统一的头饰。

（3）因天气原因，运动员在比赛服装外可加透明风雨衣。

（4）若有必要，大会可为各队运动员提供参赛号码布，运动员则按报名表登记的号码佩戴在上衣背后。

三、活动注意事项

龙舟活动开展的场所多为风浪大、水流急、漩涡多、易翻船的水域。在龙舟教学过程中，教师必须有高度的安全观念，备课时要充分考虑安全措施，并在活动时认真落实，从而避免事故发生。

（1）尊重裁判，尊重对手，不得有任何不文明行为。

（2）不得对他人使用威胁、辱骂性的语言或手势。

（3）不得故意损毁龙舟及其他器材。

（4）训练中各龙舟应按逆时针方向航行，当两条龙舟航向交叉时，左边的龙舟应给右边的龙舟让出航道。避让时，可采用改变航向、停桨压水等方式。超越的龙舟应从右侧超越并与被超越的龙舟保持 5 米的间距，决不允许从被超越龙舟的前方越过。

（5）应穿着适当的衣物和帆布鞋，不宜穿着拖鞋或任何笨重的靴子。

（6）提醒学生不要夸大自己的技巧或经验。

（7）应采用简单的信号系统，确保所有学生均明白及懂得辨别。

（8）切勿航行到筋疲力尽的程度。

（9）寒冷的天气下应穿上紧身潜水衣；炎热的天气下则需慎防中暑。

（10）如龙舟倾覆，除非正在漂向危险的障碍物，否则不得弃舟，应立即采取应对措施。

（11）如果训练中遇到风浪，要保持镇静，不要惊慌，不要站立。

四、教师注意事项

（1）教导学生有关的安全守则，并演示应对覆舟的技巧和救生程序。

（2）注意活动范围内的空气污染指数。
（3）提醒学生切勿独自上龙舟。
（4）熟悉活动范围内的水流、潮汐、天气情况和有潜在危险的区域。
（5）每一名教练不应督导超过 1 条船。
（6）禁止不宜游泳的学生下水。
（7）检查水域内水的深浅并标识出来。
（8）活动过程中要随时关注学生的健康状况。

五、学生注意事项

（1）采取“伙伴制”，互相照应，遇有意外发生，须立即向教师报告。
（2）必须严守纪律。
（3）不在水边奔跑，不在水中或水面嬉戏。
（4）不得独自游泳，不得在污浊的水中游泳，不得完全依赖浮具游泳，不得假装遇溺。
（5）落水时的应对措施。
①保持冷静，不要惊慌，保留体力。
②尽量踏水或仰浮于水面。
③单手举起并高声呼救。

第四节　皮划艇与划艇

一、项目介绍

划艇运动分皮划艇和划艇两种。划艇运动起源于原始社会中人类渔猎和运输的生产实践过程中。近代皮划艇的产生则与 16 世纪人类的探险活动有关，其有静水项目和激流项目之分。在天然或人工湖面进行的比赛，称静水项目，水面宽 90 米以上，长 2200 米，设 9 条航道，道宽 5 ~ 9 米，用串有塑料浮球的钢索划分；在水流湍急的河道进行的比赛，则称激流项目。运动员必须在指定的航道内完成赛程，以艇首到达终点的先后顺序决定名次。

二、计划与准备

（一）活动师资要求

（1）拥有皮划艇和划艇实践或运动经验，对于将要开展的训练或活动所涉及的领域有足够的了解。

（2）曾受过皮划艇和划艇培训，并了解活动水域的情况、气象知识和具有危险的地方；懂得急救措施，特别是处理一般翻船的应急措施。

（3）具有划艇或皮划艇教练员证书，证书由中国航海协会颁发。

（二）计划内容

（1）学生在参加皮划艇和划艇活动之前，应该通过以下测验：

①穿着轻便衣服和帆布鞋，游泳距离超过 50 米。

②选择任何泳姿，游泳距离超过 100 米。

③从水面潜入到水中，可潜泳 5 米。

④在深水中能脱去除泳衣和泳裤以外的所有衣物。

（2）在进行水面练习的时候，应至少有 1 名可进行水上援助的人员在旁陪同，担任助手工作。

（3）在活动出发之前，应举办一次说明会。所有参加者(含教师)，必须明确自己的职责，掌握在遇到紧急事故时应采取的措施。

（4）拟定的路线不可超出各参加者的能力范围，确保所有参加者的现有经验足以应付天气变化和水上情况。

（5）协调车辆运输。

（6）带齐急救箱、口哨、工具修补箱、后备划桨、拖索以及耐寒胶袋。

（7）每只艇本身应该具有足够大的浮力，或装配一套独立的救生设备，确保即使遇上艇倾覆的情况时，艇和学生均能浮于水面。

（8）在使用前必须进行仔细检查，确认所用艇、救生衣、划桨和其他所需的装备状况良好。

（9）学校必须在活动前取得家长允许学生参加活动的书面同意。

（10）如水面有风浪，座舱可使用防浪裙，但防浪裙应易于脱去。初学者不宜使用。

（11）应告知参加者有关的安全守则，并且演示覆舟时的应对技巧和救生程序。

（三）活动前准备

（1）购买船艇险，涉及的船艇类型有花式独木舟、激流独木舟、海洋独木舟、充气式独木舟、平台式独木舟和湖泊独木舟。

（2）备齐潜水用具，包括桨、头盔、鼻夹、潜水衣材质的长裤、防水裙、防滑鞋等。

（3）准备好急救用品，包括符合国家标准的救生衣、身份证、学生证或紧急联系卡、急救药品、哨子等。

三、活动注意事项

（1）活动期间要穿着适当的衣物和轻便的鞋子，且必须穿戴好救生装备。

（2）应采用简单的信号系统，并进行培训，确保所有学生熟练掌握。

（3）携带后背划桨，确保有救生艇随队出发。

（4）不要在繁忙的水域内进行活动，并且严格遵守为防止船只相撞而制定的各项规则。

（5）如果船艇倾覆，应该马上采取紧急措施，除非存在危险因素（如正在漂向障碍物），否则学生不可舍弃船只，自行离开。

（6）不可超出船艇的承载能力。

（7）控制航行距离以及强度，不要到达筋疲力尽的程度。

（8）天黑后，切勿继续划艇。

（9）遇上风势强劲或水流湍急的情况，不要离岸太远；若已经出航，要及时调整航向，顺风势或水势划桨前进，到达安全的口岸后立即上岸。

（10）初学者经验不足，切记不可在吹离岸风的情况下航行。

（11）注意天气变化，在炎热的天气下应防止中暑，在寒冷的天气下应穿上紧身潜水衣用以保暖。

（12）当初学者人数超过总人数的1/3时，严格禁止队伍远行。

（13）担任留守工作的人员，不仅要熟知活动水域及计划，而且要责任心强。

（14）制订的行程计划要严谨周详，并提前告知随行队员，让队员有充足的时间彻底了解。

（15）出发前要仔细检查，确保装备完整、食品充足、急救设备齐全。

（16）无论是在活动之前，还是在进入水域之后，都需要随时注意自然环境变化和气象变化。

（17）当面临压力（如危机或疲劳等）时，要密切关注自己和队友的心理变化，并想办法及时调解，保持情绪平稳。

四、教师注意事项

（1）出发前，教师应注意天气状况。如天气不好、能见度低，则不应进行滑浪及风帆活动；倘若活动已经开始，则应立即返回基地；若队员已展开了长途的旅程，则应驶向最近的安全地点登陆。

（2）提醒学生切勿独自航行。

（3）熟悉活动范围内的水流、潮汐、天气情况和具有危险的地段，并选择富有经验及责任感的领队同行。

（4）应告知学生有关的安全守则，并演示应对翻艇的技巧和救生程序。

（5）注意活动范围内的空气污染指数。

（6）每一名教师或导师不应督导超过6艘船。

（7）确保学生在未获得批准前不会擅自下水，确认活动结束课后全体学生均离开水域。

（8）提醒学生不要夸大自己的技巧或经验。

（9）根据当天气象、水流的状况判断可否下水。

（10）观察并判断安全航道，分辨路线，指出潜在危险并且引导队员闪避。

（11）选择队员能力范围内的航道，筛选参与航行的人员，避免个别人员拖累整个行程。

（12）决定何地上岸、下划、边绕、休息。

（13）负责航行前的编组任务，让新老队员相互照应。

（14）每次停留或出发前都要清点人数，应注意队员的航行状况和体能状态。

（15）检查队员有无携带备用桨等救生装备。

（16）负责航程中队员的安全及救援工作。

（17）预先指定撤退路线及备用计划，并合理地控制活动时间。

五、学生注意事项

（1）严守纪律及船只的操作守则。

（2）下水前必须穿好救生衣并检查船体和设备。

（3）应采取“伙伴制”，互相照应，如有意外发生，须立即向教师报告。

（4）留意警告旗号或告示板上的警告。

（5）在下水前，应告诉同伴自己的活动区域，以便他们留意你的安全。

（6）应先在泳池内学好泳术后再上划艇。切勿假装遇溺。

（7）落水时的注意事项。

①不要惊慌失措，保持头脑冷静，保存体力。

②尽量踏水或仰浮在水面。

③单手举起并高声呼救。

④尽量游到艇上，如艇颠覆应游到艇边把扶。

（8）活动过程中切勿打闹。

六、如何应对意外事件

（一）人船救援措施

（1）倒卷吸住自救：适用于水较浅时，翻船后迅速脱离艇身，将划桨推入水底，利用水的浮力将自己拉出。

（2）抛绳救援：同行者向遇溺人员头部上方投扔抛绳，将其拉出水面。

（二）被石头卡住的应对措施

（1）左右摇晃艇体，注意控制力度的大小和均衡性。

（2）寻找着力点，用力顶划桨。

（3）请队友掷出抛绳，将自己带出。

（三）落水时的应对措施

（1）岸边对水域救人。

①借助人、大树、巨石等将抛绳的一端固定住，拉着抛绳的另一端跳入水中救人。

②在外部条件允许的情况下，可将绳抛向落水者头部正上方，让他套住自己，拉其上岸。

（2）水域救人。

①划船艇向落水者靠近，让他抓住船艇的尾部顺着水流漂至岸边。

②在划船艇靠近落水者后，将抛绳的一端固定在落水者身上，迅速划船靠岸，再拉抛绳让其自然靠岸。

（四）自救措施

（1）抱住水中的大石块。

（2）牢牢抓好船艇或趴在船上随船艇一起漂浮。

（3）若水流不湍急且游泳技术高超，可以选择安全点上岸。

第五节 漂流

一、项目介绍

漂流是一项具有广泛群众基础的水上活动，可以分为探险漂流、自然漂流和操控漂流三大类。其中探险漂流的重点在于探险，危险性比较大，一般人员不适于参与。自然漂流与操控漂流从狭义方面看，更倾向于一种群众性的水上娱乐项目，不仅组织纪律严密、安全措施严格，而且选择漂流工具及河道的方法也严谨科学，也就是我们通常所说的漂流。

（一）自然漂流

自然漂流，一般在水浅且流速平缓的河道中进行，是指让漂流者在比较安全的水域自由自在地进行漂流活动。漂流组织者会提供活动必要的漂流艇、筏、浆等设备，同时在沿途各个要点上进行监督和给予保护。

（二）操控漂流

操控漂流一般在水流较急且较深，地形复杂的高山河谷中进行，具有丰富经验的艇工对漂流的过程进行有效控制，漂流者在艇工的操控下漂完全程的活动。操控漂流刺激却又相对安全，受到人们的欢迎，逐渐成为一种主流形式。

（三）漂流探险难度的等级划分

第一级：水的流势缓慢平和的区域。

第二级：绝大部分水域水的流势缓慢平和，会伴有轻微的波浪，波浪高度 1 米左右。

第三级：波浪出现的较为频繁，高度 1.5 ~ 2 米，具有一定漂流经验的人依然可以控制好方向。

第四级：途中需要避过较大的障碍物，波浪高度 3 米左右，对于有漂流经验的人操作起来也会比较困难。

第五级：途中有很难逾越的障碍物，浪高超过 3 米，仅具有丰富漂流经验的人才能够参与。

二、计划与准备

（一）活动师资要求

（1）拥有足够的漂流经验，熟知即将开展的训练或活动相关的领域；掌握各项急救措施，特别是处理一般翻船的应急措施。

（2）对漂流水域的暗礁、漩涡、水流等情况有一定的研究，能运用经验选择正确水道。

（3）具有中国红十字会颁发的救护员证以上资质或职业医护人员方可进行医疗救护。

（二）计划内容

（1）每一名教师或导师不应督导超过 5 只橡皮艇。

（2）参加非旅游性漂流活动前，学生应通过下列测验：

①穿着帆布鞋和轻便的衣服游 50 米以上。

②踏水 1 分钟。

③能在深水中脱去身上所有衣物（不包括泳衣、泳裤）。

④以任何泳姿游 100 米以上。

⑤由水面潜入水中，潜泳 5 米。

（3）任何时间均应穿着认可的（即符合国家相关标准）救生衣。

（4）每只橡皮艇本身应具有足够的浮力，或装配独立的浮力设备，即使倾覆时，仍足以使橡皮艇和学生浮在水面之上。

（5）在使用前必须进行仔细检查，确认所用艇、救生衣、划桨和其他所需的装备状况良好。

（6）应穿着适当的衣服和鞋，不宜穿着拖鞋或笨重的靴子。

（7）在未开发自然水域进行漂流活动时，必须取得当地管理部门的许可。

（8）在活动前为所有人购买相关的户外活动保险。

（9）在出发之前应举办一次说明会。所有参加者（含教师），必须明确自己的职责，掌握在遇到紧急事故时应采取的措施。

（10）应告知参加者有关的安全守则，并演示应对覆舟的技巧和救生程序。

（11）拟定的路线不可超出各参加者的能力范围，教师应确保所有参加者的现有经验足以应付入水后的突发状况。

（三）活动准备

活动前需准备好救生衣、换洗衣物、头盔、修理箱、空气泵和安全绳等。

三、活动注意事项

（1）患有严重的心脏病、精神病、高血压、高度近视等疾病的人员不宜参与此类活动。

（2）漂流者在整个漂流过程中要听从操船者的安排。

（3）漂流者在漂流途中未经许可不得离艇下水。

（4）救生设施能保证漂流者在落水后不溺水并且保护身体的重要部位，因而漂流前一定要将头盔、救生衣、漂流鞋穿好戴牢，中途不得松开甚至解下。

（5）在漂流时注意沿途的箭头标识与标语，通过它们，可以找到主水道并提早觉察跌水区。

（6）遇激流和暗礁时，手臂和脚应适当用力，分散股部重力，提防碰伤。

（7）在整个漂流过程中不可做危险动作，认真听从操船者指挥，遇到激流时紧紧抓牢安全绳，身体向船体中央倾斜。

（8）遇上湍急水流时，艇具应与艇身保持平衡，艇内人员要牢牢抓好艇身内侧的扶手带，保证艇身平衡并与河道平行，顺流而下。

四、教师注意事项

（1）出发前应注意天气变化，天气不佳的情况下应取消活动；若活动已展开，则应划向最近的安全地点登陆。

（2）了解水流、暗礁、漩涡及易发生危险的区域，选择相对安全的航道。

（3）随时注意学生的情况，规定学生活动范围。

（4）经常清点学生的人数。

（5）禁止学生在不宜游泳的地方下水。

（6）确保学生在未获得批准前不擅自下水；确保下课后全体学生均将活动器材交回。

（7）提醒学生在漂流过程中注意沿途的箭头标识及标语。

（8）提醒学生切勿独自漂流。

（9）带齐急救箱、修补工具箱、哨子、备用划桨、耐寒胶袋和拖索等物品。

五、学生注意事项

（1）必须全程穿着救生衣。

（2）不夸大自己的技巧或经验。

（3）采用简单的通信方式，确保其他同伴明白及懂得辨别。

（4）在炎热的天气下，应慎防中暑。

（5）如船倾覆，应该马上采取紧急措施，除非存在危险因素如正在漂向障碍物，否则不可舍弃船只，自行离开。

（6）不随便下船、不互相打闹、不主动去抓水中的漂浮物和岸边的草木。

（7）一旦翻船应立刻憋气，小心呛水。

（8）漂流跌水区及大落差区多的水域，不要携带过多物品，以免掉落或损坏。戴眼镜的学生要用皮筋将眼镜固定。

（9）翻船后应立即吹响救生衣上的求救口哨，寻找救护人员并更换漂流艇。

（10）不得随便下船游泳，不得远离船体独自行动。

（11）出发时，携带一套干净的衣物，以备更换。

（12）漂流中勿乱开玩笑，避免因不当的玩笑而引发争端。

六、如何应对意外事件

（一）险滩

在两岸靠边或者水稍浅的地方，河水因为流动受阻而降低流速，导致中间的水流速度更快，从而形成激流。面对激流时，应迅速判断一下顺流而下的大致方向，然后全员收桨并俯低身体以稳住艇身重心，同时双手牢牢抓好艇沿上的护绳。

（二）漩涡

在河道水流较深时，会容易出现漩涡，应尽可能绕行以免被卷入；如果没有躲避成功，就让船艇顺着洄流自然旋转，等转至漩涡的外围时，再全力向外划桨，就可以冲出困境。

（三）冲撞

漂流过程中必须要恪守保持平稳、避免冲撞的原则。当实在没有办法避开时，要控制好角度用艇身正面迎撞（用侧面碰撞易导致翻艇），艇上所有人员都要牢牢抓好绳索。在冲撞结束后，艇身会与岸边趋于平行，同侧的队员要注意收脚以免夹伤。当两艇在运行中靠得过近时，双方要相互配合往反方向划桨或抵开艇身以避免冲撞。

（四）搁浅

搁浅较容易出现在石头密集之处，此处水道变窄、水深变浅、水流变急。此时可以用划桨抵住大石，用力使艇身离开搁浅处。若这种方法不起作用，则需要安排眼疾手快的人员下水，采用从旁侧或推或拉的方式，让艇身重新进入水流。

（五）落水

在不小心掉落水中后，不要惊慌失措，救生衣具备足够大的浮力将人托浮在水面上，艇上同行者应当及时伸出划桨以便让落水者攀抓；若落水点距离艇身较远，要想办法上岸或者停留在石头背水面（在迎水面水流湍急且易被橡皮艇撞伤），等待救援人员。

（六）翻船

在水流湍急的区域特别容易发生翻船事故，多由大的漩涡、波浪、单侧的波涛、障碍物（如石头和倒下的枯树等）以及落水者而造成的橡皮艇重心不稳所引发。在翻船后应保持镇定不慌乱，救生衣具备足够大的浮力将人托浮在水面上，如果可以确定不会陷入船与石块之间的逆流中，应尽可能地浮在水面上，也可上岸避开这一段急流水域。记得检查一下船只，确保没有人被困在下方。

（七）气室破裂

遇上气室破裂，应立刻调整艇上人员分布，避开破裂气室的位置，尽最大可能保持橡皮艇的平衡，然后靠岸等待救援人员。

（八）河流中存在的危险

（1）逆流：当水流突然遇到障碍物时，会向后回旋，导致水的表面形成逆流，它能够抓住波浪与跌水之间的任何漂浮物体。遇上这种情况，落水者应及时脱掉救生衣以减小浮力，从水流的底部和侧面赶上顺流。

（2）寒冷：寒冷会很快地夺去落水者的能量和自救能力。

（3）滤网：灌木丛、倒下的树木、成堆的木材、桥桩或其他漂浮的障碍物都能打翻一支橡皮艇。

（4）高水位：当水流量增大时，救援的危险和难度会极大地增加。

第六节　潜水

一、项目介绍

从古时候的“扎猛子”到当下的现代潜水，潜水运动在全世界范围内蓬勃发展着。潜水活动可分为浮潜与给气潜水两大类。浮浅又细分为浮游和屏气潜水，给气潜水又细分为自给气潜水和供气潜水。

（1）浮游：只浮在水面不潜入水中的活动。

（2）屏气潜水：憋住呼吸期间潜入水中的活动。

（3）自给气潜水：又称水肺潜水，潜水者自己携带水下呼吸系统进行的活动。

（4）供气潜水：又称水面供气潜水，是潜水者在水下活动期间，依靠一条送气管从水面获得氧气的活动。

近几年来，水面供气潜水活动十分盛行，世界各个有名的海岸度假区域，都开设了这种潜水方式供游客体验水中乐趣。

二、计划与准备

（一）活动师资要求

（1）具有中国潜水协会认可的潜水星级（教练级）资格。

（2）具有国家体育总局相关部门认可的潜水教练员资格。

（二）计划内容

（1）选择的活动机构必须符合《中华人民共和国商业潜水安全规程》的有关要求。

（2）未成年者需家长或监护人同意，方可参加训练课程。

（3）活动开展前应主动向专业人员询问活动水域的位置、气候、地形、海况等，并索取紧急联络电话，以备应急之需。

（4）开始训练前，必须要求学员提供完整的体检报告。不适合参加训练者，需经对潜水有专门知识的医生许可后才能参加训练。

（5）参加训练前，教练必须要求学员填写同意书。有下述病史者不宜潜水：

①曾有肺部受伤病史，尤其是自发性气胸者。

②曾接受过眼角膜手术或中耳手术。

③曾有红血球病变史，如镰刀型红血球贫血。

④患有严重哮喘或严重肺部阻塞性疾病(如慢性肺气肿)。

⑤患有肺部水泡病或肺泡有先天性憩室。

⑥有癫痫或抽筋病史及有精神疾病。

⑦经常性的晕倒而原因不明。

⑧曾有心肌梗塞病或患有心脏冠状动脉疾病(如心绞痛)。

⑨患有胰岛素依赖型糖尿病。

(6)水中无法进行会话，信息的传达只能依靠手势，下潜之前有必要相互确认、统一手势。

(7)授课教练与学员的比例为 1 : 10, 如需增加学员人数，则须依据中国潜水协会规定执行。教练与学员的最低比例适用于水环境良好的情况，如果有安全隐患，则按需增加教练人数。

(8)在活动前为所有人员购买相关的保险。

(9)参加潜水活动前，学生应通过下列测验：

①踏水 1 分钟。

②可在深水中脱去身上所有衣物（不包括泳衣、泳裤）。

③以任何泳姿游 100 米以上。

④由水面潜入水中，潜泳 5 米。

(10)训练和活动的目的是传授学员潜水的知识与技能。授课时必须使用中国潜水协会所认可的教材和讲义。

（三）活动准备

应准备好面镜、呼吸管、脚蹼、潜水靴（视需要而定）、潜水衣（视温度、安全而定)、配重带（视潜水衣而定)、浮力调整器（BC）或救生衣、调节器（附气压表、备用二级调节器)、深度表、潜水表、指北针、潜水刀、减压表、潜水日志、手套、气瓶等。

三、活动注意事项

(1)在潜水之前，不可进食如豆类、卷心菜类的易发酵的食品，不可饮用如汽水、啤酒、可乐类的含有碳酸的饮料，不可嚼食口香糖。

(2)了解并掌握如何在水中进行通信。

(3)使用洁净的空气，注意正确搬运和保养高压气瓶。

（4）携带急救用品。

（5）遵守二人同行制。

（6）勿使用耳塞，可使用高速耳压法来缓解水压带来的刺痛。

（7）下水前一定要将面罩内的水除尽。

（8）不要做大幅度的动作。

（9）完全离水（上岸）后才脱下脚扑、面罩、呼吸管。

（10）每下潜 10 米就必须检查水中残压计。

（11）远离珊瑚礁下锚。

（12）掌握正确的浮力控制方法。

（13）在海底潜游时避免搅动沉积物。

（14）切勿尝试挤过狭小的地方。

（15）缚紧附加的设备以防止其拖曳。

（16）不要用渔枪猎鱼。

（17）一旦被浮游物缠住，切勿强行挣脱。

（18）不要拿走活的贝类动物或收集空贝壳。

（19）不要触摸海洋生物，以免引起一些有攻击性动物的反击。

（20）切勿弃置胶袋，注意环保。

（21）开放水域水肺潜水训练时的气压限制：

① 6 米以内，气瓶压力余压达 30 千克每平方厘米之前，必须上升至水面。

② 6 米以上，须在余压达 50 千克每平方厘米之前上升至水面。

四、教师注意事项

（1）经常清点学生的人数，尤其是在下水前和浮出水面后。

（2）禁止学生在不宜游泳或潜水的地方下水。

（3）在上课或训练前查看天气情况。

（4）确保学生在未获得批准前不会擅自下水；确保下课后全体学生均把器材交回。

（5）检察潜水水域内的水深、水流和潜在危险。

（6）潜水前检查每名学生的装备是否完好。

（7）只允许身体及精神状况良好的学生进行下潜行为。

（8）在下潜之前，需要对当时的环境进行评估，若不宜做潜水活动应予取消。

（9）认真遵守潜水领队者在潜水前下发的指令。

（10）在每次进行潜水活动时，应该随身携带浮泡，同时在水面设置清晰易辨认的潜水旗和浮标，提醒驾船人员远离这片区域。

（11）严守潜水安全原则，绝对不能超越计划中规定的潜水深度。

（12）随身携带急救用品及查询潜水地点的医疗设施。

五、学生注意事项

（1）衡量自己的能力（本身和装备）并相互检查自己的装备是否正常。

（2）不随意拔出潜水刀。

（3）采取“伙伴制”，互相照应，遇有意外发生，立即向教师报告。

（4）两人从入水到上岸，都必须一起行动，不可任由同伴独自上岸。

（5）游在前方者，须常回头查看同伴的状况，并放慢速度；游在后方者，要保持在同伴的斜后方。

（6）不在船上或水下嬉戏。

（7）不在没有教练员当值水域潜水；不在污浊的水中潜水。

（8）未经正式训练，不使用潜水面罩、吸气管或其他潜水用具。

（9）留意警示标志或告示板上的警告。

（10）水肺潜水过程中不要屏气，应保持普通、正常的呼吸。

（11）遵守潜水深度限制，尽量避免深度超过 18 米，绝不可超过 30 米。上升过程要缓慢，速度不能超过每分钟 18 米。

（12）浮潜戏水时，记得每隔 3 ～ 5 分钟抬头注意一下周围环境。

（13）受伤、疲劳或身体不适时赶快离水上岸。

六、如何应对意外事件

（一）抽筋

一旦出现抽筋，千万不要慌乱，根据抽筋部位的不同，采取相对应的措施。

（1）手指抽筋：应该将手握成拳状，再用力张开，如此反复直到缓解为止。

（2）小腿抽筋：应先吸足一口长气，仰卧于水面，用手扳住足趾，同时小腿用力向前伸蹬，让收缩的肌肉得以松弛。

（3）脚趾抽筋：应迅速将腿屈起，用力将足趾拉开并扳直。

（二）恶心和呕吐

此时应赶快上岸，同时用手指压中脘穴、内关穴。如果有人丹，可以含上一粒。为预防肠炎，还可吃少量生蒜。

（三）头痛

头痛可能是由某种原因引起的供血不足，例如身体寒冷、呛水、慢性鼻炎、暂时性脑血管痉挛等。这时应迅速到达岸上，用大拇指按揉太阳穴、百会穴、列缺穴数分钟，结束后用热毛巾敷于额头，饮用一杯热开水，即可好转。

（四）耳痛和耳鸣

导致耳痛和耳鸣可能是耳朵里灌水或鼻子呛水，排水的方式有下列三种：

（1）清理法。借助工具如消毒棉签，将水从耳道内吸出。

（2）单足跳跃法。进水一侧耳向下，拉住耳垂，用同侧腿单足跳。

（3）活动耳道法。用手指将耳道压紧堵严，左耳进水就把头歪向左边，然后手指迅速拿开。

（五）落单

此时应该保持镇定，向上浮动几米寻找同伴；如果没有任何发现，就浮出水面，仔细观察水面的气泡；在超过 10 分钟后仍无发现，应立即返回入水点。

第五章　空中项目

第一节　滑翔伞

一、项目介绍

滑翔伞是一种结合了降落伞与滑翔翼共同特点的无机械动力的飞行器，外形与降落伞类似，飞行原理与滑翔机和悬挂式滑翔器类似，通常又被称作山坡伞。其原理是将滑翔伞受到的地球引力转化为向前的动力，使其下降速度控制在 1.5 米 / 秒之内，同时拥有超过 60 千米 / 时的前进速度。如果在无风的天气，驾驶滑翔伞从 8 ~ 10 米的高空滑下，约可向前划行 9000 米。这项运动新颖奇特且极具挑战性，但是对参与者的要求也较高，除需要有充足的体力外，还需要有一定的胆识且意志坚强。这种飞行器操作简便，飞行技术很容易掌握，因此滑翔伞诞生后的短短几年间便在世界各国运动爱好者间流行起来。

二、计划与准备

（一）活动师资要求

（1）聘用的教练员应具有中国航空协会认可的资格证书。

（2）执教的教练员应受到国家体育总局相关部门的认可。

（二）计划内容

（1）活动前进行行程规划时，应特别注意以下几项：

①整个行程的难度不可过高，应确保所有参与者均有能力完成。

②活动之前应先了解活动地点的天气状况，如气压的位置，是否有风，是否降雨。如果有风，则了解风的方向、强度和风面移动如何；如天气状况不好，应选择其他时间进行活动。

③天黑后安全系数会降低，所以应保证在日落前完成活动。

（2）活动开始前，必须将行程制定好，并留有备份。

（3）按下列要求筛选活动场地：

①选择合适地点作为活动的起飞区（高于 260 米的山峰）和着陆区（较平整的地面区域），在选择着陆区时，应多选择几块备用。

②在选择平地练习场地时，应选择平坦的区域，且确认附近没有公路树木、电线杆、高压电架或其他高大建筑物。

（4）所有参与人员必须购买相应的意外险和航空专业险。

（5）训练条件必须在以下条件范围内：

①活动时风速必须小于 19km/h，如能控制在 8 ~ 16 千米 / 时最好。

②横侧风应小于 30 度，最佳方向是正对。

③每 10 秒内的风速变化不能大于 5 千米 / 时，最优状态是风速恒定无变化。

④如果有风，则坡度必须大于 20 度，能达到 30 度最好。

（6）学员必须是年满 18 周岁的成年人，而且必须懂得相关知识，活动开始前必须征求家长同意并签署家长同意书。

（7）参与训练前应将活动计划书发放到每一位学员手中，并且告诉大家应准备的活动物品和装备。

（三）活动准备

（1）主伞：由伞衣、伞绳、操纵绳和操纵带构成。伞衣分为上下两部分，上部两片，下部两片，共 4 片，中间以翼型间隔相接。其剖面形状与机翼相似，翼展长达 9~11 米，翼弦约 3 米，总重量 4~6 千克。在选择主伞时，应参照飞行者的体重。

（2）副伞：通常也叫做救生伞，一般存放于背包后背，若遭遇意外可将其展开，但应注意的是展开高度应大于 50 米。

（3）座包：悬挂于伞头之上，是飞行员体重的主要承担者。绝大多数的座包位于飞行员背部，其两侧和底部均装有缓冲物，用以保护飞行员。

（4）套带：主要作用是将飞行员与伞衣连接起来。在选用时需注意与自己的体重相匹配。

（5）头盔：用于保护飞行员的头部。专业的飞行头盔是最好的选择，如果没有，其他坚硬的头盔也可以，如摩托车头盔。

（6）其他配套装备：其他保障正常飞行必备的物品，如飞行服、护目镜、飞行靴、风速表、高度表、升降仪、对讲机、GPS（全球定位系统）等。

（7）随身物品：指一些较有用的小物品。身份证或学生证或紧急联系卡（紧急联系卡范本载于附录四）、地图、指南针、水、食物、急救药品、头灯或手电筒、备用电池、电话卡、零用钱、雨具、哨子、笔和记事簿等。

三、活动注意事项

（1）起飞前必须对所有伞具和装备进行检查，确保没有下述所有问题才可以飞行，若发现问题应尽量排除，如不能消除危险，应立刻停飞。

①仔细检查整个伞衣，确保无刺穿、撕裂、擦伤或未缝合的现象，检查时应特别关注伞衣下表面的前沿。

②确保伞衣内没有砂石等杂物。

③确保伞绳与操纵带件牢固连接。

④确保所有的伞绳都无缠结或磨损现象，仔细除去任何可能导致悬挂绳黏附的物体。

⑤确保操纵绳与套环连接结实，且能顺畅地通过导向环。

⑥确保整个吊带系统无开线或磨损现象。

（2）有六种情况不可进行飞行，简称为“六不飞”，即落单时不飞，在云雾中不飞，身体疲劳不飞，心情不稳定不飞，潜水活动后 24 小时内不飞，饮酒或服药后不飞。

（3）头盔和护具是飞行中必不可少的，最佳选择是飞行专用的头盔和护具。

（4）在一次飞行中，最多只允许增加一个新内容，如新的伞具或飞行场地等，切勿多加。

（5）未经教练的允许，无论何人都不可独自起飞。

（6）副伞的使用高度必须高于 50 米，否则将失效。

（7）包括云雾天气和降雨天气在内的可见度较低的天气，因为不能清楚的确定起飞场与着陆场的位置，所以不可进行飞行。

（8）飞行前必须制定详细的计划，内容应涵盖训练科目、航线、飞行的时间与高度等。

（9）飞行前应仔细查看“飞行指南”，并严格按照其中的规定执行。

（10）手机或对讲机等通信工具不可离开身边，并要保证其电量充足，能正常使用。

（11）出发前将个人信息卡填写好，放入伞包的透明袋内。这些信息应包括姓名、年龄、血型、编号、伞形或人员编号、家庭住址、家人的联系方式、紧急联系人和紧急联系电话以及保险单号等。

（12）如飞行地点选在山区或丘陵地区，应提前对该地区的天气变化做长时间的考察。考察天气时，应多关注云的高度与形状，风的方向与速度。

（13）在选用滑翔伞时，一定要与自己的体重和技术相匹配，万不可选用装备缺失的伞具。

四、教师注意事项

（1）应关注每一名学生的体力情况和精神状态，若状态不好应及时给予照顾并取消其当日的飞行。

（2）严格监督学生遵守飞行的气象条件。若天气逐渐变坏应酌情考虑缩短或取消行程。

（3）若发现学生有冒险的行为，一定要及时制止。

（4）飞行前应确保提供给学员的所有装备完好。

（5）每一次准备起飞前，需再一次检查学生全身装备，确定所有装备均已备妥，各部位均连接良好，无破损或脱线现象，所有环扣均以扣紧且位置合适。

（6）飞行前应带领学生对相关场地进行考察，使其明确降落场的位置和最低进场高度，有助于学生躲避周围的危险物安全落入场地。

（7）教师应随身携带急救用品，并熟知附近的医院和救援设施的准确位置。

（8）负责定制并监督学生执行飞行计划，不允许学员盲目飞行。如需要增加新的飞行项目，需慎重对待。

（9）禁止学员在午后飞行。一般的禁飞时间是12:00~15:00。其他强对流时段或风速过大均不允许学员飞行。

五、学生注意事项

（1）飞行时要根据自己的情况和能力，万不可因好强逞能去冒险。

（2）任何情况下，都不要去冒险单独飞行。

（3）起飞前应在场地认真检查装备，在飞行条件合适后，应在教练的指导下起飞。

（4）飞行前特别要仔细检查的装备部位有所有的环扣和设备连接处。除此之外，也要对装备的其他部位进行检查，确保都已穿戴妥当。

（5）起飞时切勿做蹦跳等多余动作。

（6）私自对滑翔伞或其他飞行相关设备进行改造是绝对不允许的。

（7）飞行前要亲自勘察场地，并针对气象和航程与指导老师进行交流。此外，还应事先记录周边的医院和救援设施的位置。

（8）飞行前与飞行时都应控制好自己的心态。

六、如何应对意外事件

飞行中天气变幻莫测，操作有时也难免失误，其他不利情况也难免发生。飞行者对意外事件的发生，应有一定的心理准备。这样，当意外突发时才能镇定应对，选择最有效的方法或措施予以处理，避免进一步扩大损失与伤害。

（一）水上降落

降落时或许会意外飘入水域，一旦需要在水中降落，切勿慌张，应于水面30米之上时就解开腿带，若依旧能平稳降落，则在落入水中前几秒钟再解开胸带。若在水中着陆时正对风向，应在触及水面时拉下全刹，这样可以保证整个伞身落下时处于身后，之后应迅速脱下座袋，向后划水远离它。保证自己人身安全是第一位的，请登上救生船后再考虑去抢救自己的装备。

若着陆时伞衣没有落于身后，而是罩在头上，千万不要因为慌张而猛踢乱游。这时有效的逃离方法是先保证座袋被解开，之后抓住其中一条翼弦的接缝，两手交替向前拉逐渐使整个伞衣完全拉至身前，拉动伞衣的同时双脚向前踩水，身体向后移动离开伞身，不要忘了将身周的伞绳也拎过头部，这些进行完后，应继续向后移动，确保完全离开整个滑翔伞。

（二）遇上高压线

如遇上高压线，第一原则是尽最大努力躲避。若实在难以逃避，应立刻从座袋中站起，将下半身尤其是从脚到膝盖的位置严密并拢，将肘部和胳膊尽量收拢，力争以竖直姿势下落。若不幸被挂于电力线上，应制止任何人的靠近行为，因为他们的靠近或许会与地面形成回路，导致所有人都触电身亡，唯一的办法是静待专业救援队的到来。

（三）树上着陆

若发现有在树上降落的可能，则应设定相应的进场航线，以保证张开动作能在控制下进行，应选择树顶位置树叶茂密的地方着陆。首先转向迎风方向飞行，张开伞衣，增加阻力以停止向前运动，触及树冠后应马上松开刹车，同时操作人员应尽全力抓住附近最粗壮的树枝，等待伞衣慢慢泄气。确保自己不会掉下树的同时，应立即将伞解下，可以有效避免风将自己从树枝上吹下。这种着陆方式可能造成的最危险后果是不能成功着陆或者没有固定好自己从树上弹起再落地。

（四）副伞的使用

副伞基本上可以分为抛弃式和脱离式两类。抛弃式副伞的外观有四方形和圆筒状的，开伞时将环带大力朝后方扔出，拉动伞绳使伞衣充分打开升起至后上方位置，随之内伞包掉落，所以扔出伞环时力气越大，开伞所需的时间将会越短。切记一旦副伞放出应尽快收回主伞，否则若造成两伞缠绕将十分危险，除一只手负责收伞外，另一只手应紧紧抓住副伞的组合带。脱离式副伞在使用时，只需拉动脱解钩，主伞则可自动脱离，此时副伞将会迅速打开，此种副伞比抛弃式副伞安全性高，形状与高空伞相似，只是略小。

（五）伞衣塌陷或折翼

一个优秀的飞行员，应具备优秀的心理品质，当发生伞衣塌陷或折翼时，应镇定处理，先确定伞衣变形的程度，然后对周边状况进行观察，如此时距地面高度如何以及周边是否有障碍物等，再根据实际情况采取相应的应对措施。常用的方法是从一侧或两侧同时快速来回拉动操纵绳，使伞衣能够快速充气，争取尽快恢复。该方法在实施时应特别注意：操纵绳切勿拉至胸部以下。

若遇到单侧伞衣塌陷或折翼，将导致整个伞身进入螺旋时，应立刻通过拉动外侧操纵绳的方式去制止这种转动，防止进入难以控制的快速旋转。具体来说，一边控制好滑翔伞的飞行方向，使其尽量保持直线飞行，一边上下拉动内侧操纵绳，使伞衣尽快充满空气恢复原状。

七、航空交通防碰规则（部分）

（1）起飞时须观察及避让空中飞行者。

（2）速度快的飞行器要避让速度慢的飞行器。各种飞行器在空中优先程度依次为：热气球、滑翔伞、悬挂滑翔机、滑翔机、动力伞、动力悬挂机、超轻型飞机、一般飞机。

（3）有动力的飞行器要避让无动力的飞行器。

（4）同向时，高度高的飞行器要避让高度低的飞行器。

（5）同高度两伞迎面相遇时各向右转避让。

（6）同高度、同方向时，左侧者避让右侧者。

（7）在山旁迎面相遇时，右侧贴山者有优先权，左侧贴山者须外转，避让右侧贴山者。

（8）后方超越前方飞行者时应从右侧超越。

（9）在山旁超越前方飞行者时须从前方飞行者与山之间超越（以防前方飞行者突然改向）。

（10）进入热气流区盘旋时，后进入者要与先进者以同方向盘旋。

（11）即使飞行者有绝对优先权，也有责任防止碰撞发生。

第二节　高空拓展

一、空中断桥

空中断桥由两块宽 30 厘米的木板组成，两木块顶端间隔 1 ~ 1.8 米，木板距地面高度为 8 ~ 9 米。要求参赛者从一侧木板跃起，跨到另一侧木板上并返回。

（1）项目目标：

①不管前进有多么困难，也不要因恐惧而后退。

②直面内心压力，坚定信心，提高对自己的控制力和决断力。

③将断桥看做是困难的标志，跨过它如同跨过人生的一道坎。

④不是不能做，而是不敢做；不是能力问题，而是心理问题。

⑤感受勇于进取、不安于平凡的拼搏精神。

（2）项目人数：

项目人数应控制在 20 人以内。

（3）项目时间：

项目时间控制在 120 分钟以内（包括 40 分钟的回顾总结）。

（4）场地器材：包括全身式安全带 3 套，半身式安全带 1 套，主锁 6 把，钢锁 4 把，肩带 4 条，快挂 2 个，直径 10.5 毫米、长 30 米的动力绳 1 条，头盔 3 顶，保护器 1 个（建议使用“8”字环）。

（5）操作及监控：

①有三道检查工序：第一道是自我检查与相互检查；第二道是由教练再检查后放行；第三道是学员爬上断桥后，断桥上的教练在换保护的时候检查。

②学员到断桥上后必须服从教练的指导，不得擅自解开铁锁。

③等学员完成挑战后，教练要告知其如何下降。

④断桥距离的设定应从参与学员的身高、体重及其恐惧程度出发，应具有一定的难度，让学员感觉不容易达到，还要有一定的挑战性，即学员通过自身努力有能力通过。需要增加长度时，事先要让学员知道。

⑤起跳时，学员应将用力的脚的前 1/3 伸出桥板边沿，然后抬起头。

⑥当学员跨越失败，被吊在空中且学员的膝盖部位约与断桥木板同高时，教练应把断桥间距离调到最短，拉住学员的保护绳，抓住学员的安全带，让学员自己踩木板爬上来。注意自己不要被慌乱的学员抓住而摔下去。

⑦断桥下等待的学员易出现疲劳、游离或涣散等情况，教练应告知队长规范好学员的纪律，特别要控制好学员，不要使其离开活动场地。

二、下降或悬降

让学员依靠专业的攀登下降器材，从 8 ~ 40 米的高空下落到地面的项目。

（1）项目目标：

①学习下降的技能。

②克服恐惧，挑战自我，激发潜能。

③培养团队精神与协作意识。

（2）项目人数：项目人数应控制在 20 人以内。

（3）项目时间：项目时间控制在 120 分钟以内（包括 40 分钟的回顾总结）。

（4）场地器材：包括直径 10.5 毫米、长度 50 米的静力绳 2 条（其中 1 条做备用救援），坐式安全带至少 5 条，主锁和钢锁各 10 把（根据保护站的设立而定），头盔 3 顶，下降器 5 个（建议使用“8”字环），肩带若干条（根据保护站的设立而定），手套 6 双。

（5）操作与监控。

①教练要对学员穿戴的安全装备进行仔细检查。

②注意学员在翻越桥栏时的安全。

③下面的教练注意保护，提醒下降学员的动作，提醒学员小心脚下踩滑。

④强调所有学员关注自己的队友。

⑤提醒队长适当把胆小的学员安排在中间。

⑥禁止心脏病、高血压、恐高症患者参加活动。

⑦教练在布置场地时选好做保护点的位置，打双护，固定点一定要牢固。

三、天梯

将 6 根直径大于 20 厘米的木桩梯子悬挂于 12 米高空，最下面一根与地面距离约为 1.2 米，从下到上每两根木桩间的间距逐渐增大，参与人员被随机分为 2 人一组，相互配合，共同登顶。

（1）项目目标。

①学会与他人合作，达成合作的关键在于主动对其他学员友好地伸出你的手。

②在合作中应快速明确你和别人的优势各是什么，并做到优势互补，强大你们的团队。

③以相互帮助的形式来达到学员间的彼此了解与沟通。

④明白设立合理目标与成功之间是密不可分的。

⑤分享共同登顶后的喜悦。

（2）项目人数：项目人数应控制在 20 人以内。

（3）项目时间：项目时间控制在 120 分钟以内（包括 40 分钟的回顾总结）。

（4）场地器材：包括直径 10.5 毫米、长 30 米的动力绳 2 条，坐式安全带至少 6 条，主锁 8 把，钢锁 4 把，头盔 4 顶，保护器 2 个（建议使用“8”字环），肩带 5 条。

（5）操作及监控。

①设备安全使用细则：仔细检查绳索有无损害；检查安全帽有无损坏；学员安全带上必须挂两个主锁；保护绳禁止踩踏。

②学员操作安全细则：每个学员攀登前必须经安全检查员和教练员检查；天梯下禁止站人；由教练负责保护，如需由学员保护，教练必须从旁指导。

③整个项目过程中，教练应注意做保护的学员的动作是否规范，随时随地提醒做保护的学员收紧绳子、注意保护动作要领；教练应站在两个保护学员的中间，关注整个保护过程。

④攀爬第一层横木时，要求做保护的学员要万分注意，把保护绳收紧。

⑤学员下降前，要求做保护的学员把绳收紧，待下面的学员把天梯推开后，再将上面的学员放下来。

⑥严禁学员在攀爬时用手拉动力绳借力。

⑥禁止心脏病、脑血管病、高血压患者参加。

四、毕业墙（逃生墙）

全体所有队员在不借助任何外界工具的情况下全部翻过一面高达 4.2 米的光滑墙体，整个翻越过程只能运用翻越人员的身体，像衣服、皮带、绳子等这些物品均禁止使用。

（1）项目目标。

①将团队气氛推向高潮。

②学会如何合理分配与运用人力资源。

③开动脑筋去创新，前所未有的想法未必是坏想法。

④培养重团结，重合作，携手面对困难的团队精神。

（2）项目人数：项目人数应控制在 20 人以内。

（3）项目时间：项目时间控制在 120 分钟以内（包括 40 分钟的回顾总结）。

（4）场地器材：包括海绵垫 2 块，每块长 2 米、宽 1.5 米、厚 3 米。

（5）培训目标。

①认识自我、战胜自我、激励自我。

②鼓励他人，明白鼓励的重要性。

③面对困难时的互助精神，培养团队意识。

④克服心理恐惧，增强自信心。

⑤提高控制与决断能力，感受换位思考。

（6）操作及监控。

①教练员做保护时要站位准确。

②对未在安全事项中提及，但学员在项目实施过程中可能出现的危险行为进行监控。

③注意下面的底座人员，提醒学员按时替换。

④注意观察学员拉手的方法，提醒学员不能用脚去蹬墙面。

⑤不允许培训师参与其中，包括充当倒挂者和最后一人。

⑥告知所有学员，踏在其他学员身体上时，严禁向上跳跃。

⑦在上最后一个人时要特别注意上面倒挂学员的姿势，注意保护。

⑧禁止心脏病、脑血管病、高血压患者参加。

五、攀岩

个人挑战项目，冲击 8 ~ 18 米的高处，挑战自我，攀登新高峰。

（1）项目目标：

①突破自我心理障碍，不轻易否定自己。

②培养坚忍不拔的意志和积极向上的精神。

③人的潜能是无限的，不挑战永远不知道。

（2）项目人数：项目人数应控制在 20 人以内。

（3）项目时间：项目时间控制在 120 分钟以内（包括 40 分钟的回顾总结）。

（4）场地器材：包括直径 10.5 毫米、长 30 米的动力绳 2 条，坐式安全带至少 4 条，主锁 6 把，钢锁 4 把，头盔 4 顶，保护器 2 个（建议使用“8”字环），肩带 6 条。

（5）操作与监控。

①教练要对学员穿戴的安全装备进行仔细检查。

②教练要注意保护，随时提醒学员注意安全。

③提醒学员多关注自己的队友。

④提醒队长把胆小的学员安排在中间。

⑤禁止心脏病、脑血管病、高血压患者参加。

六、空中绳网

两块宽 5 米的绳网，每隔 1 米放置 1 个轮胎，使绳网离地高度为 8 ~ 9 米，参加者须自一边跃起跨到另一边。

（1）项目目标。

①认识自我、战胜自我、激励自我。

②面对困难时的互助精神，培养团队意识。

③鼓励他人，明白鼓励的重要性。

④克服心理恐惧，增强自信心。

⑤提高控制与决断能力，感受换位思考。

（2）项目人数：项目人数应控制在 20 人以内。

（3）项目时间：项目时间控制在 120 分钟以内（包括 40 分钟的回顾总结）。

（4）场地器材：包括直径 10.5 毫米、长 30 米的动绳 1 条，坐式安全带至少 4 条，主锁 6 把，钢锁 4 把，头盔 4 顶，保护器 1 个（建议使用“8”字环），肩带 4 条。

（5）操作及监控。

①开始到结束都禁止拉动力绳。

②避免绳网及轮胎同时晃动，这样会让学员不易控制和抓牢。

③等待的学员会出现疲劳、游离或涣散等情况，教练应告知队长规范好学员的纪律，特别要告知学员不要离开活动场地。

④提醒所有学员多关注自己的队友。

⑤禁止心脏病、脑血管病、高血压患者参加。

七、高空平衡木

将一块宽 30 厘米、长 5 米的木板悬于距地面 8 ~ 9 米处，参加该项目的学员须从中心向两边移动，通过默契配合，碰到两边的铃铛。

（1）项目目标。

①无论后退是多么舒适，也不为舒适而后退。

②克服心理压力，建立默契，增强自我控制与自我决断能力。

③感受勇于进取、不安享现状的拼搏精神。

（2）项目人数：项目人数应控制在 20 人以内。

（3）项目时间：项目时间控制在 120 分钟以内（包括 40 分钟的回顾总结）。

（4）场地器材：包括直径 10.5 毫米、长 30 米的动绳 2 条，全身安全带至少 4 条，主锁 8 把，钢锁 4 把，头盔 4 顶，保护器 2 个（建议使用“8”字环），肩带 6 条。

（5）操作及监控。

①高空平衡木相对其他高空项目比较危险，教练要对学员穿戴的安全装备进行仔细检查。

②两名学员需要同时站到桥上并保持相对平衡，必须服从教练的指导。

③可根据两名学员的身高、胖瘦、恐惧程度调整铃铛的位置，目的是要有一定的难度和挑战性，让学员感到困难，又有能力完成。

④当学员失足被吊在空中，身体会与平衡木相撞，保护员应适当控制绳子的长度，要在关键时刻拉起学员的保护绳，让学员自己踩到木板。

⑤下面的学员容易出现疲劳、涣散、游离等状况，教练应和队长强调纪律，约束学员，尤其不允许其跑到场地以外的地方。

⑥禁止心脏病、脑血管病、高血压患者参加。

八、空中抓杠

参加者站在 7 ~ 9 米高的柱子上，飞身一越抓住前方 1.1 米 ~ 2 米处的单杠。

（1）项目目标。

①克服恐惧，勇往直前。

②用积极的心态去争取和获得机会。

③掌握目标管理与控制的成功经验。

（2）项目人数：项目人数应控制在 20 人以内。

（3）项目时间：项目时间控制在 120 分钟以内（包括 40 分钟的回顾总结）。

（4）场地器材：包括直径 10.5 毫米、长 30 米的动力绳 1 条，坐式安全带至少 4 条，主锁 6 把，钢锁 4 把，头盔 4 顶，保护器 1 个（建议使用“8”字环）、肩带 4 条（用于保护员连接底锚使用）。

（5）操作及监控。

①整个过程禁止拉动力绳。

②立柱的晃动会增加学员的紧张程度，应尽量放松。

③下面的学员容易出现疲劳、涣散、游离等状况，教练应和队长强调纪律，约束学员，尤其不允许其跑到场地以外的地方。

④帮助队长编排顺序，可以适当把胆小的学员调到中间。

⑤强调学员多关注自己的队友。

⑥禁止心脏病、脑血管病、高血压患者参加。

九、合力过桥

在距地面8～9米处设两条钢丝绳，两绳相距1.2米，由两名参加者各站一条，合力走过长8米的钢丝绳。

（1）项目目标。

①克服心理压力，建立自信，增强自我控制和自我决断能力。

②培养与同伴的默契。

③感受来自队友的鼓励，培养协作的意识。

（2）项目人数：项目人数应控制在20人以内。

（3）项目时间：项目时间控制在120分钟以内（包括40分钟的回顾总结）。

（4）场地器材：包括直径10.5毫米、长30米的动力绳2条，全身安全带4条，坐式安全带2条，主锁6把，钢锁4把，头盔4顶，保护器2个（建议使用“8”字环），肩带4条，滑轮2套。

（5）操作与监控。

①教练要对学员穿戴的安全装备进行仔细检查。

②教练要注意保护，随时提醒学员注意安全。

③提醒学员多关注自己的队友。

④提醒队长把胆小的学员安排在中间。

⑤为了避免动力绳磨伤，让学员完成任务后自己爬下来。

⑥禁止心脏病、脑血管病、高血压患者参加。

十、翻越绳网

设置一面高7米、宽6米的绳网，参加者需从一面翻越到另一面。

（1）项目目标。

①克服心理压力，建立自信，增强自我控制和自我决断能力。

②培养与同伴的默契。

③相互鼓励，培养协作的意识。

（2）项目人数：项目人数应控制在20人以内。

（3）项目时间：项目时间控制在120分钟以内（包括40分钟的回顾总结）。

（4）场地器材：包括直径10.5毫米、长30米的动力绳2条，全身安全带4条，坐式安全带2条，主锁6把，钢锁4把，头盔4顶，保护器2个（建议使用“8”字环），肩带4条，眼罩2个。

（5）操作与监控。

①教练要对学员穿戴的安全装备进行仔细检查。

②教练要注意保护，随时提醒学员注意安全。

③提醒学员多关注自己的队友。

④为了避免动力绳磨伤，让学员完成任务后自己爬下来。

⑤禁止心脏病、脑血管病、高血压患者参加。

十一、缅甸桥

在距地面8米的高空，设置一条宽度不到0.5米的木板桥，参加者需从一端走到另一端，可在中间加一些小项目。

（1）项目目标：项目人数应克服个人恐惧，挑战生理极限，认识自身潜能。

（2）项目人数：项目时间控制在20人以内。

（3）项目时间：120分钟以内（包括40分钟的回顾总结）。

（4）场地器材：包括直径2.5毫米、长30米的动力绳2条，全身安全带4条，坐式安全带2条，主锁6把，钢锁4把，头盔4顶，保护器2个（建议使用“8”字环），滑轮组1套，肩带2条。

（5）操作及监控。

①有三道检查工序：第一道是自我检查与相互检查；第二道是由教练在检查后放行；第三道是在学员爬上缅甸桥后，在缅甸桥上的教练在换保护时检查。

②学员到桥上后必须服从教练的指导，不得擅自解开铁锁。

③等学员完成挑战后，教练要告知其如何下降。

④桥下的学员容易出现疲劳、涣散、游离等状况，教练应和队长强调纪律，约束学员的行为，尤其不允许其跑到场地以外的地方。

第六章　户外安全理念

第一节　安全形势和安全教育

一、安全问题

安全问题是人类永恒的话题，永远摆在第一位，也是最重要的。尤其是人们生活水平日益提高，安全问题也越来越引起人们的关注。

和平年代，人们暂时摆脱了战争的威胁，但个人仍面临着不确定的安全隐患，几乎每年都有大的灾难降临在这块饱经磨难的大地上。

1998 年长江的大洪水告诉人们，人类与大自然的和谐相处，是在与灾难的恶斗中取得的。2003 年的“非典”对中国经济、人民生活造成很大影响；2004 年东南亚一场突如其来的海啸夺走了近 30 万人的生命；2008 年 5 月 12 日四川汶川地震造成数万人遇难、失踪；四川、甘肃、陕西三省的极重灾区和重灾区数量共 51 个县；2010 年 4 月 14 日，青海省玉树藏族自治州玉树县地震，造成两千余人遇难……

除了天灾，还有各类公共安全事故，幕幕惨剧令人震惊。2008 年 4 月 28 日，由北京开往青岛的 T195 次旅客列车，运行至山东省境内时，发生列车脱线事故，并与由烟台开往徐州的 5034 次旅客列车碰撞。2008 年 11 月 15 日下午，正在施工的杭州地铁湘湖站基坑现场发生大面积坍塌事故，造成多人遇难或负伤，直接经济损失 4961 万元。

社会治安问题也越来越引起社会的关注和重视，各类刑事暴力犯罪事件不断出现。2010 年 3—4 月，福建南平、山东潍坊等地先后发生五起针对学校未成年人的恶性袭击事件。一时间校园袭击引发恐慌，引起了党中央国务院的高度重视。

之后，人大代表纷纷建言加强校园安全，教育部、公安部牵头国家十部委推出《中小学幼儿园安全管理办法》，各地也加强了校园安保工作。

这些灾难和事故给人民群众的生命财产造成重大损失，反映出一些地方安全制度和安全责任的严重问题，显示了安全领域还存在很多薄弱环节。生命是无价的，在分析这些灾难发生原因的同时，也应分析一下其伤亡惨重的原因。大部分遇难者是由于在灾难面前缺乏基本的逃生技能而惨遭不幸。如遇火灾事故发生，该怎么办？如果像无头苍蝇一样不知所措地乱闯乱撞，最终将无法摆脱葬身火海的厄运。

无数事实证明，当灾难来临时，是否受过基本生存知识与技能的培训，会造成“生死两重天”截然不同的结果。如果说监管得力能够尽量避免事故的话，那么作为活生生的个体，多懂得一些逃生本领和生存技能，就可以避免许多悲剧的发生。

为此，国家有关部门要求处理重大安全事故，做到“四不放过”——“事故原因不查清不放过，事故责任者得不到处理不放过，整改措施不落实不放过，教训不吸取不放过”。国务院办公厅发出的紧急通知要求，坚决消除影响公共安全的重大隐患，切实加强道路和水上交通、地铁、商场、宾馆、医院、学校、旅游地、文体娱乐场所等人员密集的公共场所安全工作，对存在的安全隐患和漏洞要进行专项整治。加大各类公共场所的防火专项检查力度，对堵塞疏散通道、违章用火用电等行为要立即纠正，对严重危害公共安全，可能造成群死群伤的重大隐患，要采取断然措施，依法责令停产停业或改变用途。

安全问题破坏了众多家庭的完整，使众多劳动者失去了生产作业场所，严重地影响了人们的生活质量和社会的稳定。事故造成的经济损失让人触目惊心，严重影响了国民经济的发展。

二、安全教育

（一）大学生安全教育的状况

安全知识和素养是一个国民的基本素质，也是在校大学生面向社会的必要准备，就像羽翼渐丰的雄鹰在展翅高飞前必须具备抗击风雨的能力，大学生在迈出校门之际，同样应该具备自我安全防护意识与技能。

大学阶段是人生最绚丽的年代，在这里身体得到锻炼、兴趣得以舒展、知识得以积累、才干得以磨炼，为迈向社会做着各种准备。然而，理想的生活条件、单纯的社会环境使他们有点像温室里的花朵，这使他们在真正面临现实生活的风雨时显得有些弱不禁风。其中，最重要的一条是对社会的复杂和阴暗的一面准备不够，主要表现在以下几个方面：

（1）缺乏安全意识。大部分大学生一直生活在学校这个相对简单的社会环境中，一直是受保护对象，自我保护意识相对薄弱，不少学生是第一次离开父母单独生活，缺乏生活知识、社会经验和自我保护能力，因而出现了大学生受骗、财产被盗、人身受到侵害等现象，甚至有女大学生被拐卖的案件。

（2）缺乏安全防范对策知识。从对已经发生的安全问题的调查分析，不少大学生在遇到安全事故时，往往因手足无措使危害加重或因处置不当激化矛盾而造成本可避免的损失。

（3）缺乏保障安全的技能。安全教育不能局限于知识层面，需要经过系统的培训和练习。学生从小学到大学没有受过系统的法制、法规和安全知识的教育，自我防范能力和自我保护能力亟待强化。据了解，高校最常见的宿舍被盗案和诈骗案，其中有 90% 是学生缺乏安全防范意识所造成的。当校园“安全事件”发生时，由于缺乏防范技能，人身安全保障不充分，严重影响了学生的正常学习和生活。

（二）安全教育滞后的主要原因

（1）对大学生安全教育认识滞后于形势的发展。一些高校未能充分认识社会主义市场经济的发展中，安全问题是科学发展的前提，也是人民幸福生活的基本保障。因此，搞好大学生安全教育，不但是保证大学生人身安全的需要，更是社会发展的需要。

（2）不能深刻认识加强大学生安全教育与培养高素质合格人才的关系。搞好大学生安全教育，提高大学生自我保护能力，最大限度地保证大学生生命、财产不受不法分子侵害，避免大学生本身违法犯罪行为的发生，是培养高素质合格人才最基本和最起码的要求。

（3）大学生本身对安全教育也认识模糊，只重视专业课学习，忽视自身安全教育，觉得安全知识学不学无所谓。一些学校也认为大学生安全教育可有可无，甚至认为不是教学的内容，因而大学生的安全教育也就未列在学校的教学日程中。

第二节　安全教育的意义

鉴于当前安全教育相对薄弱的情况，寻找对策，提高该课程的文化价值和实践效益就显得十分必要。应该知道："祸生于忽。"一种观念的形成靠的是平时持续不断的教育。因此，加强安全教育、营造校园安全文化应该成为教育工作者乃至全社会共同的课题，这也是今天所提倡的素质教育的一个方面。

教育不仅是文化知识的传授，也是对学生综合能力的培养。通过教育，树立正确的人生观、世界观、价值观，增强纪律和法制观念，提高学生自我安全防范能力和抵御违法犯罪的能力，保障我国人才培养工程的安全性。

将安全教育列为高校的一门基础课程。安全教育要贯穿于人才培养的全过程，在高校开设安全教育课，一方面体现了安全教育的重要性；另一方面有利于学生全方位了解、掌握有关安全知识。将有关安全知识、法律知识，如防火、防事故、防侵扰、防身术、逃生、救护等，编辑成册，有序地进行安全教学。

安全教学分为理论部分和实践部分，重视实践操作，让学生掌握安全知识，学会生存法则。授课时结合典型的案例和生活中常遇到的事例，以讨论和动手的形式授课，增强实用性。总之，对在校大学生的安全教育应引起各级领导重视，做到时间落实、内容落实、责任人落实，并分工明确、步步到位。

美国著名心理学家马斯洛在《激励和人》一书中指出，人类最基本的需求是维持人自身生存和延续的生理需求、安全（含健康）保障需求，其次才是社交活动、尊严地位、自我实现的需求。"生命只有一次""健康是人生之本"，反之，事故对人类安全的毁灭，则意味着生存、康乐、幸福、美好的毁灭。把"尊重人民、爱护人民、善待生命、珍惜人生、防灾避难、保护人民的身心安全与健康"作为从事一切活动的指导方针，是促进经济持续发展、社会平安、国家稳定的关键。

大学时代是每个大学生人格形成、发展与完善的关键时期。大学生群体是一个特殊的社会群体，特点非常鲜明，主要表现在：生理发育基本成熟，但心理发育滞后；个性趋向定型，但可塑性大；智力接近高峰，但尚未完全开发；社会需求强烈，但经验不足、承受能力弱；自我意识较强，但自我保护能力弱；唯我独尊意识较强，社会协调能力弱等。这些特点尤其在独生子女大学生身上反映得更为明显。由此可以看出，大学生的群体特征以及大学生特定的年龄结构、生活环境、文化背景，决定了大学生必然面临诸多安全问题的困扰，这些问题如果处理不好，不仅影响大学生的学习和生活，而且很容易导致其他恶性事件的发生。

社会发展不断向教育领域提出新的课题，在国家高度重视人民生命安全，安全形势又日趋复杂的今天，人人树立安全第一的观念，并懂得一些安全知识，学会一些安全防范和自我保护的技能已是人心所向，如社会交往中要防止上当受骗；遇到险情、发生案件要报警；贵重物品和现金要注意保管；遇到危机如何逃生；受到伤害时，知道如何防身自卫和寻求法律保护等，这些对大学生来讲显得格外重要。在大学生中开展安全教育课程同时也进一步反映出高等教育的人文关怀。

长期以来，我国对各种类型意外事故的研究和管理一直是个薄弱环节，随着社会的进步和发展，以及生活方式的变化，生产性和非生产性的安全问题将会越来越繁多和复杂。在这种现实背景下，“建设安全文化，发展安全科学”已成为社会向人们提出的艰巨任务。学校作为专业的部门，在提高全民的安全素质方面责无旁贷，应该成为安全文化建设的前沿阵地。

第三节　安全教育的要点与举措

随着社会文明的进步、科学技术的发展和生活水平的提高，安全问题显得越来越重要，也越来越复杂和多样化。而学校安全工作影响广泛，事关祖国下一代的健康成长，事关千家万户的幸福与安宁，关系教育事业的稳定和发展，事关整个社会的安全稳定，正所谓“学生利益无小事”。近年来，随着教育的快速发展，高校安全教育的任务更加繁重，面临的形势也更加严峻。因此，在新的历史时期，学校公共安全教育工作必须引起高度重视和关注。大学生了解和掌握其中的要点和实施举措，就等于有了一把开启安全教育之门的金钥匙。

安全教育是人类在其所有领域预防自然、人为危险和有害因素的理论和实践的一种科学知识体系，其目的在于培养大学生对自身安全问题的自觉和负责的态度，提升学生认识和判断生活环境中危险和有害因素的基本知识和技能，选择对其防御的方法，以及在出现危险的情况下消除不良后果和进行自救、互救的方法。安全教育是一项大工程，在这项工程中加强人们的安全意识，训练提高他们的生存技能又是其中的重要环节。

一、要有安全意识

中国有句老话，叫“宜未雨绸缪，勿临渴掘井”。安全教育最重要的是加强人们的安全意识，只有具备了相应的意识，开展安全教育工作才能更顺利。为此，要提高安全意识，进行安全防范和自我保护的教育，使人意识到在人的权利当中，“生存权”是第一位的。

当前违章行驶、酒后驾车、大学生受骗、财产被盗、人身受到侵害甚至女大学生被拐卖等事件屡见不鲜，究其原因，最根本的一条是公民的安全意识、自我防护观念薄弱。由于人们对危害—危险—事故—伤害演变发展过程认识上的误区和迷惘，常常表现出的是盲目、松懈、麻痹和铤而走险。因此，人的安全素质和意识在查找消除潜在危险方面起着决定性作用。培养、激发、塑造安全意识，使安全意识深入心灵，在思想深处发生质的变化，达到安全自律，做到遵章守纪，才能实现“要我安全”向“我会安全”“防患于未然”方向的转变。

任何意外事故都是由人的不安全行为和物的不安全状态共同作用引发的。人的意识直接控制着人的行为，物的不安全状态在某种意义上也受着人的行为支配，因此，加强安全意识教育，对预防和消除意外事故的发生，具有更加深远的意义。对学生的基础安全教育就是培养学生的安全意识。

（一）自救意识

灾难并不都是从天而降的，灾难缘起于各种原因，因此可能有各种征兆。我们要在日常生活中提高警觉，避免一些灾难，保护自己，也保护其他的人。

据调查，意外事件对人造成的伤害性死亡，大致有以下几种情况：伤害导致立即死亡者不到1/3，这些人来不及醒过来，就已遭受到致命的打击；更多的人只是处在伤势危及生命的状态，而无自救或他救条件而最终导致死亡；或者是尚未遭受伤害，只是未能及时采取逃离行为，由于再次遭受严重伤害而致死亡。当我们幸运的不是那前1/3之后，如何能够成为真正的幸存者？

1. 保持强烈的求生欲望

心理上的高度生存期望，常能使人忍受巨大的伤痛和极其困难的处境，顽强的求生欲是延长生存的一种“最佳心理良药”。“心理亢奋”能够调节大脑中枢神经的强度，使细胞的抗死亡能力大大增强，使人奇迹般地存活下来。2010年4月5日，王家岭煤矿透水事故，世人共同见证了一场生命的奇迹：在漆黑阴冷、积水漫延、没吃没喝的绝境中，115位工人在井下坚守了8天8夜后，奇迹般地获救。获救人员的讲述让人们感慨不已。他们有强烈的求生意愿，坚信外面的人们一定在全力营救他们，于是他们做好了持久战的准备。他们吃巷道里木头柱子上薄薄的一层树皮，喝凉水。事后，许多获救矿工证实，几天来，因为井下没有食物，他们多是用井下的木头充饥，饮水则是用头盔沉淀井内积水来解决。井内积水太脏，大家不敢大量饮用，更多的时候只是润润喉咙再吐出来，实在渴得受不了才喝一点点，并“只开一个灯轮流照明。”直到获救时，他们仍有大量照明能源储备。

所以当遇到突发事件时，要坚信自己能自救或获救，动员全身的巨大储备能力，有效应付当前的困境，等待生命的转机。

2. 保持清醒的理智

在遭遇突发事件时，不同的人其心理反应是不一样的。心理素质较好者，也会感到紧张害怕，并伴有一系列生理变化，如血压升高、心跳加速、血糖增加等，但大脑仍警醒，肌肉有力，反应敏捷，行动有力；心理素质不好者，如平素胆小怕事者，见灾难临头会目瞪口呆、不知所措、手足笨拙、木讷，不知赶快逃离。人对突发事件的反应方式，既与个体特征有关，也与训练有关。例如，同样面对“非典”疫情，不同的个体对疫情的反应多种多样。一种是对疫情的突发性、凶残性和危险性认识不足，存在轻敌和侥幸心理。他们把“非典”疫情简单地等同于以往常见的流行病，对国家的各种警告和防御措施，抱无所谓态度，依然我行我素，继续到人群密集的社交场合参加各项活动，与社会各个层面的人接触，缺乏起码的警惕性和应有的自我防护意识。另一种是对疫情的突发性、凶残性和危险性反应过激，存在过度紧张和恐慌心理。国家的各种警告和各种防御措施，不仅没有消除他们的恐慌心理，反而被他们看做是灾难迫在眼前，天好像马上就要塌下来了，惶惶不可终日，心理压力急速上升，行为出现了另一种偏差。第三种是面对疫情的突发性、凶残性和危险性，反应平静，既不大意轻敌也不如临大敌，能够正确理解和认真配合政府的各项工作，积极参与疫情防范的工作，遵守社会公德，表现出良好的心理素质。因此平素对突发事件应付能力的训练，特别是对心理素质较差的个体进行这种训练，是非常有益的。

3. 正确判断，果断决策

灾难发生后需要进行几秒钟的思考，对危险的来源、性质和正确应对方式迅速做出正确的评估，而盲目的行动可能会带来更大的危险。例如，球场骚乱，毫无目的地随人群奔跑，往往是被践踏挤压致死的重要原因。作为每个到球场观看比赛的球迷应以做文明球迷为荣，要自觉自愿地从心理上承受住不同的压力，反对盲目地拥堵，不加思考地跟随人多的流向狂奔疏散，而是要迅速寻找安全出口，依次撤离，不要慌乱拥挤，避免出现不理智的行为。若已被卷入人群中，应双手抱胸，两肘朝外，以此姿势来保护肺和心脏，使其免遭挤压。

4. 坚持自救

发生地震、火灾、车祸或飞机失事时，可能自己已受伤，但是即使这样，也必须克服伤痛，要有坚强的毅力，争分夺秒，克服各种困难，摆脱困境，忍痛从汽车或飞机里爬出来，远离事故现场 100 ~ 200 米以外，直至获救为止。

（二）暴力、意外事故的规避

当前社会治安形势仍然十分严峻，各类刑事犯罪、暴力犯罪频发。中国古代曾有“路不拾遗，夜不闭户”的说法，这反映了古人对社会安定、生活平安的追求和向往。但是在世界各国，包括中国，在改革开放和社会变革的过程中，这种完美的境界尚难以达到。各种各样的刑事暴力犯罪活动，在危害着人们的生命和财产安全。

在现实社会里，是无法绝对避免遭受犯罪威胁的。很多情况下，面对犯罪分子的胁迫，报警是有困难的。有时候，即使警察及时赶到，伤害可能已经造成，因此，公民个人如果不幸成为受害者，则应该鼓足勇气，发挥智慧，采取自救措施，争取逃脱魔掌，减低、避免人身财产的损失，并协助公安机关将犯罪分子绳之以法。暴力和意外的降临，谁也无法预测，所以，平日在生活中加强预防，才是最有效的安全保护方式。具体来说，应从以下几个方面去努力做到。

1. 与人为善

与人为善是中华民族的传统美德，是为人处世的重要准则。心存大爱，自然胸怀宽广，志向远大。善心和爱心并不会凭空而生，它萌生成长于人与人之间善与爱的互动和融合。希望别人善待自己，首先应该善待别人，人人都能与人为善，爱与善的土壤就会越来越坚实，和谐与温馨的空气就会越来越浓厚。从这个意义上说，与人为善，是一种摆脱了浅薄与狭隘的自我完善，是一种超越了低级趣味的自尊和自爱。

事实上，与人为善存在和发生在我们身边，人们对与人为善的认识，缘于生活本身的逻辑。“投我以木桃，报之以琼瑶。非报也，永以为好也。”这是古人对友情的感悟；“行了春风有夏雨”“将心比心、以心换心”，这是民间俗语中对生活的理解；“请让我来帮助你，就像帮助我自己”“只要人人都献出一份爱，世界将变成美好的人间”，这是当代优秀流行歌曲对美好人性的召唤。

然而，社会毕竟是复杂的，在某些时候无法避免个别人拒绝善念、见利忘义、损人利己、不讲信誉，虽然可能一时得利，但肯定不会长久，最终是搬起石头砸自己的脚。

因此，必须大力倡导与人为善的和谐精神，坚决否定和抵制损害社会和谐的价值观和行为方式。

2. 谦逊不张扬

招致祸患有许多因素，但招摇过市是最主要的诱因之一，许多人随身携带或家里放置大量现金，花钱大手大脚，身上披金戴银，名牌首饰和背包不离身，自然成为窃贼下手的对象。所以，平日处世谦逊不张扬，往往会降低祸患的降临。

3. 避免泄露个人信息

中国青年报社会调查中心曾作过的一项公众社会调查显示，有 88.8% 的人表示自己有因为个人信息泄露而遭遇困扰的经历，其中垃圾短信、电话骚扰、垃圾邮件被视为三大“罪魁”。

比骚扰更恶劣的当属电话和短信骗局，比如“你猜猜我是谁”“请把钱打到某某账号”“你的女儿出事了，请将钱汇到……”，这些诈骗短信和电话不知道骚扰过多少人，不少人上当受骗。因此，加强个人信息保护已经成为公众广泛关注的问题。

这些个人信息，恰恰是人们最应该严格保密的。无论在日常交往中，还是参加活动，填写个人信息的时候，特别是在互联网上和人聊天的时候，千万要留个心眼，害人之心不可有，防人之心不可无。对待不熟悉的人应小心，不要随便泄露这些信息。

4. 重视居住安全

“家”是每个人的避风港，居住安全应该是人们最基本的要求，不仅关系人们的安居乐业和生命财产安全，而且关系社会和谐稳定的大局。随着住房制度改革的不断深化和住宅建设的迅速发展，住房产权呈多业主趋势，居民之间了解不多，往来较少，这对居住区的安全防范工作提出了新的要求。许多犯罪分子利用这一特点，实施犯罪。如南京某小区发生歹徒以查看漏水管道为由，骗开住户房门实施绑架并索要百万赎金的恶性案件，在社会上造成了很大的影响。此类案件的发生再次给小区安全工作敲响了警钟。

因此，要加强安全防范意识和安全措施，包括不要轻易给陌生人开门，特别是对声称送货、送礼、上门维修、送广告品的人员，一定要先查明身份，提高警惕。

5. 注意夜间安全

为了人身财产安全，深夜外出要格外小心，尽可能避免行走偏僻小路。

6. 熟悉相关生活常识

熟悉并灵活运用相关生活常识，有助于自身的良好发展，如了解电话工作原理，熟悉常用电话号码（119、110、120等）的用途；认识生活中各种常用标志；掌握生活中必备的安全自救常识；提高生活应变能力等。

（三）树立安全的理念

第一，安全的理念是靠平时日常生活中养成的，这些方法看似简单，但如能持之以恒，定会事半功倍，在危急关头就能作出最佳的反应，而不是去做徒劳无益的挣扎。

第二，要有丰富的社会知识，特别是当进入一个新的环境时，要了解周边环境和社会治安情况。人们把大学比做象牙塔，不仅因为它是学术殿堂，还因为它是一块关系相对单纯的静地，不少首次离开家的学生，由于有优越的生活条件和单纯的社会环境，往往缺乏面对相应的社会生活的知识和经验，自我防护意识薄弱，在面临现实生活中的突发事件时往往表现出恐慌、不知所措的心理状态。因此，作为大学生必须掌握基本的安全生活知识，才能安全、健康、快乐地学习生活，坦然地面对社会的各种挑战，遇事不乱。

第三，“生命只有一次”“健康是人生之本”，灾难、疾病、事故对人类安全的毁灭，意味着人类生存、康乐、幸福、美好的毁灭。充分认识人的生命与健康的价值，强化“善待生命，珍惜健康”的“人之常情”之理，是社会每一个公民应该建立的情感观。

通过学习，学生在遇到灾难时，应知道如何进行安全防范和自我保护，了解遇到危机时如何逃生，懂得受到损伤时如何应急救治。要突出以人为本、开放、公开的教育，在一个提倡安全的文化氛围中培养塑造学生，使学生人人心中都有一根安全防线，从思想意识上树立安全第一的理念，做到安全自律，自然养成善待人生、珍惜生命的品德。提高人们对生命健康价值的认识，要让人们意识到安全是人命关天的问题，形成生命第一的潜意识观念。在建设安全制度和法规的同时，更要重视制度、法规在大众中的普及教育，做到“有法可依，有法必依”。

二、生存技能训练

生存技能训练是针对突发性事件、灾害性事故的应急、应变能力，避免生命财产受到侵害的安全防范能力，遇到人身伤害时的自我保护、防卫能力，以及法制观念、健康心理状态和抵御违法犯罪能力的教育，是人类在预防自然、人为危险和有害因素的理论和实践的一种科学知识体系，其目的在于引起学生对周围安全问题的重视，培养学生认识和评价社会生活环境中可能出现的危险和有害因素的基本知识和技能，选择防御和进行自救、互救的方法。

联合国教科文组织提出，要“学会生存”。人在生活中一旦有困难和缺乏安全感时，总是把满足生存作为第一需求。当灾难来临时，怎么做才能活下去？除了救援者要积极、科学地组织施援，被困者要坚定生的希望外，必要的求生本领和生存技能至关重要。大学生如果不具备应有的生存技能，满足不了基本的生存需要，又如何能实现更高的人生追求，在现实生活中又如何能大有作为呢？

从对已经发生的安全问题的调查分析得出，不少大学生在遇到安全问题时，因处置不当、激化矛盾而加重危害的现象屡有发生。

救援专家概括出野外威胁生命的10种主要因素：严寒、酷热、烈日辐射、缺氧、脱水、外伤、中毒、饥饿、疾病、动物侵袭。

应掌握的12种主要求生技能包括急救、漂浮、生火、联络、隐蔽、找水、狩猎、捕鱼、采集、定向、步行、自卫。

由此看来，掌握基本的生存本领不失为一种有备无患的明智举动，一旦遇险，即使未能想出万全之策，也知道基本的应变办法，使自己转危为安。否则，危急关头才去想应付办法，纵使聪明过人，也为时晚矣。因此，对当代大学生进行必要的生存技能训练，既有助于他们适应当前紧张的学习生活，也有助于他们应对各种突发事件，同时更有助于他们将来追求卓越、挑战自我，充分展示个人才华。

首先，生存技能训练是以一定的素质训练为基础的，一个身体强健、反应灵敏的人比一个行动笨拙的人在遇到危机时更有能力处理险情、防灾避难，也更有生存下来的可能。素质训练包括对人的身体素质和心理素质的训练。身体素质训练主要锻炼人的力量与速度，其他如柔韧性、耐力等也很重要。在安全教育中对人的心理素质的要求侧重于知觉敏锐性、反应灵敏性、情绪积极性以及意志顽强性等方面，相应的心理素质训练方法主要选择放松练习、生物反馈练习、集中注意力练习以及表象重现与意念训练等。需要指出的是，素质训练是一项值得为之付出时间和精力的练习，它应该贯穿于我们日常生活中，并且最好能坚持不懈、持之以恒，这样才可能取得理想的效果。

其次，生存技能训练是以使学生掌握必要的防灾避难知识和求生技能为主要任务的，比如灭火器的使用方法、野外如何寻找水源以及遇到地震时如何逃生等。掌握这些重要知识与技能可以使自己在身陷险境时利用现有的条件求得一线生机，转危为安，不至于因为犯常识性的错误或技能缺乏而付出惨痛代价。当遇到危险时人本能的求生欲望是非常强烈的，总希望马上做点什么来摆脱困境，这时候如果因缺乏正确的逃生知识和技能而盲目地采取行动，只能带来更大的危险。有资料显示，在公共场所发生的火灾中，真正被火烧死的人数其实极其有限，更多的是由于缺乏自救知识与技能，一遇到险情就慌不择路地乱跑或大喊大叫，致使在拥挤中被踩踏致伤或吸入大量烟尘造成窒息，还有不少人是被火逼得走投无路而跳楼身亡。

当灾害已经发生，并且对自身已经造成伤害时又该怎么办呢？如出去玩的时候被蛇咬了，或者在家里被烫伤了又该怎么办呢？世界卫生组织提供的统计资料表明：全世界每年受创伤的人中，20%因创伤后没有得到及时的现场救治而死亡。如何坦然地应付、沉着冷静地处理这些紧急情况，从而转危为安，甚至挽救生命或减少伤残，这是每个人应该思考的。切记，当遇到紧急伤病时，千万别慌张，应做的三件事：判断、呼救、自救。

（一）判断

当各类危险发生时，每一个人都要保持清醒和理智，对事态现状、周围环境、危情严重程度作出正确的判断，从而作出相应的对策。例如，患者神志丧失，脉搏停跳，呼吸停止，这就是心脏骤停的表现，这是最危急的病症，如果在 4 分钟内患者得不到救治，就有可能留下永远的遗憾。

如遇抢劫，要判断对方的意图是什么，是为了钱财，还是为了其他，身上是否带有凶器。碰到此类危险情况，一是要与对方保持一定的安全距离（2 ~ 3 米）；二是要保持镇静，拖延时间，巧妙周旋，不到危及性命安全的时候，硬拼是不可取的；三是必要时放弃钱物，以保安全，千万不能与对方硬拼，否则会危及生命。

（二）呼救

遇到各类突发情况，一要大声“呼救”，周围或许有人员可以救助；二要及时拨打 110、120、119 等急救电话，寻求救护。

（三）自救

在救援人员未到来之前，要采取一些自救措施，最大限度地减少不必要的损失和危险。

第七章　户外运动的安全技能

第一节　户外运动紧急情况的处置技能

一、在野外迷失方向

在野外时，找不到自己原定的行进路线，或者没有事先设定行进路线，只是依经验按照方位和地形行走，最终不能正确定位自己的位置，这就是迷失方向。发现自己迷失方向后，应立即停下来，采取相应的措施，沉着应对，切勿惊慌失措和盲目乱闯。

当身边有地图和指北针等装备时，标定地图后选择最适用的方法确定站立点或找回你最后经过的明显的地物地貌，再回忆沿途特殊的地物地貌，小心前进，然后尽量取捷径回到原来的正确路线上去，不得已时再返回原路。在这个过程中要经常看地图，经常检查你在地图上的位置和前进方向，直到重新确定方位和目标。

当身边没有地图和指北针时，应静下心来回想之前走过的道路，仔细观察周围的环境，寻找可以确定方向的依据，之后再去找寻道路。最可行的方法是按照原路返回，就是按照自己来到这个位置走的路返回至原来可以确定位置的那个点。一旦发现迷失方向，应马上登高远望，再根据观察选择该往哪儿走。在山地尤应如此，要先爬上附近大的山脊上观察，然后决定是继续往上爬，还是向下走。一般应该沿着地势向较低洼处走，这样容易找到水源。特别是在丛林中迷失方向，能沿河行走最好，因为俗话说："水能送人到家"，水边常有居民居住或有道路临河而建。如果在山地迷失，应仔细观察山脉的走向和山脊的坡度，如果坡度较缓，可登上山脊行走，边走边观察，因为地势优势，这样较容易定位。沿山脊行走有另一个优点，就是由于山脊的导向作用，沿其行走或可到达某一地标。

于森林中进行某项户外运动时，应事先充分做好准备防止迷失，因为森林中的树木高大茂密，很难通过观察日月星辰来确定方位，所以在入林前仔细分析地形图尤为重要。务必于行进地形图上找到像公路、河流、山脉或长条形湖泊这样的线形地物，并将其作为指向物，明确它们的位置与行进路线的关系，是在左方还是在右方，或者是平行。一旦于森林中迷失，可以马上向这些地物的方向行进，直到到达后，方可进一步判断所在位置。

迷失后，打算原路返回上一个确定方位的地点，具体的操作方法是先估测距离，然后与所在地选择目标较大的树干，用刀或斧等工具将树干一圈的皮都除掉，做成一个环形的标记，这样无论从哪个方向，都能观察到这个标记。标记做好后，可按照记忆向原目标最可能存在的方向行进，如走出超出预估计距离后仍未发现该位置，可返回被标记的树木处重新选择方向进行寻找。这样反复寻找，最终一定能找到目标。在森林中，如果稍不留意，很难区分是林中小径还是树木间的缝隙。人们常走的小径，会因人们的反复踩踏而拥有较结实的路面，但不是所有路面坚实的小径都是人行的路。如果上半身位置藤枝交错难行，而下半身位置能够轻松穿过，那么这样的路径通常是野兽践踏出来的。黑夜中，这种感觉判断较白天敏锐准确。遇到这种情况，应立刻返回人行道路上去。没经验或不熟悉道路的人，夜间穿行森林一般都会迷路，因而，没有特殊情况不要夜行。在中国西南边疆丛林地区，居住着许多少数民族，他们多习惯砍光寨子附近山上的树木，如发现某座山上没树木，那座山的附近往往会有人家。此外，傣族等少数民族的住房多用竹子搭制，他们习惯在寨子边上种大蓬竹。因此，有大蓬竹的地方，也容易发现山寨。

迷路时，如果无路可走，固然令人灰心丧气，可是遇到岔路，便让人更加难以抉择。遇到此种情况应先确定目标的方向，再选择走哪条路。而当这些岔路方向相似时，就难以选择了，那么此时建议走中间那条路，因为即使选错了，它离左边和右边的道路都不会太远。

在迷失方向的情况下，周围环境本来就不太熟悉，所以应注意观察天色，尽早选择露营地点，切勿等至天黑。迷路并不可怕，不要因为慌张而急功近利，一旦感到疲惫，应马上停下来休息。特别是在冬天或气候寒冷的地域，大量的出汗和疲劳会导致冻伤。

迷失方向，对一个沉着坚定的人来说并不足畏。古语说：“山重水复疑无路，柳暗花明又一村”。迷途时，只要冷静分析，并根据日月星辰等自然界的一些特征判定方位，坚持自己的信念，就必然能够突破“山重水复”，到达“柳暗花明”。

下面介绍几种在没有指北针的情况下辨别方位的方法。

（一）利用天体判定方位

1. 利用太阳判定方位

（1）利用太阳出没时刻的位置判定方位。晴天白昼，根据太阳早出东而夕没于西之规律可即时判定方向，这是白昼判定方位最便利的方法。严格讲，太阳出于正东，没于正西，在一年中只有春分日（3 月 21 日）和秋分日（9 月 23 日）这两天。在我国，大体上说，春、秋季，太阳出于东方，没于西方；夏季，太阳出于东偏北，落于西偏北；冬季太阳出于东偏南而落于西偏南。据此，就能概略地判定方位。

（2）利用太阳和手表判定方位。利用太阳和手表判定方位是白天常用的判定方位的方法。一般来说，在当地时间 6 时左右，太阳升起于东方，12 时位于正南方，18 时左右没于西方。判定方位时将手表持平，以当地地方时之半处的表盘分划与手表中心之连线对向太阳，此时表盘中心至“12”连线延长方向便为当地的北方向。概言之就是:“时间折半对太阳，12 字头指北方。”（图 7–1）

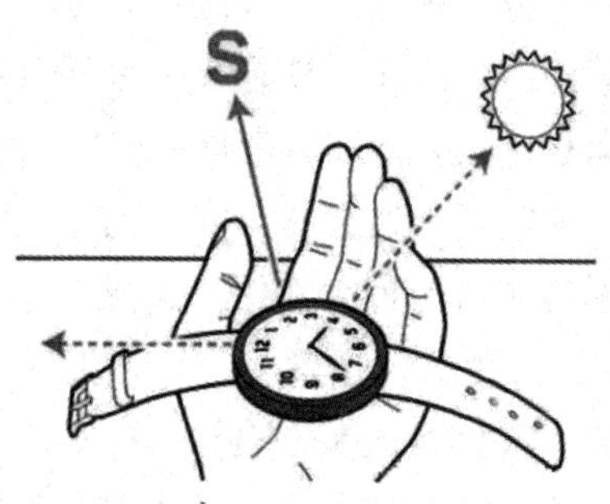

图 7–1　利用手表判定方位

判定方法如下：

第一步：改北京时间（标准时）为当地地方时。

地方时 = 北京时间 +（120°　– 当地经度 15°　）/15°

第二步：时间折半对准太阳。图 7–1 中时间折半后为 7 时 20 分；在表盘上“7”字后大约 1/3 处立一细物，并使表盘的此处对着太阳，且使小细物的阴影通过表盘中心。

第三步：看此时“12”字头所对的方向即当地北方。

使用时注意：时间以 24 小时制计算，在北纬度 23°　26' 北回归线以南的地区，夏季中午时，太阳偏于天顶以北，故此季节不宜采用此法。此方法在南、北纬度 20° 30' 之间地区的中午前后不宜使用。

（3）利用阴影方向变化判定方位。太阳随时间推移而转，对地面某一直立物而言，其阴影则渐渐东移。给定一时间段观察竖立物阴影方向和变动轨迹，即可判定直立物处的方位。

2. 夜间利用北极星判定方位

利用北极星判定方位，是晴朗之夜概略判定方位的简便方法，适用范围广。北极星大约位于地轴向北延伸的方向线上，在北方星空，它的视位置可认为不变，故可用来判定方位。

仙后星座很近似英文字母“W”，故也称 W 星座。连接两星，向字头（即缺口）方向延伸 2 倍外的那颗星，就是北极星。

使用提示：在北半球不同纬度地区的不同季节，见到的星空是不同的。有的能看到上述 3 个星座（北纬 40° 以上），有的只能看到其中的某个星座。但只要掌握了以上 3 种识别北极星的方法，便能很容易找到北极星。找到北极星后，面向北极星正前方就是正北方向。

3. 夜间利用南十字星座判定方位

在北纬 23° 30' 以南地区，夜间无法观测到北极星，如果在上半年，可以通过南十字星座来辨别方向。这一星座主要由 4 颗亮星组合而成，形同“十”字，如图 7-2 所示。

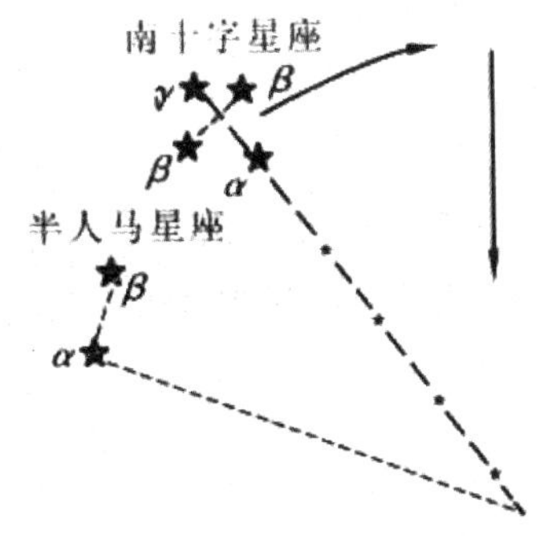

图 7-2　夜间利用南十字星座判定方向

（二）利用地物特征判定方位

利用地物特征判定方位是指根据某些具有方向标示性的地物和现象来判定方位。

1. 利用植物判定方位

“万物生长靠太阳”，通常情况下，树木的南面枝繁叶茂；树主干南面的草生长得比较旺盛，同时，树主干北侧可能生青苔；秋季南侧的草较北侧枯萎快；通常南侧的树皮较北侧光滑度高；独立树砍伐后，树上的年轮通常北面间隔小，南面间隔大；秋季许多果树朝南的果实结得较多。

2. 利用凸出地物判定方位

石头的北面有阴影，通常会长有厚厚的青苔；而石头的南面向阳，这一侧的积雪会先融化；通常墙、土堆、土堤、地埂、石块等突出的南面干燥，北面一侧的基部较潮湿，夏长青苔，冬存积雪。

3. 利用凹入地物判定方位

对于像河流、水塘和坑等凹入地物，其北侧边缘状况与凸出地物十分相似。

4. 利用房屋、庙宇判定方位

我国北方地区农村民房的正门多朝南开。许多工厂为了保证厂房内的光照条件而又避免阳光直射，将厂房建为锯齿状房顶，窗子向北，例如纺织厂、印染厂。古代庙宇宝塔均坐北朝南，据此可以判定当地方向。

5. 利用季风判定方位

在我国西北干旱地区，由于定向风长期作用于地表面，在地面上形成了许多风蚀残丘地。如北方地区，受西北风的作用，山的西北坡积雪较少、东南坡积雪较多，借此也可以判定方向。

二、求救信号

在野外这种恶劣的环境下生存本就异常艰辛，各种突如其来的危险更加难以预料。故而对每个野外生存者来说，能够尽早发现自己面临的困难，以最快的速度寻求他人的帮助，具有非常重要的意义。遇到危险需求助时，应采用尽量多的方式争取尽快联系到更多的人，还应该注意的是，求救信号应足够醒目以博得他人关注。

（一）信号种类

野外遇险时，遇险人员可根据自身的状况和所处的环境选择不同的求助方式，通常如果某项行动被重复做了 3 次，则表明有人在求助。求助信号可细分为以下几类。

1. 烟火信号

火光是效果最显著的联络信号之一，遇到危险时，可根据当时所处的地势和时间做一些处理，以提高这种求助方式的可靠性。在白天可以将青苔和嫩树枝放入火堆中燃烧，冒起的浓烟更容易被周围人发现；如果在晚上，可以多添加一些柴，使火堆更大更旺，目标也更为明显。

在国际上通用的求救信号是同时燃烧三堆火焰，而且最好能构成一个等边三角形。但实际遇险时，要根据当时的情况而定，如果求助者受伤严重或因其他情况导致身体虚弱，又或者没有足够的燃料时，点燃一堆火焰也是可行的求助方式。

让信号火种燃烧全天是不现实的，但应保持燃料时刻干燥，能够随时被点燃，当有飞机经过时，应立刻点燃求助信号。

应选择易燃物作为补充火堆的燃料，这些燃料最好能够被快速引燃，因为有时被发现的机会十分短暂。在野外可以选择使用白桦树皮作为燃料，如果有条件的话，能使用汽油就更好了。但为安全考虑切记勿将汽油直接倾倒在火堆上，正确的做法是取一些布料将汽油浸泡后放置在燃料堆上，等将汽油罐挪离燃料堆足够远的距离时再点燃。

火堆燃烧产生的烟雾也是很重要的求救信号。在白天，无论在茂密的森林还是在广阔的草原上，或者在地势起伏的山地间，从火堆上蔓延升空的浓烟都十分醒目，便于救助者确定求助人员的方位。

在夜间火光映射下的浓烟也十分明显，这些烟雾不但有利于求救，还起到了驱赶蚊虫的作用。一般向火堆中加入潮湿的物品都会产生烟雾，在林间可以向火堆中加入青草、绿色的树叶、苔藓或者一些蕨类植物，如果没有，也可以浸湿坐垫或草席将其加入火堆中。

如果是在雪地或沙漠中求助，建议将汽油或者橡胶加入火堆中，这些物质不完全燃烧产生的黑烟相当醒目。

如果地表气流过大，将烟雾吹散，可以考虑把火烧得更旺一些，当火堆旁产生的热气流足够大时，就可以带着这些烟雾上升到高空。

2. 地对空信号

“FILL”这组字母也是国际公认的求救信号，可以用鲜亮的物品摆成或写成这种字母用以求救。还有更简单的求救信号，就是制作一根单独的木棒“1”，尺寸要求是长 10 米，宽 3 米，各信号间保持 3 米距离，这种地对空的求助信号非常重要。

3. 体示信号

当救援飞机与求救者距离足够近时，即可使用这种体示信号来传达求救者的意思。

4. 旗语信号

野外遇险时发现救援者，可用旗语向其发起求助。首先要拥有一面旗子，可以将彩色的布料系于木棒顶端，手持另一端，在空中挥舞旗子，需左侧长划，右侧短划，人体做“8”字形运动。

如果距离很近，易引起对方注意，就不用做“8”字形运动，只挥舞手臂做简易的划行动作即可，还是在左侧长划，右侧短划，左侧比右侧用时略长一些。

5. 声音信号

如与周围人距离较近，大声呼喊不失为一种好方法，呼喊的方式也有要求，先三声短，再三声长，最后再三声短，经过 1 分钟之后，再进行下一轮呼喊。

6. 反光信号

利用反射镜反射日光就可以发出求救信号，如果随身带有镜子最好，可是如果没有，其他一些明亮的材料也可以达到同样效果，如玻璃片、罐头盒盖或其他光亮的金属片。反射时应按照莫尔斯代码的要求规律的进行，即产生一条长线和一个圆点。如果你不知道莫尔斯代码，也可以通过随意反照来吸引周围人的注意。必要的是，你一定要通晓 SOS 代码。

反射光信号在很远的距离以外即可被细心者观察到，即使你还不知道想要联系的目标身在何处，因此这种方法值得多加利用，毕竟这样做只耗费很少的体力。遇险时应多环视天空，一旦有飞机临近，应迅速反射出光信号。但这种方法也存在一个弊端，就是光线可能会导致营救者目眩，所以如确定自己已被发现，应迅速停止发信号。

（二）如何使用信号求救

应掌握好以下几种求救方式，如遇救援，获救几率更高。

1. 点燃火堆

相继点燃 3 个火堆，三者之间距离尽量相等，白天可以将树叶等可产生浓烟的物品加入火堆，加入频率为每分钟 6 次最好，夜间则将火苗烧旺些。

2. 声音求救

距离不太远时，可用声音求救，大声呼喊或用手头的工具敲击周围物品均可。

3. 利用反光镜

利用能够反光的物品反射日光等光源的光线引起救援者的注意，不失为一种好方法。身边可以用以反光的物品有很多，如回光仪、金属信号镜、罐头内皮、眼镜或其他玻璃片等。

4. 在地面上作标志

如果在遇险时处于像草地、海滩、雪地这样较平整开阔的地面，那么可以选择在地面上制作求救标志的方式来求救。比如在草地上可以将青草割成一定符号，在海滩上可以将树枝和海草摆放成求助标志，在雪地上可以选择踩踏雪面的方式做出求助符号。这些用于求助的标志符号应尽量采用国际民航规定的统一求助符号。

请务必记住以下单词：SOS（求救）、HELP（帮忙）、LOST（迷失）、TRAPPED（陷入绝境）、SEND（发信）、DOCTOR（医生）和 WATER（水）。

5. 留下信息

当撤离险地时，要做好标记或留下一些物品作为信号，方便救援人员发现你的行踪，如果他们发现了你的方向指示标志，这对他们进一步找寻你的下落有很大帮助。不仅如此，在转移的路途中要不断留下标志，这样做不但可以为即将到来的救援人员指路，而且一旦迷失，你可以根据标志原路返回。常用的指示标志有：

（1）将岩石或碎石片摆成箭形，箭头指向行动方向。

（2）在地上放置一根分叉的树枝，分叉点指向行动方向。

（3）将棍棒固定于树杈间，顶部指向行动方向。

（4）将小石块垒成一个大石堆，石堆边上放置一个小石块来指向行动方向。
（5）在卷草的中上部系上结，使其顶端弯曲指向行动方向。
（6）在树干上深深的刻上一个箭形，箭头指向行动方向。
（7）用木棒或石头摆放呈交叉状，表示此路不通。
（8）用三块岩石、木棒或灌木丛，表示危险或紧急。

第二节　常见损伤的预防

一、休克

休克是机体由于有效循环血量明显减少而引起的一种危重病症。运动中引起的休克主要是重力性休克，重力性休克是指短跑或中长跑后立即停止、站立不动而引起的晕厥症状。

（一）机理

产生重力性休克的原因是运动时肌肉中血管大量扩张，血液供应增加，由于肌肉的收缩—舒张交替进行，压迫血液回心。运动后若立即站立不动，由于重力的作用，血液积存于下肢扩张的血管内，回心血量减少，血压下降，大脑短暂性缺血，因而出现重力性休克。

（二）症状

运动性休克可细分为三种程度：轻度、中度和重度。

轻度时，患者意识较清楚，但会感到头晕、耳鸣、恶心、眼冒金星或眼前发黑。患者外观看起来会面色发白，软弱无力，行走时需要同伴搀扶，极易跌倒。患者呼吸急促，心率快，脉搏细弱，血压正常或略升高，瞳孔大小正常，对光反射也正常。

中度时，患者面色苍白，四肢发凉，出冷汗，头晕症状加重，意识变得模糊，即使在他人帮助下也不能支撑身体，或有些患者直接晕倒，恶心加重或有呕吐，脉搏细弱，呼吸与心率均有所减慢，血压略有下降，瞳孔缩小，部分患者会对光的反射迟钝。

重度时，患者意识更加模糊，甚至丧失知觉，面色苍白，四肢厥冷，周身有些无汗，有些出大汗，呼吸浅表，心率缓慢且心律不齐，脉细弱，有些甚至微弱到摸不到，血压下降严重或低至难以测出，瞳孔大小异常，对光反射迟钝甚至消失，部分患者还会出现抽搐或大小便失禁等症状。

（三）处理

当患者出现休克先兆或轻度休克，如面色发白、软弱无力等症状时，应立即搀扶，尽可能让其继续行走，使下身肌肉收缩，促使血液回流，使症状消失。

倘若无能力行走或已经晕倒，出现中度休克时，应将患者平卧，头部放低，两脚抬高，或由同伴二人抬其两下肢，由小腿向大腿做按摩或揉搓，以使血液尽早回流入心脏。

当患者出现重度休克时，除上述处理外，可针刺或掐点人中、百会、涌泉、合谷、十宣等穴位。在知觉未恢复以前，不可给任何饮料或服药，如有呕吐，应将其头偏向一侧；必要时可给血管收缩药，如麻黄碱或肾上腺素皮下注射；如呼吸停止应做人工呼吸或皮下注射呼吸中枢兴奋剂，也可做50%葡萄糖静脉注射等抗休克处理。病情较重者，经现场急救后，急需转医院抢救。

（四）预防

运动时，尤其是短跑或中长跑跑到终点后，不要立即站立不动，而应继续慢跑，或在同学的帮助下坚持一段长距离的慢走，再加深呼吸，以促进血液回心，从而就能保证大脑的血液供应。

二、擦伤、刺伤、划伤

擦伤、刺伤和划伤是体育运动中较常见的损伤，其处理应注意以下几点：

第一，清创。在擦伤或划伤时，皮肤表面往往会残留一些泥土等赃物，为了避免伤口感染，必须对创面进行仔细清洗。最好使用浓度为0.9%的淡盐水清洗，如果没有，也可用干净的自来水或井水冲洗，冲洗的过程中应使用干净的棉球，将这些赃物慢慢拭去。

第二，消毒。条件允许的话，可以选用碘酒或者酒精棉球对伤口周围进行消毒，擦拭时应特别注意从伤口的边缘向外擦，切勿使酒精或碘酒流入伤口，因为这些消毒液进入伤口后会疼痛难忍。

第三，上药。对于受伤部位可选择涂抹红药水，即红汞，涂抹前要确定使用者没有汞过敏史。红药水的刺激性较小且具有一定的防腐功用，比较适合处理伤口创面。作为常识，红药水不可与碘酊同时使用，因为两者会发生反应，产生的碘化汞会严重腐蚀伤口。另一种常用药为紫药水，即甲紫，此药有极强的杀菌和收敛作用，但不适用于新产生的伤口，因为此药涂后创口表面会迅速成痂，而痂下组织液尚未排出，如造成积存，反而会引发伤口感染。

第四，皮肤擦伤慎用创可贴。大部分人在皮肤擦伤后，会贴上一块创可贴，认为这样方便省事，但实际上这种做法是错误的，因为擦伤的皮肤往往伤口面积较大，一般的创可贴透气性与吸水性很不好，伤口表面产生的脓液等分泌物很难排出，积攒于伤口上，加快了细菌繁殖，最终引发伤口炎症或溃疡。所以正确的做法是选用紫药水消炎，令伤口暴露于空气中，便可慢慢愈合。

第五，深度的擦伤、刺伤或划伤，必须使用不粘连的绷带轻轻加压包扎。深度伤者，应采用抗生素和类霉素，以预防破伤风（表 7–1）。

表7–1　各种药水使用的注意事项

名称	成分	注意
紫药水	1% 甲紫	勿用于面部和关节处
红药水	2% 红汞	勿入口
碘酒	2% 碘酊	勿与红药水混用
卫生酒精	70% ~ 75% 酒精	勿直接用于新鲜伤口

三、挫伤

挫伤是指由钝器打击或较大外力作用而伤害到皮肤之下的肌肉、韧带等组织的伤情，其特点是外部皮肤没有受伤或者轻微损伤。

在体育锻炼中发生急性的挫伤后，首先是休息，不能继续运动，也不要在刚挫伤后在局部进行搓揉；不要使用活血化瘀的药物，尤其是外用的红花油等，这样只会增大出血，延长病程。正确的疗伤手段是先止血、止痛，先将受伤部位抬高，之后将伤部用凉水淋洗或选择冷敷，这种降温处理，有助于血管收缩，减少出血量，同时也可降低伤部疼痛感。最后于伤处垫上较厚的一层棉花，使用绷带对此处进行加压包扎。在 48 小时之后解除绷带，进行热敷，便于瘀血的吸收。热敷疗法最好能够做到 1 天 3 次，每次 20 分钟。热敷疗法的方式多种多样，可以用一小瓶热水、一块热毛巾直接敷在疼痛部位，也可以采取烤灯、泡盆浴或冲热水澡的方式。

四、踝关节外侧韧带损伤

踝关节外侧韧带损伤在运动损伤中是较为常见的损伤之一，球类、跑步等运动中都较易发生。

（一）机理

在体育运动中，由于场地不平、碰撞或跳起落地时身体失去平衡等原因，使踝关节发生过度内翻（旋后），超出了关节活动的正常范围，引起外侧韧带发生过度牵扯或造成部分断裂与完全断裂。若距腓前及跟腓韧带同时断裂，多有踝关节的暂时性脱位或并脱位。

（二）症状

有明显的足突然旋后的受伤史。

（1）疼痛：伤后踝关节外侧疼痛，行走或活动踝关节时疼痛加重。

（2）肿胀：伤后踝关节外侧迅速肿胀，并逐步蔓延至踝关节前部。如足部距腓前韧带撕裂，则导致整个踝关节肿胀。

（3）皮下瘀血：由于韧带或关节囊撕裂，导致皮下伤处附近出现瘀血，两三天后青紫现象尤为明显。

（4）跛行：组织撕裂、关节积血或断裂韧带嵌入关节等原因，均会引起行走疼痛，足跖不敢着地的现象，行走时足部外侧着地，只能跛行。

（5）压痛：在韧带受伤处有明显的压痛，根据外侧诸韧带的解剖位置，压痛点可帮助韧带损伤的定位诊断，又可帮助鉴别是单纯韧带伤还是合并有撕脱骨折，如压痛集中于外踝下方，则是单纯韧带受伤，若出现在踝尖或整个踝部，则说明有骨折出现。

（6）内翻痛：握紧患肢前足，借助外力使足部内翻，此时踝关节外侧受伤部位会有疼痛感。如果内翻幅度超常，外侧关节间隙过宽，距骨于两踝间旋转用度变大，则说明外侧韧带已经完全断裂。

（三）处理

在现场急救时，应立刻采取压迫法对疼痛点进行止血，同时进行强迫内翻和踝抽屉试验，以判断韧带受伤状况。如遇扭伤应迅速进行冷敷，以减少血肿的形成，并抬高伤肢。绷带包扎时应注意行走方向，即内翻损伤应呈轻度外翻位固定，使受伤组织处于松弛状态。24 小时后，根据伤情可一种或几种治疗方法联合采用，如新伤药外敷、理疗、针灸、按摩、封闭及支持带固定等，并应较早安排踝关节进行康复运动。对较严重的韧带捩伤，也可采用石膏管形固定，但应带着石膏练习行走。韧带完全断裂的患者，经急救固定后送医院做进一步的治疗。目前多主张非手术治疗以石膏固定较稳妥，如合并有关节骨折或关节不稳等后遗症时，可考虑手术。

（四）预防

有没有什么好办法可以预防踝关节扭伤呢？踝关节扭伤，究其原因是肌肉力量不足，所以预防踝关节损伤最好的方法是加强踝关节的稳定性，常用的方法就是闭目单腿站立。

为什么踝关节那么容易扭伤呢？这与踝关节本身的生理结构有很大关系。踝关节扭伤特别是内翻损伤通常会导致外侧副韧带拉伤、撕裂甚至于断裂，这是由于外侧的韧带较内侧的韧带弱，加上内踝较短，所以当行走和疾跑落足、踩空或从高处坠落时，足外缘着地，容易发生足内翻（脚心向内），导致外侧韧带拉伤或扭伤。另外，踝关节背屈时，距骨无活动余地，但在跖屈（提起脚跟）时，距骨可向两侧轻微活动，所以踝关节往往在跖屈位发生内翻位扭伤。

五、胫腓骨疲劳性骨膜炎

胫腓骨疲劳性骨膜炎发生的主要部位是胫骨 1/3 内缘和前面的骨板上，以及腓骨下 1/3 的地方，也有部分运动员发生在整个胫腓骨上，它多发于跑类项目之中。

（一）机理

造成胫腓骨疲劳性骨膜炎的原因主要有三点：

（1）由于长时间在水泥地上或其他较硬的场地上运动，地面弹性差而造成的。

（2）落地技术掌握得不好，不能得到有效缓冲，或者其他原因造成的屈膝肌群过度疲劳。

（3）运动过久，跑跳练习过多，地面对小腿的反作用力过大，出汗过多都是导致炎症的原因。

（二）症状

胫腓骨疲劳性骨膜炎主要有以下症状：

（1）小腿胫腓骨出现隐痛、牵扯痛等症状，当手碰触或走路时就会感到疼痛，如果炎症较重还会有刺痛感或灼烧感，若做剧烈运动这种疼痛感会更加明显，也有一些患者只是在夜间疼痛。

（2）压痛，轻轻按压骨面会有疼痛点，这些点一般随机分布，没有固定的位置。

（3）肿胀，局部软组织会有水肿状况，按压后无法恢复原状，有轻度凹陷。

（4）患者的骨膜会变厚，这一现象可通过 x 光检查发现。通常这种病症会两只小腿同时染病。

（三）处理

一经发现患有这种炎症，应立刻积极配合治疗，若症状尚轻，治疗的同时仍可继续进行练习，但务必减少下肢运动量，并采取按摩、热敷或理疗的方法来配合医师治疗。若症状严重，则不可再进行练习，专心治疗。

在进行自我按摩时，应先做好选取承山、昆仑、足三里、阳陵泉和太溪等穴位，从下部向上部，力度从小到大对两腿交替进行按摩，持续 20 分钟即可。按摩需要长期坚持，每天进行最好，若有温水浸浴，则效果更佳。

若疼痛难忍，采取抬高患肢的方法可略微缓解。

（四）预防

要预防这种病症，应注意以下几点：

（1）不要安排过大的运动量或使下肢承担过重的负荷，合理控制体育锻炼的时间和方法，每项练习之间应有适当的间隔，或可选择上下肢交替运动的方式来缓解下肢疲劳。

（2）运动前所做的准备活动和运动后的放松，对减少这种疾病的发病率很有效。

（3）学习并熟练掌握落地技术要领。

（4）应穿着弹性较好的运动鞋，切勿在过硬的场地上运动太久。

（5）坚持用热水泡脚有助于促进血液循环，改善小腿部营养，对预防胫腓骨疲劳性骨膜炎大有裨益。

六、脑震荡

脑震荡是指头部受到外力打击或碰撞到坚硬物体，使脑神经细胞、纤维受到过度震动。

（一）机理

脑震荡是指头部受到外力打击后，使大脑管理平衡的膜半规管、椭圆囊、球囊等感受器官功能失调，以致引起意识和功能的一时性障碍。在体育锻炼时会有很多情况导致脑震荡，如两人的头部意外相碰，头部不慎撞击硬物，或者从高处坠下，头部着地。

（二）症状

致伤时，神志昏迷，神经反射变弱，甚至消失，脉搏跳动缓慢，肌肉松弛，瞳孔略微变大但依旧对称。即使神志清醒后，患者常有头痛、头晕、恶心呕吐感，且情绪烦躁，注意力不易集中，耳鸣、心悸、多汗、失眠、记忆力减退等。

（三）处理

（1）立刻让患者面部朝上平躺，对头部进行冷敷。

（2）如若患者昏迷，应即刻为其按压人中、内关或和关等穴位助其苏醒。

（3）如果呼吸不畅，应及时对患者做人工呼吸。

经上述处理，若无好转反而病情加重或出现反复昏迷、五官出血、瞳孔放大或不对称症状，则应将患者立刻送至医院接受治疗。在运送途中，要让患者平卧，头部固定，避免颠簸。

经过一段时间治疗后，可以通过按期做脑震荡痊愈平衡实验的方式来判断病人是否复原。该实验的步骤是：闭上眼睛，用一条腿站，同时伸展两臂。若可以保持平衡，则可断定患者已基本恢复。若不能保持平衡，应继续进行治疗。刚恢复的患者可参加一定量的体育运动，但切记不要做旋转和翻滚的动作。

七、中暑

中暑通常发生在炎热天气气候下，是产热和散热失衡导致体温调节功能紊乱、汗腺功能衰竭、大量水和电解质丢失的病症。

（一）症状

中暑可分为热射病、日射病和热痉挛。

（1）热射病。往往在高温环境下工作数小时后发病。高热、无汗甚至昏迷是该病的特征。初感头痛、头晕、恶心、多汗，然后体温迅速升高，可达40℃以上，出现嗜睡、谵妄和昏迷，皮肤干热、无汗、潮红或苍白。

（2）日射病。往往是由于头部长时间处于烈日照射之下引起的，其症状类似于热射病，不同的是有时只有头部温度升高至39℃以上，但体温未必会升高。

（3）热痉挛。长时间高温导致身体出汗量大大增加，大量的氯化钠随汗液排出体外，血液中钠含量过低，最终导致腿部、四肢甚至全身肌肉痉挛。

（二）处理

即刻将患者转移到阴凉通风处，平躺休息，先解开衣扣进行散热，之后应对头部进行冷敷，也可以选择用30%的酒精擦拭身体，以达到降温的目的。

如体温有回升，加用电扇吹风，或在头部、腋窝、腹股沟放置冰袋以免体温回升。

若患者清醒，应及时补充淡盐水，也可以食用清凉的饮料、绿豆汤等。若患者昏迷，应由专业人员针灸人中、合谷穴或者迅速送往医院治疗。

（三）预防

在烈日下运动时，要戴上帽子，中途注意多休息且适量饮水，若出汗过多，应多补充一些糖盐水和果汁，保持体内水和电解质的平衡。

在室内运动时，应设法通风降温。

避免在酷暑天气或者强烈日光照射下进行体育运动，不宜长时间进行体育运动。

有头痛、心慌时应立即到阴凉处休息、饮水。若症状仍不能缓解，可辅以针刺人中、合谷、曲池、内关等穴位。

（四）穴位定位

1. 百会穴

位于头顶正中线与两耳尖连线的交叉处（图7–3）。

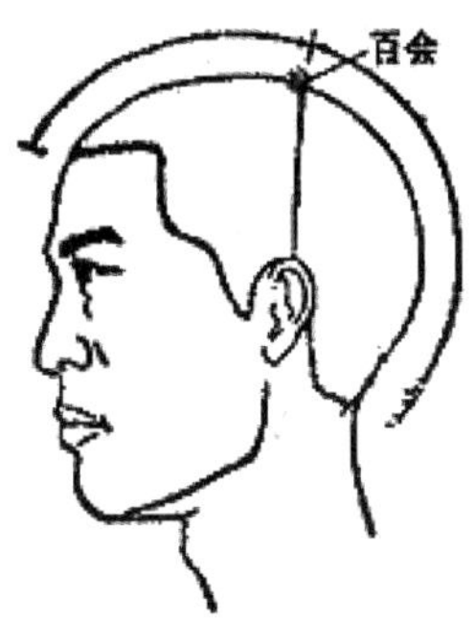

图7–3　百会穴

2. 涌泉穴

在足底部，卷足时足前部凹陷处，约在足底 2、3 趾趾缝纹头端与足跟连线的前 1/3 与后 2/3 交点上（图 7–4）。

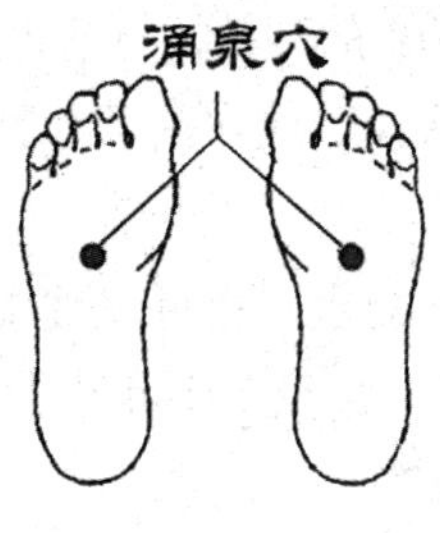

图 7–4 涌泉穴

3. 合谷穴

位于手背虎口处，于第一掌骨与第二掌骨间陷中（图 7–5）。

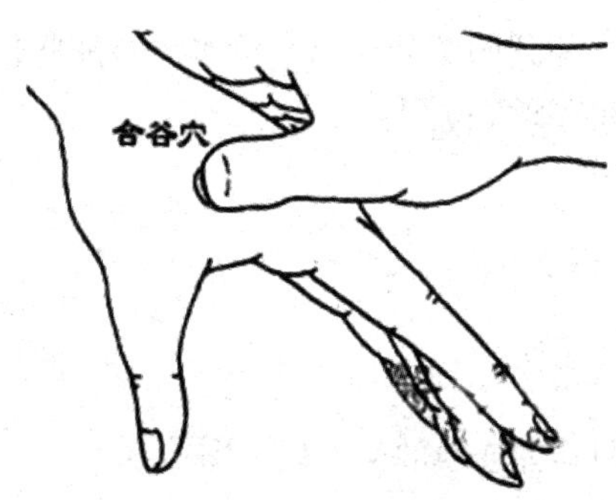

图 7–5 合谷穴

4. 十宣穴

在手十指尖端，距指甲游离缘 0.1 寸（指寸），左右共十穴（图 7-6）。

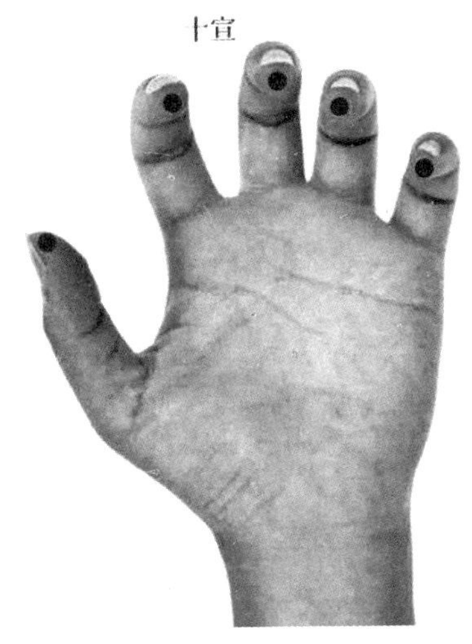

图 7-6　十宣穴

5. 承山穴

位于小腿后方正中位置，委中穴与昆仑穴之间，当伸直小腿或足跟上提时腓肠肌肌腹下出现三角形凹陷处（图 7-7）。

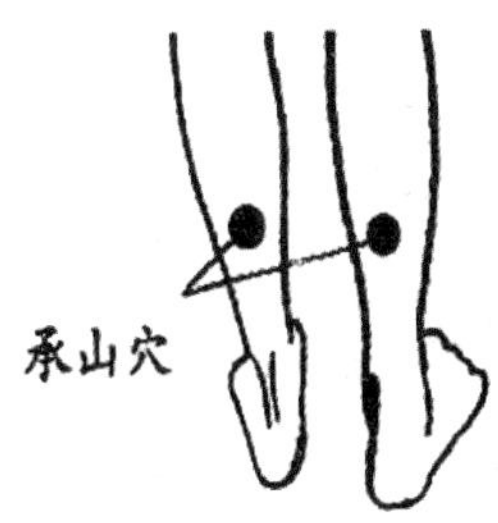

图 7-7　承山穴

6. 昆仑穴

在足部外踝后方，当外踝尖与跟腱之间的凹陷处（图 7–8）。

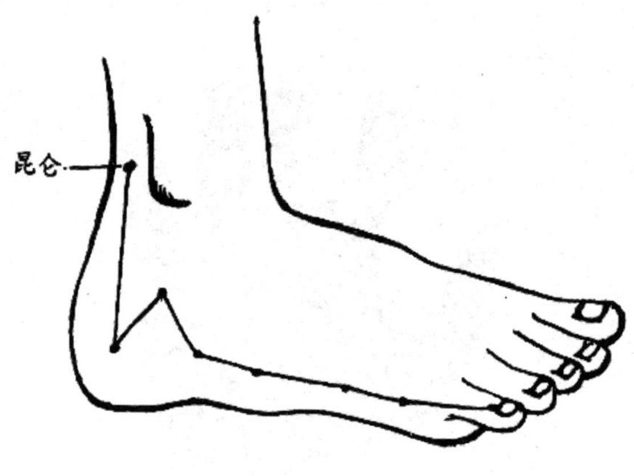

图 7–8　昆仑穴

7. 阳陵泉穴

在小腿外侧，当腓骨头前下方凹陷处（图 7–9）。

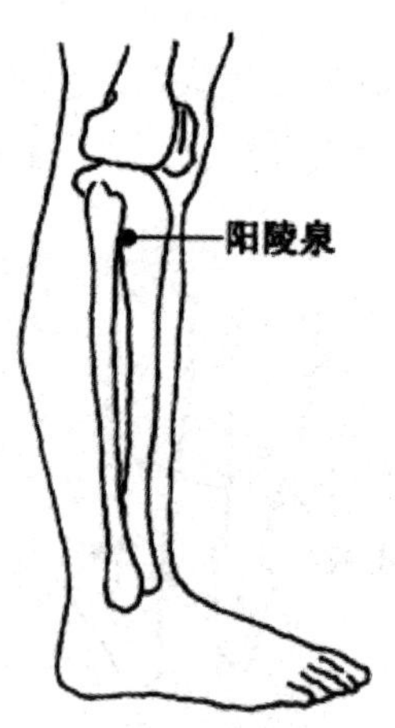

图 7–9　阳陵泉穴

8. 太溪穴

在足内侧，内踝后方，当内踝尖与跟腱之间的凹陷处（图 7–10）。

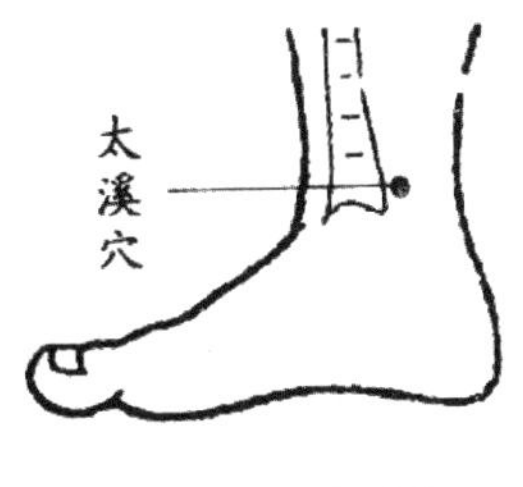

图 7–10　太溪穴

9. 足三里穴

在小腿前外侧，当犊鼻穴下 3 寸，距胫骨前缘一横指（中指）（图 7–11）。

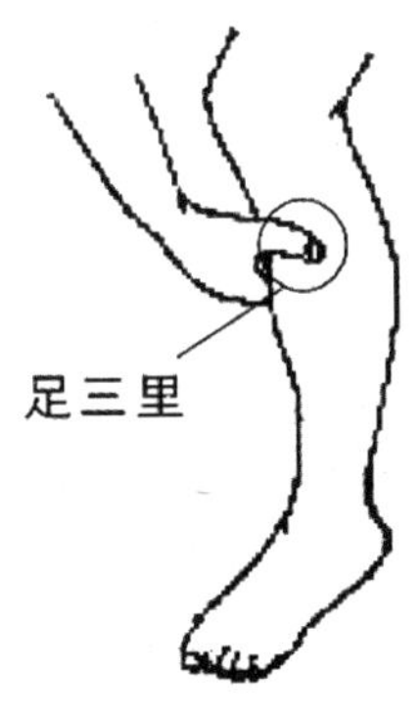

图 7–11　足三里

10. 内关穴

在前臂掌侧，腕横纹上 2 寸，掌长肌腱与桡侧腕屈肌腱之间（图 7–12）。

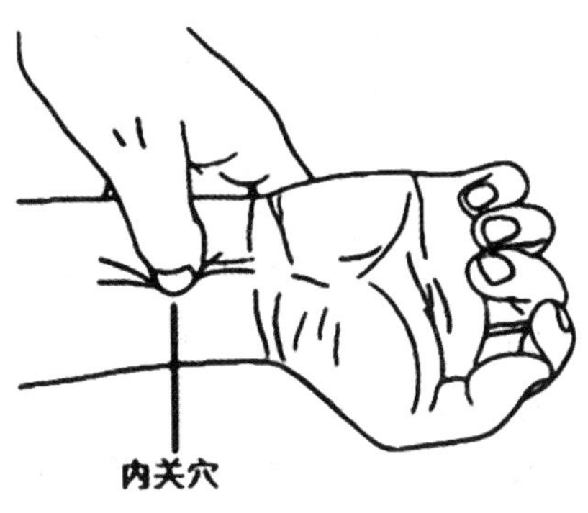

图 7–12　内关穴

11. 人中穴

位于上嘴唇沟的上 1/3 与下 1/3 交界处（图 7–13）。

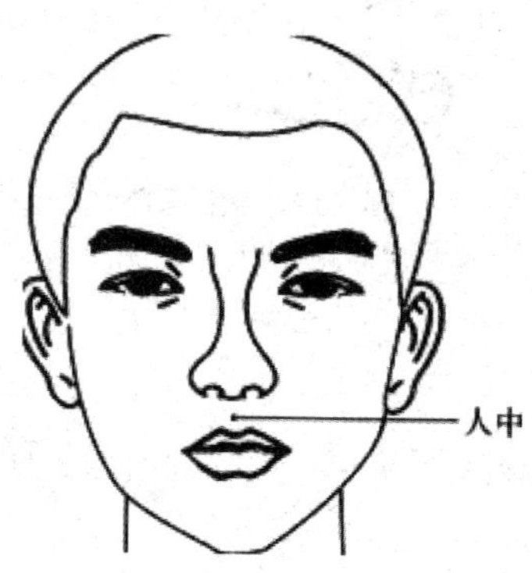

图 7–13　人中穴

手指同身寸定位法，是指用患者的手指尺寸来折量腧穴的定位方法，又名“指寸法”。常用的手指同身寸有以下 3 种。

（1）中指同身寸，是以患者的中指中节屈曲时内侧两端纹头之间作为一寸。

（2）拇指同身寸，是以患者拇指指关节的横度作为一寸。

（3）横指同身寸，是令患者将除拇指外的四指并拢，以中指中节横纹处为准，四指横量作为三寸。

第三节　意外伤害事故的处置技能

一、蛇伤

（一）诊断

当被蛇咬伤后，可以从以下 3 个方面来判断自己是否中毒：

（1）从咬伤你的蛇的外观来判断。一般头部椭圆、尾巴又细又长、花纹细密且不鲜艳的蛇通常是无毒的，常见的有乌风蛇等。而有毒的蛇头部多为三角形，而且头大、颈细、尾短、颜色艳丽，如蝮蛇、五步蛇、金环蛇和竹叶青等，但并不是所有的毒蛇都遵循些特点，例如银环蛇和眼镜蛇带有剧毒，但其头部却不是三角形的。

（2）从伤口的状况来判断。若伤口上有两颗很大的牙印，那很可能是由毒牙造成的，若这个牙印周围的皮肤肿胀发黑或伤口不断流血甚至出现血泡，那么就可以确定你确实中毒了，个别时候伤口出现麻木症状，也是中毒造成的。而无毒蛇留下的伤口是一排整齐的牙印，一般呈反“八”字形且齿印很小，这时也应该对伤口进行消毒处理，防止感染。

（3）还可以从时间上来判断。若被咬伤后，一刻钟内伤口就出现红肿疼痛，那极有可能是中毒了。

（二）急救

一旦被咬伤，切勿剧烈运动，否则会加速蛇毒对人体的侵蚀。为此，应选择运动量较少的方式，去往医务人员所在的位置。最好可以带上咬伤你的蛇，如若不能，也应对医务人员详细描述蛇的形态，以便对症下药。

若不能迅速找到医护人员，可先行对伤口进行处理。确定中毒后，第一件要做的事是用绳子或布带将伤口靠近心脏的位置扎紧，这样可以有效减缓毒素的扩散，之后用大量的凉开水或干净的泉水冲洗伤口。如果备有生理盐水、肥皂水、过氧化氢、1‰浓度的过锰酸钾溶液或1‰至4‰浓度的呋喃西林溶液则更好。

可采用刀刺排毒法排毒。首先用消过毒的小型刀具划破两颗毒牙之间的皮肤，或者在伤口周围的皮肤上戳出数个小孔，然后对伤口再进行一次清洗，待清洗完毕立刻顺着皮肤朝伤口方向不断挤压排出毒液，坚持一刻钟左右。若这种方法排毒不畅，则可换用吸吮排毒法，将火罐扣于伤口上，另一端用橡皮管连接到针筒上，然后拉动活塞用力向外抽。如果实在没有工具，也可用口部吸吮伤口，但是这种操作比较危险，吸一口毒血立即吐掉，用清水漱口后再进行下一次吸吮。

对于没有办法捆扎的部位，应采用刀刺法立即扩大伤口排毒。若无人帮助或其他原因导致排毒不方便时，还可以采取高温破坏蛇毒的方法。如果有火柴头或火药等易燃物可将其放置于伤口上点燃，若没有也可将烧红的木炭按压在伤口上，或者将手头的铁钉或刀尖等细小的金属制品烧红后深深的扎入伤口。

这些方法虽然都疼痛难忍，但是与中蛇毒比起来却是不致命的，不要因为怕痛而错过最佳的救治时间。

（三）预防

在野外时，可以边走边用树枝敲打周围的草木，一般蛇听到动静后会远离。切记千万不要将手随意伸入树洞或岩石空隙中，因为这些地方通常是蛇的栖息之处。

二、虫咬伤

（一）毒蜂蜇伤

1. 症状

被毒蜂蜇伤后应仔细观察伤口，若肿起部位中心有小黑点，则说明蜂刺还在皮肤内，不及时取出，可能会导致化脓。若没有这个小黑点则不必担心，红肿症状通常将会在几小时后消失。若被蜂群攻击，身体多处被蜇伤，后果会比较严重，有可能出现头晕、恶心、呕吐等症状，严重时甚至可能昏迷、休克、急性肾衰或猝死。如果对蜂毒过敏，就更应该多加注意，因为即使只被蜇了一下也会导致水肿、荨麻疹、哮喘或过敏性休克等严重病症。

2. 处理

处理伤口时，应先确定毒蜂种类，因为不同种类的毒蜂的毒素酸碱性不同。针对蜜蜂蜇伤应选用弱碱性溶液对伤口进行处理，而对于黄蜂蜇伤，则应换用弱酸性溶液。若肿胀处有毒刺，则应先用针或胶布等物品将毒刺取出再清洗伤口。千万不要挤压，那样只会使毒刺刺入更深。局部症状较重者，可采用火罐拔毒和局部封闭疗法，用止痛剂或抗组胺药止痒。如果是全身症状，则应迅速送往医院。

（二）蜈蚣咬伤

1. 症状

被蜈蚣咬伤的部位通常会又痛又痒。局部症状严重时会导致局部坏死或引发淋巴结和淋巴管的炎症。个别情况下会引发头痛、发热、眩晕、恶心、呕吐、谵语、抽搐、昏迷等症状。

2. 处理

若被咬伤应针对不同症状进行相应的处理，一般情况下，用弱碱性溶液清洗伤口即可，条件允许的话，也可调制药物敷于伤口之上，例如将雄黄和枯矾以 1∶1 的比例混匀后磨成粉末，再用烧酒或浓茶调成药膏。若疼痛难忍，可适量服用止痛药或采用封闭疗法，蛇药对于蜈蚣的咬伤也有效果。局部坏死、感染者和急性淋巴管炎者，应添加抗菌药物。症状较重者，应立即送往医院治疗。

（三）蝎子蜇伤

1. 症状

蝎子在毒刺蜇人时将毒液注入人体。蝎毒内含毒性蛋白，其主要有毒成分为神经毒素、溶血毒素、出血毒素以及使心脏和血管收缩的毒素等。被蝎子蜇伤后，局部会出现一片红肿，有烧灼痛，中心可见蜇伤痕迹，轻者一般无全身症状。

2. 处理

立即拔出毒刺，局部冷敷可选用明矾。

（四）蚂蚁叮咬

1. 症状

皮肤上有很小的红色鼓包，有疼痛感。1 ~ 2h 后鼓包通常变成水疱。

2. 处理

外涂肥皂水或 5% ~ 10% 的氨水，可缓解症状。若出现大片的红斑，瘙痒难耐，甚至是皮肤发黑的现象，应及时送往医院治疗。

把冰袋放在被咬地方，冷敷半小时，可以减轻疼痛感。冰袋每 10 分钟换一次，然后涂上炉甘石液，其有消毒止痒的作用。

三、溺水

现场急救是降低溺水者死亡率的关键。现场急救分为自救、他救和医疗救护。

（一）自救

1. 不会游泳者的自救

落入水中后尽量保持镇定，因为清醒的头脑可以为你赢得更大的生机。然后头部向后靠，脸部朝上，用力将口鼻伸出水面以保证呼吸。采用深吸气浅呼气的方式进行呼吸，身体将慢慢漂浮于水面之上，静静地等待救援。切勿胡乱挣扎或将双手举高，否则适得其反。

2. 会游泳者的自救

一般会游泳者的溺水多是由于小腿腓肠肌痉挛引起的，除大声呼救外，应尽量自救解除痉挛。首先保证自己浮于水面，之后将身体蜷成一团，手部捏住痉挛一侧小腿的脚拇指用力向前向上拉，不要因疼痛而停止，直到其可自动翘起，痉挛就解除了。为避免回到岸上之前这一部位痉挛再次发作，应对患处多按摩一会儿，之后再缓慢地游向岸边。上岸后进行进一步治疗。

若是手腕肌肉发生痉挛，可仰卧于水面上，靠双脚打水回到岸边。回程中，可将手指反复伸屈或可解除痉挛。

（二）他救

救援者应迅速脱去外衣裤和鞋靴等物，以便能够快速接近溺水者。若溺水者已十分虚弱，救助人员可以从前方接近；若溺水者仍在挣扎，则应从其后部接近，先告知其应保持冷静后，再从后方用左手拖住其头部采取仰泳姿势游向岸边，离岸边较近时可从其背后双手托住其腋下将其推向岸边。若救助者不会游泳或游泳技术欠佳，则不要莽撞的下水救人，应先寻找附近是否有救生圈之类的救生用品，如果没有，也可以投出绳索或递出竹竿，待溺水者抓紧后再用力将其拉上岸。若下水救援时被慌张的溺水者抱住，千万不要相互拉扯，救护者应立即松手，身体向下沉，这样溺水者的手就会松开，摆脱束缚后再进行救助。

（三）医疗救护

1. 人工呼吸

将救回的溺水者仰躺着放置于平整的地面上，脸不要朝上，应偏向一侧。首先，迅速清理其口鼻内的杂物，防止堵塞呼吸道。若其紧咬牙关无法清理，则用力捏住他的面颊两侧，迫使其开口。然后，观测他的心脏和脉搏是否跳动，瞳孔是否散大，呼吸是否顺畅。当呼吸微弱或没有时，应使用口对口人工呼吸的方法对其进行救助。具体操作如下：

抬高溺水者的下颚，使其头部后仰，一只手捏住溺水者的鼻孔，另一只手捏住溺水者的脸颊，使其张开嘴，深吸一口气，屏住呼吸，迅速包住溺水者的口部，将肺部空气完全吹入，然后再抬头，呼吸进行下一次操作，坚持到其呼吸恢复为止。吹气的频率应保持在每分钟 12 ～ 20 次之间。做人工呼吸的同时可给溺水者吸氧和采取适当的保暖措施。

2. 徒手心肺复苏术

若溺水者的心脏已经停止跳动，则应立刻采用心肺复苏术，不要坐等医生到来或直接送往医院，最初时的心肺复苏对挽回溺水者的生命至关重要，所以要坚持足够长的时间，绝对不要轻易放弃。整个抢救过程应做到及时且规范。

进行心肺复苏的具体操作方法是：配合人工呼吸进行胸部按压，一人施行心肺复苏术要求每按压 15 次，进行两次人工呼吸。若两人同时进行，则每按压 5 次胸部，进行一次人工呼吸。动作要求沉稳连贯。

心肺复苏中的人工呼吸方法如下：抬高溺水者的下颚，使其头部后仰，一只手捏住溺水者的鼻孔，另一只手捏住溺水者的脸颊，使其张开嘴，深吸一口气，屏住呼吸，迅速包住溺水者的口部，将肺部空气完全吹入，同时观察被施术者胸部起伏情况，吹气的频率应保持在每分钟 12 ~ 20 次之间，每次的潮气量应控制在为 800~1200 毫升。

胸部按压方法如下：首先应确定需要按压的位置，一般是胸骨中下部 1/3 处，或剑突靠上约两指的位置。按压时左手掌在下，右手掌在上，两手平行重叠，手掌根部用力，右手手指与左手手指交叉，并将其勾起，整个手臂需伸直，以便于上半身重量变为压力，通过手臂作用于被救者胸部。若患者是成人，将其胸部下压 4 ~ 5 厘米，按压频率应控制在每分钟 80~100 次。

若有以下几点特征，则表明心肺复苏术施行成功，患者得救。

（1）患者大动脉开始搏动，收缩压大于 60 毫米汞柱。

（2）患者可以进行自主呼吸。

（3）被救者的脸色、指甲以及其他部位的皮肤变得红润。

（4）瞳孔的大小恢复正常，患者意识也恢复正常。

患者心跳与呼吸恢复后，应立即进行下一步救治。首先应将身体擦干，在对溺水者进行全身按摩，按摩时从四肢向心脏方向进行，这样做有助于恢复其血液循环。若略有恢复，状况依旧很差，身体极度虚弱，则需要马上送往医院，途中也不要停止心脏复苏。

若施救半小时之后，溺水者仍未有恢复心跳或呼吸的征兆，则可选择结束抢救。

（四）防止溺水

无论人工呼吸还是心脏复苏，都是在溺水后所做的救治工作，此时已置于危险之中。最好的方法是做好准备工作，防止溺水事件的发生。以下几点应多加注意：

（1）参与游泳等水上运动之前，务必预先做好热身运动游。

（2）雷雨等恶劣天气时，不要去游泳。

（3）最好选择正规游泳场所游泳，尽量不要在陌生水域游泳，如必须在陌生地游泳时，应先对水下状况进行调查。

（4）在太饱、太饿、生病、疲劳、喝酒后或其他身体不适时不要参加游泳活动，特别是身体上有开放性伤口、有皮肤病或者是有眼疾时，万万不可去游泳。

（5）每次入水前都应先用池水打湿身体，待身体适应后再入水，这样做可以很大程度上避免肢体痉挛。

（6）若选择在海中游泳，最好沿着海边游，没有救生艇等其他船舶跟随的情况下，不建议向水深处游。下海前应在岸边作明显标志，时刻留意自己与海岸的距离。

（7）若要进行跳水运动，则应先确定好水深足够且水下状况良好。

（8）禁止在游泳时嬉戏打闹。

（9）应带全装备，特别是泳镜。

（10）游泳时应量力而行，远离急流和漩涡。

（11）若游泳时突感不适，应立刻上岸或求救。

四、触电

所谓触电，即电流通过人体，并对人体造成损伤的现象，其学名叫做电击伤。导致触电的原因有多种，如接触通电的电线或触碰电气设备的带电部位均会发生触电。

（一）脱离电源的处理

救助触电者的第一步是使其尽快脱离带电物体，第二步是观察触电者的情况，选择合适的救治方法。

1. 脱离电源方法

要使触电者脱离触电状态，最快的方法当然是关闭开关或拉闸，但问题是开关不一定就在附近，若距离开关较远，则应就近寻找绝缘的棍棒，将触电者与带电物体分离开。最好是木制、竹制或塑料制的棍棒或管子。如果近处没有这种绝缘物，则可以站在木制或塑料制的物品上，将自己的手部先多裹几层干燥的衣物，然后再去拉扯触电者的衣服，使其与带电物分开。

如果触碰的是高压电，则不要私自上前救助，应迅速寻找开关关闭或通知专业人员来处理。

2. 对症救治

对于被救下的触电者，应视情况选择以下方法中的一种对其进行救治。

（1）若触电者神志清醒，也不要放松警惕，再观察一段时间后确定无不良反应，才可让其恢复正常活动。

（2）若轻度昏迷或呼吸较弱，可用拇指按压其人中、十宣、涌泉等穴位，之后送往医院做进一步检查和治疗。

（3）当触电者有心跳却不能自己呼吸时，选用口对口人工呼吸的方法对其进行急救。

（4）若呼吸与心跳均停止，则应迅速采用心脏复苏术，配合仰卧压胸和俯卧压背法。

（二）应急施救的方法

上文中提到的救治方法具体操作如下：

1. 口对口（鼻）人工呼吸法

将触电者仰躺着放置于平整的地面上，抬高其下颚，使头部后仰，松开其领口，并清理干净其口鼻中杂物，若其紧咬牙关，则用力捏住他的面颊两侧，若他的舌头后缩，则将舌头用手拉出口部并用绷带固定住。施术者，跪坐于被救者一侧，一只手捏住鼻孔，另一只手捏住脸颊，使其张开口，深吸一口气后，屏住呼吸，迅速包住被救者的口部，将肺部空气完全吹入，约 2 秒后松开捏住被救者鼻孔的手，在其将气体呼出后进行下一次吹气，吹气次数应控制在每分钟 15~19 次。

2. 俯卧压背法

将触电者胸部朝下放置，面部不要朝下，将其头部放置于一名救护者的臂弯中。另一名救护者跪跨于触电者大腿两侧，伸展双臂，双掌放在触电者后背上，大拇指朝内，其余 4 根手指朝外贴紧后背肋骨，将上半身的重量通过手臂转化为压力作用于被救者后背，按压一次后身体后撤，待空气进入其肺部后，进行下一次操作，按压次数以每分钟 16 ～ 20 次为宜。

3. 仰卧压胸法

触电者采用仰卧姿势放置，面部不要朝上，在其后背塞入一只靠垫，使其胸部隆起。施术者跪跨于患者胯部两侧，手掌放于触电者胸部位置，掌心向下，拇指朝向患者头部，其余 4 根手指并拢朝外侧，手臂保持伸直状态，身体向前，利用上半身的重量按压患者胸部，当其肺部空气被压出后，重心后移，使其胸部自然扩张，约 2 秒后进行下一次按压，按压次数控制在每分钟 16 ～ 20 次。

4. 胸外心脏按压法

被救者心脏停搏时，应即刻采用胸外心脏按压法，施行步骤如下：将触电者以与口对口人工呼吸相似的体态放置好，解开其脖领及胸部纽扣，之后跪跨在被救者的腰部两侧，左手掌在下，右手掌在上，两手平行重叠，左手手掌根部抵住被救者胸骨下方 1/3 处，手掌根部用力，重心前倾按压胸部，之后后移，使胸部自然隆起，再进行下一次按压。若患者是成人，将其胸部下压 3 ～ 4 厘米，每分钟按压 60 次左右。

若触电者心跳与呼吸皆无，应配合使用口对口人工呼吸法。若只有一名救助者，则应该交替使用这两种方法，先吹 2 ～ 3 次气，再按压 10 ～ 15 次。

第八章　户外运动的风险管理

第一节　登山户外运动中风险管理的重要性

户外运动是在自然环境中进行的，大自然中本就存在着各种各样的危险，尤其是登山探险危险因素则更多。在户外，弱小的人类面对复杂多变的自然，常有不同程度和种类的伤亡事件发生。客观存在的自然因素只是伤害发生基础，并不一定会对登山者造成大量伤害，而伤害很多都是登山者主观因素造成的，如登山准备不足或突发事件时处理不当。大部分伤害事件的发生，是由这两方面因素共同作用造成的。所以为了登山这项运动更加安全，加强风险管理工作意义重大。

为了方便研究和表述，在下文中会以“山难”一词来概括登山与登山户外运动中发生的重大灾难性事故。最为严重和典型的山难莫过于造成人员死亡的事故。研究者应从这类事件入手，针对其发生时的具体情况和规律进行研究，制定出更加科学有效的风险管理方法与措施，以减少或避免山难的发生。

一、中国山难史的第一阶段

我国的现代登山运动始于 1955 年，而于两年后就发生了第一次山难，事件发生于攀登贡嘎山时，当时的国家登山队中有 6 名队员成功登顶，但却有 4 人遇难，其中 3 人在下撤途中从山上坠落而亡，另一人遭遇雪崩。自此之后，我国的户外运动参与者不多，开展的项目也较少，至 2000 年为止，山难通常发生于高山探险，这便是我国山难的第一阶段。在此期间所发生的山难见表 8-1。

表8-1 1955—2000年中国登山者遇难人数汇总表（共计33人）

人数	山名	时间	性别
4人	贡嘎山	1957年6月	4男
1人	慕士塔格峰	1959年7月	1男
2人	珠穆朗玛峰	1960年5月	2男
5人	公格尔九别峰	1961年6月	4男1女
1人	珠穆朗玛峰	1966年春	1男
1人	珠穆朗玛峰	1975年5月	1男
1人	珠穆朗玛峰	1978年4月	1男
3人	珠穆朗玛峰	1979年10月	3男
6人	梅里雪山	1991年2月	6男
2人	阿尼玛卿峰	1994年8月	2男
1人	雪宝鼎峰	1999年	1女
3人	玉珠峰	2000年5月	2男1女
2人	玉珠峰	2000年5月	2男
1人	珠穆朗玛峰	2000年10月	1男

由于我国早期的登山采取的都是大兵团作战的方式，工作人员的人数和种类众多，很难与登山队区分清楚，这造成了我国高山探险遇难率统计值偏低。这一点外国的研究统计数据较为准确。

有材料表明，每年在阿尔卑斯山区登山者有300 ~ 500人遇难。据英国喜马拉雅山基金会主席沃德先生统计，从第一次试登开始到完成10座世界上8000米以上高峰的首登为止，发生的所有山难中，死亡总人数高达64人，其中登山队员有23人，死亡率是6% ~ 7%，剩下的41人则是搬运工人。这个死亡发生率是比较高的，其原因可能有以下几点：

（1）早期登山时各种条件和装备缺乏、简陋。

（2）统计的全部是首次试登到首次成功地攀登8000m以上山峰的活动。首次攀登遇到的困难要比再登大得多。

（3）仅计算了登山者的死亡发生率，不包括随同的其他工作人员。

根据日本的统计，在 1959—1971 年发生的山难中，日本登山者共有 2495 人死亡或失踪，年平均遇难者 192 人。在这 13 年间死亡人数呈逐年递增形式，但因为每年参加的登山者都会比往年增多（118 人升至 243 人），死亡率反而呈下降趋势。据日本登山专家山森欣一先生的统计结果显示，在 1952—1982 年的 30 年间，参与喜马拉雅山区 6000 米以上山峰攀登的日本登山队员，有 126 人死亡，占总参与人数的 2.8%。

二、中国山难的第二阶段

自 2001 年起，即进入 21 世纪以来，是中国山难史的第二阶段。在这个时期中，我国的登山运动和山地户外运动得到了迅速发展。高山探险从平民不可企及的殿堂走出来，进入了普通民众的生活，广大民众的参与，使户外运动蓬勃发展，各种户外运动的参与人数越来越多，每年成百万的增加。山地户外运动已由国家体育总局 2005 年列为我国正式开展的体育项目。

随着中国山地户外运动的兴起，山难发生的特点又有了新的变化。

2001 年底共查访到 229 家各种形式的俱乐部，它们分布于除安徽、内蒙古、宁夏等以外的 28 个省市自治区，对其中一半以上的俱乐部进行走访，并对 45 家资料基本完整的俱乐部的有关数据进行了统计分析。从 1989 年我国第一家开展户外运动的民间社团成立开始，1989—1998 年间共成立了 8 家，占样本的 17.8%。其余 37 家均成立于 1999—2001 年，占样本的 82.2%。三年间每年共拥有会员分别为 6925 人、14386 人和 30197 人，参加组织活动的分别为 17098 人次、39626 人次和 105759 人次。1999—2001 年的三年间每年翻一番以上。男女人数大致相等，这是女性参与最多的体育项目之一。年龄结构以 25 ~ 40 岁居多，占 80% 以上。登山户外运动在群众最喜爱的全民健身运动前 10 名中名列前茅，已成为全民健身中一个重要的运动项目。

俱乐部共有 4 种类型：社团法人；企业法人；隶属于政府部门或企事业单位；自由结社。在 45 家俱乐部中，具有企业法人或社团法人地位的有 29 家，占样本的 64%; 有 3 家为隶属于企事业的群众团体；另外 13 家不具有法人资格，没有可以承担法律责任和行政责任的负责人，占 27%。

户外运动的兴起带动了一个新的产业链的形成。山地户外运动在快速蓬勃发展，参与人数也在不断增加，近年来已占据了山难中的很大比例，这是新时期山难的特点之一。虽然参与人数不断增加，但是登山探险的遇难人数保持稳定，探究其原因有以下几点：

（1）登山人口的基数小，纵然发生率相对于高一些，但总数不多，保持在相对稳定的水平上。

（2）登山技术、登山装备、登山经验的显著提高及登山路线的成熟使遇难的可能性减少。

（3）对登山中的危险性重视程度提高，准备较充足，应对措施较为完整。

在山地户外运动中，仍存在较多问题，如参与人数多，而又缺乏规范的组织管理；个人能力良莠不齐，生手多，常犯一些低级错误，如在山洪通道上露营等；风险意识差，准备不足；基本知识和技术不够，经验缺乏，等等。

三、山难的规避和预防的历史经验

自然灾害难以预料，由此引发的山难更是难以防范，但这并不意味着面对自然灾害我们就应该坐以待毙，我们应该做的是，保持积极的心态，勇敢面对发生的困难，以最快的速度规避危险，防止灾难降临于已身。客观因素不可避免，而主观失误是可以预防的，积极的态度和正确的应对方法可以避免或减轻山难造成的伤害。应针对每种危险建立规避和预防方案，还应该有相应的遇险救援方案，所有的这些方案，共同构成了一套完整的山地户外运动风险管理体系。

对于风险的认识也在发展变化中。传统的风险概念即是客观存在的危险。现代意义上对风险概念的理解是多元化的，简单可概括为“失去或获得某种有价值事物的可能性”。具体的解释为以下两方面：一是不能将风险等同于客观存在，客观存在的危险只是风险的一种，人类的决定和行动才是造成风险的主要原因；二是风险带来的不只是坏的结果，也应该有积极的产物。之前被动的风险理念认为风险只能带来损失和伤害，而积极的风险理念则认为风险不只会导致伤害和损失，如果我们能够克服困难，积极面对，那么在战胜风险之后是可以产生收益和造成积极影响的。

风险管理至关重要的一项就是控制好“度”，即通过对风险的研究和掌控，将其控制在我们可接受的范围内。对于一般的户外运动者，这个“度”就是不要发生致残或致命性伤害。

在登山户外运动中，不同的人群有不同的要求，对风险指数的选择也会不同，各种选择只要符合科学，适合自己就应该得到尊重。各种户外运动具有什么样的和多大的风险，其发生发展的规律，如何避免、减少和防止风险产生的危害，如何通过风险关口达到成功的彼岸，都应该获悉。当然，你首先要恰当地选择好自己能承受的风险度，并应做好能进能退的思想准备和技术装备。

山间危险是不能预防和消除的，但可以规避和减轻其造成的灾害；自然灾害是难以控制的，但人为过错和不当是可以避免的。不管是通过规避的方法免除自然危险的侵害，还是杜绝人为过失所引发的伤害，都可以归结为加强风险管理，防范山难的发生或减少山难的伤害。在举办登山户外运动时，必须将安全第一作为活动宗旨，并严格做好以下工作。

（一）加强安全教育工作

为了减少登山户外运动中的遇险次数和遇难人数，第一件事就是做好安全教育工作，这项简单的工作远比推行户外装备和教授新技术重要。通过安全教育，应使每个户外登山者深切认识到户外活动的危险性，并能将自身安全放于活动目的的首位。

安全教育要取得好的效果，就要注重广泛性和持续性，因为每年都会有新手进入户外运动，也有很多老手要去尝试更高更难的新挑战。安全教育还要发挥各方面的积极性，政府和权威部门要制定相关的管理办法、安全标准、指导手册等。媒体是最重要的宣传教育窗口，尤其是电视和行业性的报刊。从业机构可以办各种形式的培训和讲座。学校里要向学生传授安全观念和安全知识。总之，社会各方面都应该为安全教育承担责任、尽到义务。

风险和安全教育还可以起到正确的舆论导向作用，让全社会正确认识和理解登山户外运动中的危险和山难的发生，提高社会的承受能力。

（二）加强从业机构的规范建设，倡导有组织的户外活动

严密的组织和科学的战术是保证安全的大前提。在队员选拔训练、资讯准备、物资的准备和运输、适应性行军、安全登山路线选择、营地设置、天气时机的运用、待机安排、接应组织、克服难点、突击顶峰等方面都要做好精心、充足、严密的准备和组织，实行有效严格的指挥。反之，一支组织涣散、指挥不灵、队员各行其是、缺乏合作的登山队，或是队员之间互不相识、互不关心拼凑起来的临时队伍，是极易发生问题的。而且一旦发生问题，就会像雪崩一样越滚越大，局面难以收拾。严密的组织是一次户外运动成功和安全的保证，规范有资质的从业机构在组织活动上有可信的能力和不断积累的经验，不断加强这些机构的规范建设，从全局上对户外运动的健康发展是不可缺少的。在经济发达的国家，这些有风险的活动都是专业化的公司和社团组织的。

（三）出发前应进行认真的学习和准备

户外运动是一组综合性运动，涉及诸多方面，需要掌握各方面的知识、技术和技能，需要积累和学习大量的经验。出发上路前要扎扎实实地做好思想、组织、

知识、体能、技术、装备和急救物资的充分准备。这些要求在很多手册、教材中都讲述得很全面，这里只提一个大纲。

（1）知识学习：包括地理学、气象学、冰川学、医学、运动学等方面的知识。要详细了解活动地区和路线的有关情况。

（2）技术和技能：要掌握识图和定向定位、攀登技术、安全保护技术、野外生存技能（包括走路、涉水、露营等）、天气观测、装备器材的选择和正确使用、野外急救常识。

（四）提高风险管理的科学水平，科学求实、有效地进行风险控制

2000 年之前的风险管理对策主要集中于一些具体问题，如技术装备的优劣，战术是否到位，组织是否严密，后勤保障和救援措施是否完善等等。自进入 21 世纪风险新概念引入后，风险管理有了更细致可靠的执行方法，构成了一个完整的现代风险管理体系。这一体系由以下 5 个方面构成：

（1）危险因素识别。这是进行危险管理的第一步，也是至关重要的一步，应在活动开始之前将参与活动的人和装备以及环境这些主要因素分别可能产生的危害、事故和损失进行罗列，制成表格。

（2）风险分析。即对上述危险列表进行分析。应从以下几方面考虑：可能引起危险和事故的原因与机制是什么，会在何人何地何种状况下发生，务必对重要的动态因素进行分析。其目的之一是确定各风险可能造成的伤害程度。

（3）安全控制手段。根据风险分析的结果，选择相应的防范手段，将风险降至最低，损失降至最小，确定后一定要准备好预案。通常情况下会选择从领队的角度提高安全控制能力。

（4）风险评估。即对上述三项内容进行检查和评估，目的是判断风险管理是否合理有效且具有预测性，判断采取的安全控制手段是否是将损失和风险降至最小的方法。这种评估并不只是主观判断，也要与事实进行对比，并为之后的风险分析与控制提供经验。

（5）风险对策。实际上是对整个风险管理措施的回顾和总结，是以活动中实际发生的状况为依据的，目的是提高整个安全管理的水平。在实际操作中，风险管理表格只体现危险因素识别、风险分析和安全控制。其中危险因素识别和风险分析可以进一步细化。

最后我们概括一下：

第一，客观危险是难以预测的，但其带来的风险是客观存在的，我们可以通过研究其存在和变化的普遍规律，采取相应措施规避其引发的山难，尽量减少甚

至避免伤害和损失。

第二，主观危险因素是可控的，它在山难中起着相当重要的作用，如能力不足是可以通过后天学习改变的，而人的失误是可以通过管理手段来避免的。当然每个人都不可能一生不犯一点错误，犯错并不可怕，可怕的是发生后不努力学习、改变和提高，令这种错误一再发生。

第三，通过科学的风险管理手段把风险控制到预定可以接受的程度。

第四，合理利用风险管理，发挥户外运动的更大效益。

第二节　现代的户外运动风险管理

一、现代户外运动风险管理的概念

（一）危险的含义

危险是导致事故发生的各种因素，可分为客观危险和主观危险两种，无论哪种都有可能引起山难。前者是指意外事故或自然灾害，后者是人为失误的事故。实际上，绝大多数山难是由综合因素造成的。有关文献中曾对 11 例事故进行了详细分析，结果表明导致每例事故发生的危险因素达到 25 个以上。尤其要强调的是，大多数事故发生中都有主观上的认识不足和错误。

（二）风险的含义

旧的风险理念与危险意思相同，认为是客观的危险，如山间危险、天气危险等。现代的风险概念则是一个多元化的概念，指“失去或获得某种有价值事物的可能性”。而风险不单是由客观危险引发的，它与人类主观的决策和行动导致的结果密切相关，所以有的学者提出：任何事情本身都不是风险，世界上本无风险，但是另一方面，任何事情都能成为风险。这句话有些玄妙，仔细揣摩也有一定的道理。这取决于人们如何分析其中的利弊，如何对待其带来的得失。

总之，风险不尽然是消极的或危险的，也不单只会造成损失，实际上由于风险的激发作用反而会带来意想不到的收益。关键在于以何种态度来对待风险，而积极的态度才是户外登山运动所需要的态度，当我们以这种态度来面对风险时，便赋予了险情和山难新的意义。

（三）风险类型

根据风险的实际存在形态，可将其分为以下三类。

（1）实在风险。必然发生的危险、事故和损失。

（2）潜在风险。可能发生的危险事故和损失，当然也可能不会发生。

（3）意外风险。不可抗力因素造成的意外危险、事故和损失。

（四）导致户外风险的因素和安全控制

（1）风险因素。能够引发风险产生的因素有多种，这些风险的主要来源是人、环境、活动和装备（图 8–1）。

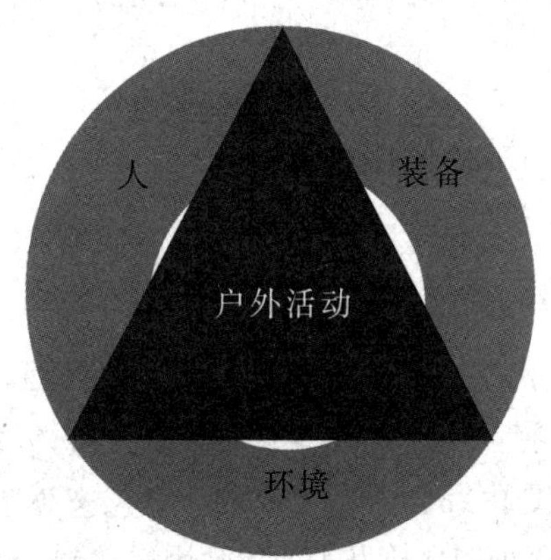

图 8–1　风险的危险成分因素

来自人的因素主要指人的身体和心理状况、人所具备的知识和技术、人的体能如何、是否积累了相关经验、是否善于沟通和交流，等等。活动的类型和在活动中使用的装备对产生风险的影响也很大。这些因素并不是相对孤立的，而是组合在一起作用于风险，使风险发生的几率和级别成几何倍数的放大。以下图形更直观地表明了这些因素对风险的影响（图 8–2）。

图 8–2　导致风险的因素

环境因素包括天气与地形两个重要因素。在对这些环境因素进行评估时通常会从三个角度进行考量：一个是气候，主要是指进行活动时的季节，一个是活动地点，再一个就是活动的内容，指的不仅仅是静态的内容，还要考虑到活动进行时会产生的动态变化。

（2）安全控制因素。对于上述提到的风险因素，有些难以控制，例如环境因素，有些是可以通过一定的手段来进行控制的，例如对于活动因素就可以通过组织领导、计划安排和经验判断的方式来进行控制。

危险因素和安全控制因素相互之间此消彼长。我们可以用一个活塞模型来解释这两者之间的相互关系，可以将整个活动看做是活塞桶，危险因素就像是活塞，它最初所引起的风险，即静态风险是一个定值，而当这些因素发生动态变化时，若不加控制，风险会以几何倍数形式放大，而阻止这个动态风险继续变大的活塞杆就是风险控制因素，最终这两者之间会达到某种平衡。由此可见，如果安全控制做得好，就可以将动态风险降到最低，进而使整个风险水平得到控制。换言之，如果没有安全控制，这些危险因素导致的风险将大到难以预料。

（五）其他相关概念

（1）探险：指目标不明确的探索和体验，其结果有很高的不确定性。引起这种结果的原因通常是信息不完整、不清楚或参与者的能力不足。但这种活动应是有目的、可以自主选择的，有一定的可控性，因此有成功的可能性。

（2）冒险：指的是盲目性的探险，是在连最基本的准备和认识都没有的情况下就进行的盲目的、侥幸的行动。

（3）极度体验：更大限度地发挥体力和全面素质能力，感觉到潜能迸发是得到兴奋感和成就感时的体验。

（4）挑战：面对降临的危险，将个人和团队的能力激发到最大，在危险情况下，共同战胜困难，克服结果的多变性。

（5）安全：通过控制来消除或规避危险导致的各类事故。

二、户外运动风险管理的原理

（一）户外运动中的风险与快乐及创新并存

户外运动的引人入胜之处就在于它给人们带来的特殊体验，它使人们感受到面对风险时的紧张与刺激，也给人们带来了战胜风险后的快感。对每一位参与者来说，都会是一段非常难忘的经历。使人们在活动中积攒了更多的自信，迸发了更多的创造力。这种显而易见的特有价值使人们对这类活动欲罢不能。

探险可以给其参与者带来自尊心得到满足；自信心得以提升；体验面对困难和挑战时带来的澎湃心情；体验战胜困难或挑战成功后的成就感和幸福感。

探险体验教育基于那些富有挑战性或能给人带来刺激的活动，换句话说就是能带给参与者许多前所未有的体验的活动。在探险体验教育中，会有很多种不同的群体，也会有许多从未遇到的困难，这样的组合使每一次探险体验都独一无二，在这种氛围中，每一个参与者最终都突破了自己的局限，完成了难以想象的任务。因此，探险体验教育是帮助个人成长与发展的良好途径。

户外活动领队会通过有意识地增加风险，促使活动参与者离开他们舒适的生存空间。但也有一些从事户外活动的专业人士一直对这样做的价值表示怀疑，他们建议，通过提高项目的稳定性来增加活动参与者的安全感，进而提高参与者对参加活动的兴趣和积极性。他们发现，这种方法尤其适用于新手、承受过屈辱的人，还有那些易于焦虑烦乱的人。这些专业人士认为，安全舒适的活动环境和能够相互认可的活动氛围，可以促进参与者的成长。所以，安全舒适就成为了所有探险活动的理想基础，而参与人员在确保人身安全后，会进一步的要求情感安全。

（二）社会对户外风险的容忍和接受程度

社会对领队的道德要求与对风险的容忍程度基本上是一致的，总的来说就是：可以接受并允许自己有计划地去“冒险”，但绝不可以将别人置于险境。

社会通常对日常生活中存在的如交通事故和自然灾害等这样的风险有较高的容忍度，即使这些事故在我们的身边时常出现。但对于通常风险率很低的活动，特别是在已预知风险的制度框架下，如对于学校、探险旅游业或户外团体发生的风险会产生强烈的反应。因此这些组织有责任确保其项目和设施以最高标准达到公共安全的要求。如若发生事故，社会反响将异常强烈。

有些状况会导致更恶劣的社会反应，具体如下：

（1）参与者专业水准较低，团队活动不熟悉。

（2）领队或活动团体专业性不足。

（3）参与者对团队的活动不熟悉。

（4）对于或将发生的危险，领队未尽到告知义务。

（5）队员之间相互推诿责任，不愿共担风险。

想要灾祸在探险中完全消失是不可能实现的，只造成一般伤害，使致残和死亡不再出现也是不能达到的。实际上，在有效控制下的户外运动中的事故发生率实际上是很低的。因此，风险控制的目标一直是降低致死和致残率，使其处于人们可接受的范围内，这对户外运动来说至关重要。只有得到了社会的认可和容忍，户外运动事业才能不断发展。为了达到这个目的，既要加强风险管理，也要普及安全教育，坚持不懈地提高参与者的风险意识，慢慢地使社会接受和容忍这项运动。

（三）对风险水平的认识和承受

现代探险者希望在户外活动中获得探险和挑战的经历而不会受伤，因此希望户外领队保护他们免受伤害。但不论是否有领队，探险者们都有责任保护自己的安全。

为了提供高质量的户外体验，就要求户外领队熟知无论是心理和情绪上的风险，还是体能文化上的风险，甚至于社会上其他所有可能发生的风险。无论是主观还是客观因素导致参与者不能完成某活动时，都应立刻考虑活动继续进行下去的安全性。

户外领队无论从道德层面上说，还是从法律层面上说，都有义务管理好户外活动中或将发生的风险。特别是法律中明确要求户外领队提供某一水准的保护，以确保活动能为参加者提供最优质的体验。

领队不仅要照顾到参与者的体验，另一项重要的工作就是管理好风险。领队可以通过开展风险或者利益管理会的形式来对风险进行管理。在进行风险评估时要参考的最重要的依据是将达成的目标和造成的结果。在制定管理策略时，必须充分考虑挑战成功的机会是多少。

根据对主观危险水平的评估、对风险控制手段的运用程度、以往遭遇风险获得的经验等，可以从以下三个层面来确定面对的风险水平，并据此决定应对风险的对策。

（1）绝对风险：即若未实施任何安全控制措施，风险可自由发展到的最大程度。换句话说，可能出现的最糟糕的情况。

（2）剩余风险：即实施安全控制措施后，仍没有消除的风险程度。这时的风险虽得到一定控制，但仍有一定几率会发生。剩余风险很难准确确定，精明的户外活动领队均会将这种剩余风险控制于人们可接受的范围内。

（3）感知风险：即任何人对于或将出现的剩余风险是何种程度做出的主观判断。与户外活动的领队或经验丰富的探险者相比，新参与户外活动的人对风险水平往往存在认识差异。人的认识通常受其个性和经历影响。感知风险往往受人的影响较大，由于人的感知差异巨大，导致感知风险的范围从零风险到绝对风险不等（图 8-3）。

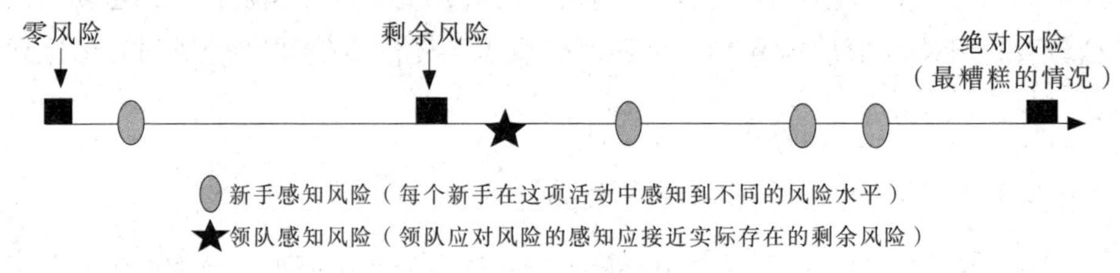

图 8-3　风险水平连续图

户外活动领队应该认识到，一个群体内不同的人对风险的认识也有相当大的不同，同一件危险的事情，有的人可能会万分小心，而有的人可能并不将其放在心上。

人们对危险的感知会受到下列因素的影响：经验水平；疲劳程度；对设备的熟悉程度；心理要素；位置；对其他人的认知；自身认识的局限性：领队使用的方法；对情况的认识；情绪；安全感；焦虑程度。

剩余风险与感知风险的协调关系如图 8-4 所示。

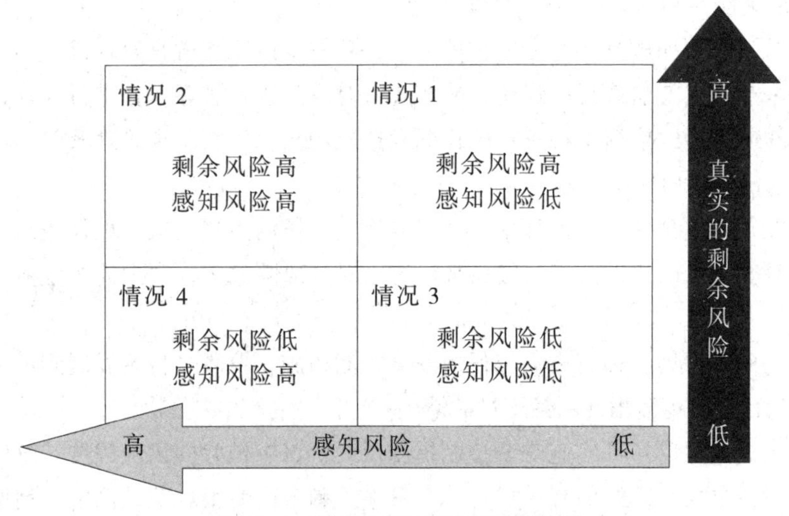

图 8-4　剩余风险与感知风险的协调

（四）户外运动的风险管理

虽说在户外活动中的体验有诸多好处，但如果出现问题，就可能造成严重的损失。因此必须建立系统化的风险管理制度。目前，在大多数风险管理的著作中，风险管理中的“风险”基本上是指发生损失的可能性。应用风险管理的原理、程序和策略，把在实现某个项目的使命和目标时可能发生的损失控制在可以接受的范围内，最终也自然会获得最理想的收益。在以下的描述中，我们也是这样使用风险这个词的，以使大家全面理解风险的概念，在分清风险与危险不同的基础上去理解风险管理中风险的含义。

例如，在一个项目中，参与者仅限于使用小刀和毛毯去搜寻食物和住处，这与使用帐篷、火炉，每天每人带上1公斤食物的自助旅行课程相比，能带给参与者更多的风险。人们不愿承受与前一项活动有关的风险，那是因为对于缺乏适当培训的初学者而言，在没有指导老师的情况下，参与其中某门课程安排的旅行可能会风险太大。培训和指导是风险管理中的重要组成部分，通过风险管理，可以更好地培养学生独立旅行和野外生存的能力。

风险管理的目标并不是追求绝对的安全，无论如何减少危险因素和提高安全控制，在登山户外探险活动中风险总是存在的。但通过影响危险因素中的动态因素，我们可以从安全控制的训练、积累经验、合理计划、提高判断力等方面不断提高活动组织能力和有效的风险管理能力。

在登山户外探险活动中，我们既要认识风险的特性，又要发挥风险的激发作用，同时也要设法尽量规避、消除和减少风险伤害，即进行风险管理。风险管理中首先要认识到风险的存在，要考虑到参与者对风险的应对能力和承受能力。如果你必须要一座雄伟的高山屈服，那么你就应该重新估量自己内心中真实的渴望。登山户外运动中的风险管理目标有三个：一是防患于未然，即规避风险，避免险情和损失的发生；二是风险最小化，降低险情和损失发生的可能性，使不可避免的风险损失最小化到可接受的结果，通过合理的风险管理手段使结果可以被理解和接受；三是利用风险管理使活动收益更大。

第三节　系统风险管理的架构

一、风险管理的方式

面对登山户外运动中的风险，我们可以根据不同的情况，采取以下不同的对策方式，把风险和损失控制在可接受的程度内，并完成既定的活动计划。

（1）规避 / 防范风险：规避客观危险，防止主观因素造成的事故。

（2）降低风险：使风险指数降低，达到可接受的程度。

（3）转移风险：分散风险、共担风险，如购买保险和雇用专业人员。

（4）保持风险：追求理想（最大）收益，接受高风险挑战。

二、风险管理的主要组成部分

（一）法规准备

（1）法律要求是由国家制定的强制性的要求。目前我国在登山户外运动管理上的法规仍很缺乏，有待行政主管部门尽快制定法规、政策和国家标准。

（2）行业标准和指导方针。这是一种强烈推荐的通常基于在业内已得到认可的最佳经验进行的总结。

（3）从业机构要建立自身的严格、严密的安全管理制度。这些制度要具体细致、便于执行。制度执行的状态和效果要与相关责任人的利害结合起来。

（二）做好信息资料的收集

（1）活动目的的资料。关于活动目的地的自然环境和交通、医疗条件、救援力量等方面的资料，在出发之前一定要进行详细的了解。有关自然环境方面，要着重了解地理、地形、气候、季节、水文、自然灾害等方面的资料，努力做到知己知彼。

（2）全国的资料。中国登山协会于2007年底发布了中国内地首次登山户外运动事故报告书，针对我国户外事故发生的状态、原因、地区分布、防范措施等进行了详尽的统计和分析，具有很强的指导作用。

（3）其他国家的资料。目前几乎没有国际户外事故资料的比较，收集到的资料常与事实本身相冲突，因为资料收集方法不一致，也不完整。国家资料之间的比较有助于突出单个国家的事故发生的特点和趋势，这种比较也能够证实一个国家的事故资料是否适用于另一个国家。

（4）工业安全生产的资料。事故发生率研究表明，造成严重伤害的事故只是冰山一角。工业事故分析发现，每发生一个严重伤害或死亡的事故，同时至少有10个轻微伤害的事故、30个造成财产损失的事故、600个造成潜在伤害的事故（比率为1：10：30：600）（图8-5）。

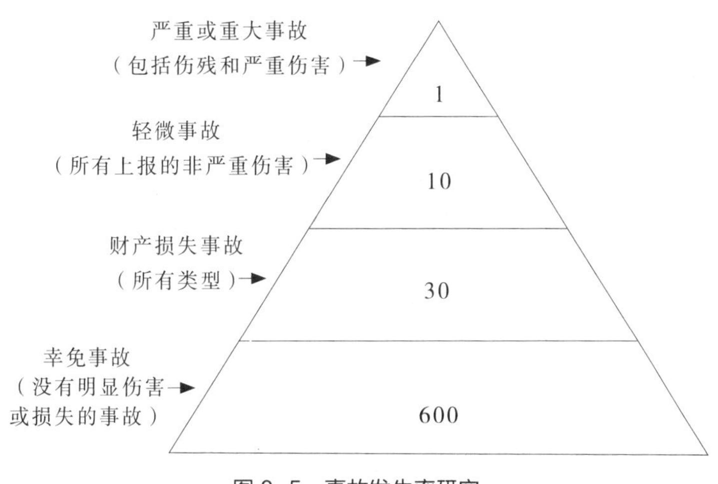

图 8-5 事故发生率研究

研究表明，未造成伤害的事故比造成严重伤害的事故多，但决不应该只重视少数的严重事故，因为从潜在的无伤害事故中会发现许多问题。

（三）从业人员（领队）的选择、培养和提高

领队是风险管理执行中的核心人物，他的领导和协调能力、技术能力、经历和经验，他对风险形势的判断和决策等在风险管理和处理险情中起着实质性的关键作用，这一点是毋庸置疑的。因此从业机构在选择领队时一定要详细考察下以因素，慎重取舍。

（1）个人的全面情况：技术、执行力、经验、全面素质等。

（2）持证上岗：领队要有通过认证的资格。

同时，由于领队所处的重要地位，从业机构不能只单方面地增加他承担的责任，也要给予关怀和支持，安排再学习的机会，不断总结和学习提高。

（四）制定风险管理方案

风险管理计划，又称之为安全管理计划（图 8-6）。

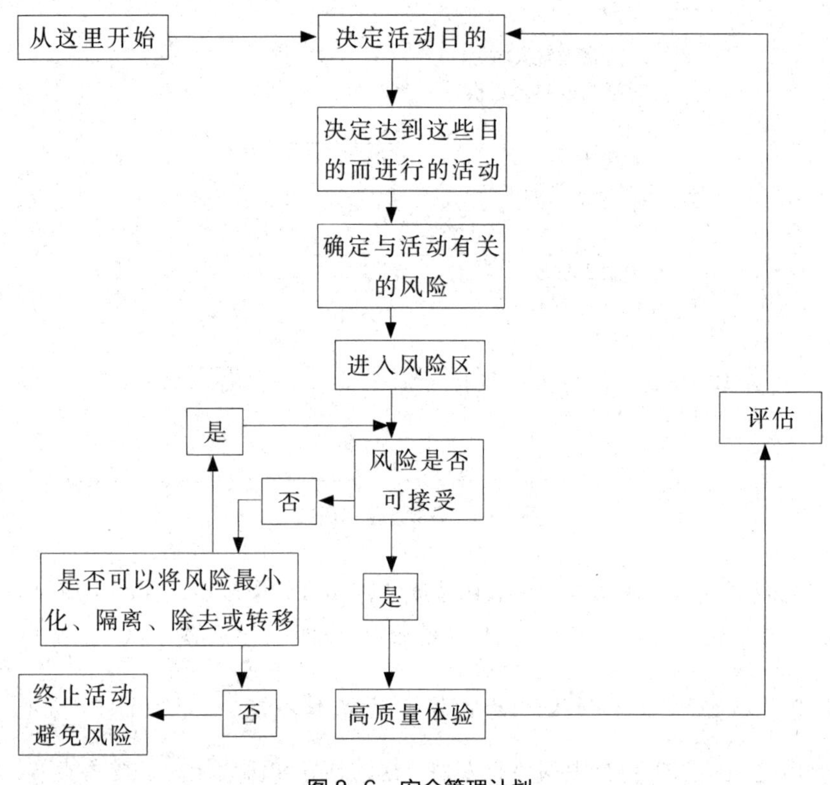

图 8-6 安全管理计划

制定风险管理计划有三个流程。首先，要确定活动的目的，并为实现预期目的而选择适当的活动项目和内容；其次，确定风险管理的策略，包括风险识别、风险分析、风险评估、风险控制手段等（表 8-2）；最后，通过风险全程监控的记录，对风险管理计划在实施中的效能和问题进行总结评估，指出哪些风险已被有效化解，哪些风险未被识别或未使用正确有效的方法去控制和化解，从而为今后风险管理水平的提高，提出完善、改进的意见，使之更加全面、有效。

表 8-2 风险管理表格

风险识别		风险分析			风险评估			选择管理手段	
种类	原因	风险控制方法	结果	几率	结果值	可能性值	风险值	可能带来的其他风险	收益
晕车	自身体质	调整座位	小	可能	10	0.3	3	无	减轻晕车
		用晕车药	最小	可能	1	0.3	0.3	无	
	颠簸	走较平的高速路	小	可能	10	0.3	3	无	
车祸	司机驾驶不当及车辆本身问题	事先提醒司机安全驾驶、检修车辆	小	不太可能	10	0.2	2	无	安全到达
	疲劳驾驶	严禁疲劳驾驶							
冻伤	天气寒冷，防寒措施不够	备好防护用品	小	不太可能	10	0.2	2	无	避免冻伤
		备用药品	小	不太可能	10	0.2	2	无	减轻冻伤
滑倒	路滑、拥挤	提醒注意，合理安排赛道及分批出发	中等	可能	100	0.3	30	无	比赛顺利进行
	自行车操作不当，速度过快	赛前在相似场地练习	中等	可能	100	0.3	30	无	知识与技能
队员间或其他车辆碰撞	有过往车辆、拥挤	疏散交通	中等	可能	100	0.3	30	无	比赛顺利进行
		较拥挤路段，安排人员管理							

表 8-2（续）

风险识别		风险分析			风险评估			选择管理手段	
种类	原因	风险控制方法	结果	几率	结果值	可能性值	风险值	可能带来的其他风险	收益
滑坠	技术及操作不当	赛前讲解、示范正确技术动作	中等	可能	100	0.3	30	无	知识与技能
	坡面较滑	危险路段设保护绳网	中等	可能	100	0.3	30	无	清楚风险
	精神紧张	缓解精神压力	中等	可能	100	0.3	30	无	自信心
绳索器械擦伤	技术、操作不当	赛前讲解、示范正确技术动作	小	不太可能	1	0.2	0.2	无	知识与技能
	精神紧张	缓解精神压力	小	不太可能	1	0.2	0.2	无	自信心
溜索擦伤	绳索或器械断裂	严格按照要求对器械及绳索进行检查	中等	极少	100	0.1	10	无	保证安全
	技术不当	赛前讲解、示范正确技术动作	中等	极少	100	0.1	10	无	知识与技能
突发急病	自身体质	赛前进行体检	中等	极少	100	0.1	10	无	消除隐患
		赛中有急救车跟随	中等	极少	100	0.1	10	无	及时救治

第九章　户外突发性事故的逃生技能

第一节　户外突发性自然灾害事故的自救逃生

突发性意外灾害事故破坏性强，危害严重，难以预防。无论是自然的还是人为的，都将对社会、家庭产生极大的影响。因此，掌握该类事故的自救是极其重要的。下面将介绍几种典型的灾害事故自救方法。

一、防火技能及火灾现场自救逃生

火灾是指火不受人的控制在不该燃烧的时间或地点燃烧，最终导致人身或财产的损失。火灾是日常生活中最为常见的一种灾害，它的存在时刻威胁着公众安全，阻碍着社会发展。人类学会使用火是人类区别于其他动物走向文明的标志之一，但从火被人利用的那一天起，火灾也就随之而生，人类控制火的历史，也就是人类与火灾的斗争史。这数千年来，人类从未间断过对火灾的研究，通过各种经验总结其发生规律，力图将火灾发生次数及其危害程度降至最低。

在经济高速发展的现今社会，社会财富与日俱增，引发火灾的因素也随之增加，其造成的人员伤亡和经济损失亦呈上升趋势。

火灾具有普遍性、突发性、多发性、反复性和多变性的特点，它直接关系到人们的生命财产安全和社会的稳定与发展。由于人们缺乏防火安全常识和自我保护意识，防火与自救能力薄弱，因此，在火灾发生时发生伤亡的事故时有发生。

当火灾发生时，不要惊慌失措，应充分利用周边的消防设施扑灭，一旦火势无法控制，应立刻采用正确的逃生或避难方法，从正确的逃生路线撤离现场。

（一）预防

对于火灾，在中国古代，人们就总结出“防为上，救次之，戒为下”的经验，意思是说，预防为上策，抢救为中策，警戒为下策。这一思想对我们认识安全生产问题具有指导意义。中国消防工作的方针“预防为主，防消结合”，人人都应该自觉遵守消防条例，养成良好的防火习惯。如不随意乱扔烟蒂；躺在床上不吸烟；教育小孩不要玩火，应把火柴、打火机等放在小孩拿不到的地方；要在规定的区域和时间内安全燃放爆竹；外出时、睡前要熄灯；关闭液化气阀门等。

（二）火灾致人死亡的原因

总体来看，火灾导致人员死亡的主要原因有以下几点：

1. 有毒气体

火灾产生的有害气体中，毒性最甚的当属 CO。CO 吸入人体后即与血红蛋白结合成为碳氧血红蛋白，当人体血液中碳氧血红蛋白的含量超过 10% 时，就会发生中毒死亡。在火灾中的受害者尸体中可以检验出微量的氢氰酸和其他有毒物质。

2. 缺氧

大火燃起时，由于氧气的助燃作用，空气中的氧气大部分被消耗掉，所以火灾现场的空气中氧气含量远低于正常空气，现场空气中夹杂有呛人的烟气，所以火灾中的人极易缺氧而亡。

3. 烧伤

火灾现场灼热的火焰以及火焰燃烧产生的巨大热气流极易对人体皮肤造成巨大伤害，若皮肤烧伤面积过大就很难痊愈，易引发感染或其他并发症，导致受伤人员不治身亡。

4. 吸入热气

即使没有中毒和缺氧，处于火灾中的人吸入的灼热空气也会伤害到人体的气管和肺部，造成气管炎或肺水肿，严重时会致人死亡。

（三）火灾的自救

大火是无情的，如未能及时逃生，被困于火场之内只能静待消防人员救助时，也不要消极对待，应迅速观察火势和周围地形，利用周边有利于自己的物品，找到有利位置，尽可能的保全自己，为救援人员争取更长的救援时间，也为自己争取更多生机。学习火场逃生知识不能存在侥幸心理，一定要在平时安全时就做到熟知熟记，因为火灾一旦降临，那种紧张感很容易使人遗忘，只有平时非常熟悉才能在紧急关头应对自如。

1. 绳索自救法

发生火灾的建筑不太高时，如身边有绳索，则可将其拴于门、窗、栏杆或其他结实的重物上，之后沿绳索爬下。之前最好先用毛巾或手套将手部保护好，下爬过程中，应两手交替进行，脚部务必要成绞状夹紧绳索。

2. 匍匐前进法

火灾产生的有害气体大部分集聚在整个空间的上半部，故而逃生时应将体位降低，采取弯腰或匍匐状前进。但发生石油液化气或城市煤气火灾时，不应采用这种方式。

3. 湿毛巾捂鼻法

火灾产生的烟气多是高温高毒的，极易造成人员中毒或呼吸系统及肺部伤害，故而在撤离现场时多采用用湿毛巾捂鼻的方法，不仅可以过滤少量毒气，还能够起到降低吸入空气温度的目的。

4. 棉被护身法

将棉质被褥、大衣或毛毯等物泡于冷水中，取出后迅速裹于身上，按正确的路线迅速穿过火场到达安全区。

5. 毛毯隔火法

将毛毯等纺织物固定于关严的门上，之后不断向上泼冷水，这种方法可以在短时间内阻碍大火的蔓延势头，减少有害气体的侵入，为进一步逃生争取更多的时间。

6. 被单拧结法

家住高层，应准备一根逃生用的打结绳索，但是很多屋主是不会考虑这个问题的。一个有效的替代品就是利用床单、被罩或窗帘等撕成条或拧成麻花状，制作一根临时绳索，一端牢固地绑在能够支撑身体重量的物体上，一端从窗户延伸到地面，逃生时的攀爬动作参照绳索逃生法。

7. 跳楼求生法

这种方法不可轻易使用，当情况万分紧急时才可以考虑，当发现待在室内将比冒险跳楼逃生危险性更大的时候，住在低楼层的居民可采取跳楼的方法进行逃生，但不要站在窗户上就往下跳，应选择一种方法来降低自己与地面的高度，为了减少落地时的冲击力，如有条件可以先将床垫和其他有可能起到缓冲作用的物品扔下。首先让孩子和老人先逃生，让他们的脚先伸出窗外，抓住他们的手腕，尽量放低他们的身体，然后再放手让他们掉进刚才准备好的缓冲物上。如果此时已有邻居过来，就更能帮助你接住孩子或安抚已经从窗户逃生的家人。

最后一个离开的人也应双手攀住窗沿，放低自己的位置，减少下落时与地面的距离。

落地接触地面时要屈膝缓冲，随之向冲力方向滚动，避免撞击力过大而受伤。滚动方法有两种。一是伞兵式滚动。这种滚动是用来防止高速猛力冲击坚硬地面时的伤害。方法是在双脚着地时尽可能地夹紧双腿和脚后跟，屈膝，手臂蜷屈，然后沿大腿和肩部滚动，让双腿自然摆动。二是背向滚动。在落地时没有横向的力和速度，只能用双腿承受全部的撞击力，但必须在这种力量冲击到脊椎之前分散掉。因此在触地之前，微屈双腿。触地后屈膝缓冲，并向后倒地滚动，双臂尽最大力量拍击地面，以减少撞击力对脊椎的影响。

8. 管线下滑法

若发生火灾的建筑物外墙有电线杆或避雷针引线，或者阳台旁边有电线杆，那么我们则可以借助这些管线滑下逃生，逃亡时应逐个进行，避免管线承重过大而造成损坏，如若不然，不仅断了逃生之路，而且还有可能造成人员坠落。

9. 攀爬避火法

通过攀爬窗口和阳台的外沿等突出物来远离火场。

10. 楼梯转移法

如果大火从楼下燃起将逃生楼梯堵死，可以改变逃生路线选择向上爬至楼顶，进入其他单元的楼梯下楼逃生。

高楼起火时切勿乘坐电梯，由于大火常引起断电，如被困于电梯中，反而处于更危险的境地，而且人员在电梯里随时会被浓烟毒气熏呛而窒息。

11. 卫生间避难法

若所有逃生路线均被堵死，只能等待救援，那么应选择阳台、窗口或卫生间这些场所进行避难。可用毛巾或其他大块儿布料塞住门缝，不断泼水于地面和门上。切记不可藏于床底、橱柜和阁楼中，这些位置最为易燃，且极易积攒烟气。

研究表明，人体对高温烟气的忍耐是有限的。65℃时，人可短时忍受；120℃时，15 秒内会产生不可恢复的损伤；而 140℃时，只需大约 5 秒；170℃时，只需 1 秒。

若在冬天，着火层在较低的楼层，大致 3 分钟，走廊内的烟气温度便达到 127℃，而夏季，时间还要短。

因此，看到烟气正在向自己房间蔓延时，建议先封堵房门间隙，用湿毛巾梧住口鼻，暂时等待一下再出房门，这个过程大致 30 ~ 60 秒。

12. 火场求救法

如遇火灾，可于阳台、窗口或屋顶等与外界连通处，通过呼喊、敲击或投掷物品的方式与外界取得联系，光线好时可同时挥动鲜艳的物品，光线昏暗时可挥动白色布条或手电筒来达到呼救的目的。

13. 逆风疏散法

应注意观察火灾现场的风向流动情况，通常应向上风口撤离，可以减少火焰和烟气带来的伤害。

二、水灾中的逃生

水灾指的不仅仅是常见的洪涝灾害，它有更广泛的定义，无论是泛滥的洪水，还是长时间暴雨引起的积水，甚至于只是土壤水分过多，只要对人类社会造成了伤害，就称其为水灾。水灾也是世界上具有较大危害的自然灾害之一，并且同火灾一样难以根除，一旦引发，就会对民众的人身安全及财产造成重大损失，对经济发展的危害更是不言而喻。所以对于水灾的防范与治理，被世界各国广泛重视。2010 年 4 月底至 5 月中旬，我国南方地区多次出现强降水过程，暴雨造成的洪涝灾害遍布广东、广西、湖南、湖北、江西、福建、四川、重庆、云南、贵州、安徽 11 个省区市，共计 1600 万人受灾，直接经济损失超过 80 亿元人民币。

（一）水灾的主要特点

（1）季节性强，频率高。水灾主要集中在汛期，其中 6—8 月份发生的水灾约占全年山洪灾害的 80% 以上。

（2）区域性明显。易发性强严重的水灾通常发生在河谷、湖溪沿岸以及低洼地带，尤其在暴雨集中的山区，由于雨势过大形成的地表径流冲击山体会引发山洪等灾害。

（3）来势迅猛，成灾快。山丘区因其地势的特点，降水形成径流的速度会非常快，流速会相当大，有时仅短短几小时就会引发灾害，很难预防。

（4）破坏性强，危害严重。地表径流冲击山体，常常衍生出如崩塌、滑坡和泥石流这样的地质灾害，水灾还会造成一些其他后果，如造成公路运输中断，河流改道冲毁耕地和房屋，甚至造成人畜伤亡，其破坏性极强，严重危害了人们的身体及财产安全。

（二）水灾来临前的预防

中国幅员辽阔，几乎每年都有一些地方发生或大或小的水灾。尤其是水灾主要集中的汛期，应多予以关注，预防洪水发生。据多年来的经验，针对水灾应有以下准备：

（1）应熟悉撤离路线，认清路标，明确撤离的路线和目的地，避免因为惊慌而走错路；应熟悉预警信号，多加关注洪水预警，及时获知周边水域的情况，如水面高度，还有若发生水灾将波及的周边区域。

（2）一般在洪水发生前，会有充足的时间进行警戒，因为洪水的流速较暴雨形成的径流缓慢得多。一旦洪水预警响起，应先预估洪水的高度，然后于门外和窗栏外用沙袋垒起比之更高的防水墙，这种沙袋通常是将沙土、碎石和煤渣等装入编织袋或麻袋制成的。制作好防水墙后，关严门窗再用旧毯子和棉絮将缝隙堵严。

（3）应做好相应的物资储备，如多备饮用水、罐装果汁、衣服及一些药品，包括感冒药、治疗痢疾的药和治疗皮肤感染的药等，这些均有助于提高避险成功率。

（4）应准备多种可用于联络的物品，一旦有不测发生，可用其传递信号。如手电筒、蜡烛、打火机等发光物，旗子或彩色衣服等鲜艳的布块，哨子或其他可以发声的物品，汽车也应加满油。

（5）应学会扎制简单的木筏，轧制材料可以从周围选取，只要在水中可以漂浮起来即可。如可以漂浮的木制品家具，像床柜、木箱、木梁、木质的桌椅板凳等；中空密闭的容器也可以，如可以盖紧的油桶和储水桶等。

（6）如长时间内大风和暴雨不断，则应提高警惕，搬离下游河道和低洼地区，选择地理位置较高的地区驻扎，应经常观察水位情况，如有危险及时转移。

（三）水灾发生时的自救

如果水灾发生过快，来不及转移，应做如下处理：

（1）应保持镇定，立刻向最近的山坡、高地、楼房和避洪台等较高位置逃离，时间确实不够时可以爬上屋顶、楼顶或树顶暂避，联系救援人员来营救。

（2）如在房间内，应立即用沙袋等物堵住大门，防止洪水流入，最好的做法是将沙袋置于门槛和底层窗槛外。

（3）面对上涨的洪水，应在楼上也做好必要的储备，饮用水、食物和衣物这三样必不可少，如条件允许，应准备烧开水的用具。

（4）如情况严峻，暂避之处已无法自保，应立即穿戴好救生物品，乘坐准备好的自制木筏逃生，如没有制好的木筏，门板和床板也可以，但应该用绳子将其捆牢，如没有绳子，将床单或被套撕成条状来代替。登上木筏之前，应先测试其是否能漂浮，应随身携带好饮用水、食品和发送信号的工具，离开暂避处之前，应多食用一些高热量的食物和热饮，关掉电源和煤气阀门，无法带走的财产也应收好。另外，离开时携带几根划桨也是必不可少的。

（5）如不幸被卷入洪水，应尽量抓住固定的或能漂浮的物品。

（6）如被困于洪水中，应迅速与所在地的防汛部门取得联系，告知方位和所遇的险情。千万不要自作主张妄图通过游泳的方式逃生，更不可以攀爬电线杆、铁塔和泥土房屋。

（7）如洪水引起高压线铁塔倾斜，或高压电线断开垂下，应立刻远离，避免触电。

（8）洪水退去后也不可放松，应积极配合政府做好防疫工作。

三、地震时的安全自救

在我们生存的地球上，实际上地震并不罕见，年均次数高达500多万次。也就是说，每天都会有上万次地震发生。但是真正威胁到我们的却很有限，因为大部分震级太小或发生地人迹罕至，我们感知不到。每年会对人类造成伤害的地震有一二十次。从唐山、汶川到玉树大地震，顷刻便使现代化的城市和乡村夷为废墟。因此，事先掌握一定的避震知识和方法，地震来临时，就有可能劫后余生。

四川安县桑枣中学的师生在汶川地震中无一伤亡，他们之所以能够做到这一点，关键是学校能将逃生技能贯彻在日常教学中，把握住了这珍贵的“万一”逃生机会。

（一）地震前兆

地震是由于地球内部长期积累的能量突然释放出来，从而引起的地球表层的震动。迄今为止，人们对地震还没能完全认识，而所谓前兆与地震的对应往往也是经验性的，尚未找到一种普遍适用的可靠性。只能是在一定条件下做出一定程度的预报，这也是地震对人类产生重大损害的原因之一。

地震发生前，在自然界中会发生与地震有关的许多异常现象，之所以说是异常现象，是因为这些现象的发生是有悖常理的。例如，一些花居然在冬季发芽、开花甚至结果，或者一些植物突然间大规模枯萎或生长异常茂盛；有地声、地光、地雾、地动或地鼓等异常的地面现象发生；日光灯未开自明，收音机突然失灵，电子闹钟时快时慢等异常电磁干扰出现；发生泉水突然喷涌或断流，井水变色变味或突然冒泡翻花，正常的地面突然出水、冒沙或泥等异常的地下水状况；许多动物的某些器官感觉特别灵敏，当它们感知到这种异常的声波时，会发生异常的过激反应，如鱼儿跃出水面、本应冬眠的蛇出洞、狗吠不止、猪牛等牲畜跳圈。

（二）地震的自救和互救

震后，首先要做的事就是自救和互救，这样可以为自己和他人赢得更多的生机。若在废墟中发现伤员，第一步是确定其头部位置，然后尽快使其头部露出地面，之后是胸腹部，先保证其呼吸顺畅，如被救人员已窒息，应马上施行人工呼吸。切记整个施救过程应轻且快，绝不能生拉硬拽。

1. 地震逃生十法则

（1）躲在桌子等坚固家具的下面。震动持续时间约 1 分钟，这时应把保护自己和家人的人身安全放于首位。应迅速躲藏于较低且坚固的桌子下面，两手抓紧桌子腿以固定自己身体，若没有适合的藏身之处，或来不及藏身，请务必用抱枕或坐垫等物保护好头部。

（2）地震时立即关火、灭火。大地震时，道路损坏，不能指望消防车来灭火，因此，此时及时关火灭火，将在很大程度上降低地震带来的灾害。一旦失火，家人和邻居一定要团结起来，积极进行早期灭火，因为初期火灾在 2 分钟之内通常是可以扑灭的。为了能及时灭火，日常生活中请在易着火的场所附近放置足够的灭火设备。

（3）不要慌张地向户外跑。震后撤离时，切勿慌张，应仔细四处观察，确定好安全的撤离路线。远离水泥预制板墙、自动售货机等易倒塌的危险物体，用较软物品保护好头部，注意躲避撤离路途中掉落的碎玻璃、碎瓦片等。

（4）将门打开，确保出口。地震带来的剧烈摇晃会使门窗错位，难以甚至无法打开，为避免被封死在屋内，地震时尽量打开门，如无法做到，也应提前准备好其他逃脱手段，如应于屋内备好梯子和绳索等。

（5）保护好头部，避开危险处。地震带来的剧烈晃动，会使人们难以站稳，通常人们会下意识地抱住或倚靠身边的门柱或墙壁，但其实这是非常危险的行为，因为他们并不像平时看起来那般牢固。早在20世纪80年代末时，于日本宫城县发生的地震，就有多人因门柱或墙体倒塌失去生命或受到伤害，因此在地震中一定要注意躲避这些危险。若发生地震时身处繁华的楼区或街道中，一定要当心从高空坠下的玻璃或广告牌，最好用较软的物品或手保护好头部。

（6）依工作人员的指示行动。在人多的公共场所，如发生混乱，将使地震带来的危险进一步升级，故而一定要按照所在场所工作人员的指示行动。地下通道的危险度较低，也有相当好的应急照明系统可以应对断电，所以请不要慌张，即使有火灾发生也要依照指示，放低身姿，有序撤离。

（7）汽车靠路边停车。发生地震时，汽车将很难驾驶，震动将导致你无法掌握方向盘。此时应立即将车子停在路边，让开紧急疏散通道，并远离十字路口，停放位置切勿影响救援车辆通过。必要时，应下车和大家一起撤离或帮助他人，只关好车窗就好，不要锁住车门，钥匙也应该留在车上，方便需要的人使用。

（8）注意山崩、落石或海啸。当地震发生时，一定要远离山边，避免山崩或山边落石对自己造成伤害。如果身处海边，一定要警惕海啸的发生。请多多关注电视或收音机传达的信息，无论在什么地方，都要及时转移到安全的地带避难。

（9）避难时要徒步，少携带物品。火灾这种灾害也常伴随地震而发生，对人们的人身安全造成了更大的威胁，故应及时采取措施予以避免，一般情况下会以街道为单位，在防灾组织的负责人或警察的带领下，以徒步的方式进行避难。去避难时只带必要的物品即可，一定不要使用交通工具。

（10）不听信谣言，不轻举妄动。地震的发生会使人们产生极大的心理恐慌，每个人都应该通过收音机等设备，听从并相信政府的安排，绝对不可以轻信谣言，更不要依据谣言行动。地震可引起多种灾害并发，除剧烈摇晃引起的楼宇坍塌外，还有可能引发火灾和瘟疫，这些灾难往往导致多人伤亡。所以即使地震级数不高，人们也应迅速从建筑群中撤离出来，到开阔的地方避难。

2. 地震后自救的方法

第一，震后如果被埋一定要沉着，最重要的是树立生存的信心。

第二，稳定下来，设法脱险。

第三，想办法与外界取得联系。不要大声呼救，如周围有他人，可以通过敲击的方法来发出信号。

第四，若不能与外界取得联系，也不要放弃，要尝试自行脱险。

第五，若暂时无法脱险，也不要失去耐心，切勿大喊大叫和做多余的行动，应搜寻周围的食物和水并节约使用，以延长自己的生命，等待救援。如果受伤要想办法包扎。

3. 震后互救的方法

第一，先救近处的人。

第二，先救青壮年和医生等专业人员，这样可以让他们在救灾中发挥更大更好的作用。

第三，先救容易救的人，这样可以加快救人速度，尽快扩大救人队伍。

第四，先救生，后救“人”，唐山大地震时，丰南区一名妇女，每发现一人，则先把其头部挖出地面，保证其呼吸（能生存），然后马上转救下一个，这种方法使她在短暂的时间里救了 12 个人。

第五，扒挖时，当被救人员距离较近时，切勿使用利器；扒挖时注意分辨哪些是支撑物，哪些是一般的埋压物，不可破坏原有的支撑条件，对人员造成新的伤害。扒挖时应尽早使封闭空间与外界沟通，以便新鲜空气注入；还可先将水、食物或药品送入以增强其生命力；扒挖过程中灰尘太大时，可喷水降尘，以免被救人员窒息。对难以扒挖者，可作一个记号，以利专业救助人员施救。

4. 如何防范余震

一般经历过地震的灾民应该对余震有一定的心理准备，能根据当时所处的位置选择相应的应对措施。最重要的是不要惊慌失措，稳定情绪，避免挤伤和踩踏事件发生。余震发生时，若在家中，应立即关闭电器和天然气的阀门，迅速躲入如厨房或卫生间这样面积小的房间；若在学校，应有序撤往较开阔地区，切勿跳楼；如果在路上行走，应立即用背包、厚衣服或手护住头部，跑向较空旷地带，躲在电线杆旁或围墙下是十分危险的。

5. 危难时刻如何正确使用电梯

乘电梯时遇到地震，乘客应保持膝盖弯曲，并将整个背部和头部紧贴电梯内墙，呈直线状；如电梯有扶手，最好能够紧握扶手，尽量将自己与电梯固定，以减少可能发生的坠梯而对身体造成的伤害。

6. 高楼避震策略

第一，震中镇定应对，震后撤于户外。这种避震的方法被国内外绝大多数人所认可。据研究数据表明，地震发生时，进入或撤离建筑物的人，才是最容易被砸死砸伤的。

第二，避震位置相当重要。在楼房中避震，一定要参照建筑物的整体格局，还要考虑房间内的其他状况，选择安全的躲避位置，最优的选择是躲入一个三角空间。

第三，近水不近火，靠外不靠内。

四、海啸中的逃生

何为海啸?

海啸是一种具有强大破坏力的海浪。这种波浪运动引发的狂涛骇浪，十分骇人，波涛高度往往高达数十米，像一堵巨大的“水墙”。这堵“水墙”在极大的动力推动下，一旦冲上海岸将损毁它所及的一切生命与财产。

海啸通常是由海底地震或沿岸山崩及火山爆发引起的。一般震源在海底之下50千米以内且震级在里氏6.5级以上时，就会引发海啸。一旦发生震动，巨大的震荡波就会在海面上以圆圈形式向周围传播，其波长甚至大于海洋的深度，以至于海底不能对其产生多大阻滞，所以波的传播与海洋深度无关，无论如何都会传递到很远的地方。

现阶段，人类对地震、火山和海啸这种自然灾害的研究，只停留在通过观测来预防的层面上，完全不能控制它的发生。

第二节　户外突发性治安事件的应对措施

一、被绑架劫持为人质时的应对措施

当前中国社会稳定，经济发展，但是社会治安形势依然十分严峻，特别是绑

架劫持人质、抢劫等刑事暴力犯罪事件仍有发生。对此，应掌握一些应对常识，保持镇定，不要恐慌，这样才有被救脱险的可能。

（一）绑架劫持人质事件的分类与特点

根据对人质的控制方式可分为两类。

1. 绑架人质案件

这是指犯罪嫌疑人以秘密或公开的方式控制人质并将其隐藏，通过各种信息传递方式和第三方沟通，并以人质生命安全相威胁，以期实现自己的犯罪目的的刑事案件。这类案件中，犯罪嫌疑人多以隐匿方式非法扣押人质，以达到某种政治目的或勒索钱财目的，且经过精心预谋。

此类案件的特点是绑架人质场所的隐秘性，采用手段的多样性，犯罪分子行为的狡诈性。

2. 劫持人质案件

这是指犯罪嫌疑人在公开场合以暴力手段控制人质，并公然与第三方（人质关系人）对峙，以人质生命安全相威胁，以达到其个人发泄私愤、逃避打击或经济利益等目的的刑事犯罪。这类案件劫持者和人质地点相对明确，犯罪嫌疑人的犯罪目的性比较复杂，案件发生既有预谋性的，也有突发性的。

此类案件的特点是劫持人质的形式公开性，暴力对抗性强，发生案由的情况复杂。

（二）绑架劫持人质事件的应对措施

犯罪分子采取绑架人质的行动，一般都是事先预谋好的，一定已做好充足的准备，他们丧心病狂，为达到目的不择手段。所以，一旦沦为人质，切勿莽撞行事，应牢记以下几点：

第一，切勿过度紧张，注意保留体力和精力。通常的劫持事件都很难得到快速解决，双方会僵持较长时间，而且事情的进展也难以预测，对被劫持者的身体和心理都是一种煎熬，所以若被劫持，一定要保护好自己，保存好体力和精力才有获救的机会。

第二，应沉着冷静，保证自身安全的情况下，观察犯罪嫌疑人，寻找其弱点。一般在发生这类犯罪时，犯罪嫌疑人精神亢奋，一定时间后注意力和判断力均会下降，容易露出破绽和弱点，作为人质应通过其语气语调和用词等，寻找犯罪嫌疑人的弱点，一边留意犯罪嫌疑人的行动，一边寻找可以传递信息的机会，尽量将其信息传递出去。

第三，一旦遭遇绑架，应坚信自己会被解救，切勿鲁莽做无用反抗，否则很有可能激怒犯罪嫌疑人，危害到自身生命安全。在莫斯科剧院的劫持人质事件中，就有这样的情况发生。只是因为某一人质精神崩溃，做出了不当行为，最终导致恐怖分子对全体人质实施了残忍的报复。若在被劫持中发生爆炸，一定不要四处乱跑，应双手抱头原地趴下。

第四，若被劫现场发生毒气泄漏，应就近寻找湿布捂住口鼻，采用挥动手臂或挥舞衣物的方法来引起搭救人员的注意，切勿大声呼救，否则会导致大量毒气进入身体，更加危险。获救后应立刻主动到特定的地方去消毒，以除去身上残留毒气。

第五，如劫持发生在商场、剧场等空间较大的公共场所时，被劫持人员可能相当多，被劫持的时间也可能相当长，所以一定要约束好自己的行为，防止对他人造成危害，也避免给营救人员的营救行动造成阻碍。

第六，当被解救后，应按照营救人员设定的路线陆续离开现场，切勿相互拥挤或随意走动，以免产生踩踏事故或因误闯误触而引发其他不必要的危险，因为现场有可能还存在嫌疑犯遗留的爆炸物。

除上述应注意的事项外，还应该牢记八点“不要”。

第一，无论是被劫持时还是被解救之后，都不要随意乱碰劫持现场的任何物品，因为恐怖分子有可能会在现场布置了你所不知道的毒气或爆炸装置。

第二，不要过于自信，妄图能够与犯罪嫌疑人协商谈判，以免激怒他们，对自己或他人造成伤害，因为这些人通常不按常理出牌，行动毫无逻辑性。

第三，不要以任何方式对犯罪嫌疑人进行威胁，因为他们并不会在意你。

第四，不要将老弱妇孺放于人质最前面，更不要出卖同伴，妄图博取犯罪嫌疑人的同情。这是幼稚可笑的行为，只会助长其嚣张的气焰。

第五，不要意气用事，靠个人蛮干是无法战胜绑架实施者的，更不要使自己的行为失控，以免对其他人的生命造成威胁。

第六，当营救警犬靠近你时，不要慌张害怕，因为他们都经过专业的训练，绝对不会做出伤害人质的行为。

第七，当与亲人朋友一起被劫持时，被救撤离应遵循营救人员疏导，不要过分担心自己的亲人，因为营救也是按原则一批一批进行的，通常从建筑外侧向内侧进行，先营救老人和儿童，然后才是成年人。

第八，出行时不要忘记携带身份证件。如遇挟持，这些证件有助于证明你的身份。营救人员在安排人质撤离时，通常会挨个盘查，以防止犯罪嫌疑人混入人质队伍。

二、遇到抢劫时的应对措施

抢劫是以暴力、胁迫或其他方法强行抢走财物的行为，具有十分恶劣的社会影响和极大的社会危害性。若处理方式不得当，则很可能转化为其他更加恶劣的案件。

抢劫案多发生于夜间人少时或人烟较少的地区，如黑暗路段或门洞中，地下通道或公共厕所内，立交桥上，花园、树林或海滨公园内。作案形式也有不同，有的是一人单独作案，有的是几人结伴作案。

遇到抢劫时，莫要惊慌害怕，注意观察周围的环境，分析判断劫持者的人数和实力如何，之后再根据当时的情况选择正确的应对之策。

有能力时应尽量反抗，进行正当防卫。经判断确定自己有反抗的能力时，应迅速抓住时机，搜寻身旁的石头、砖块、棍棒等物品充当武器攻击抢劫者。不用担心，因为正当防卫是被法律所认可的。《刑法》中就有明文规定，对正在实施抢劫、杀人、绑架、强奸、纵火、爆炸行为人，公民可正当防卫，造成对方伤亡不追究刑事责任。

当能力不足处于下风或无力反抗时，可以适当地交出一些财物，仍可以选择利用语言进行反抗，镇定的告知作案者他如此做法将造成何种后果，或可导致其放弃作案或心理上的恐慌。绝对不要一直示弱，助长作案人的气焰，只要清楚表明自己并不想反抗且已经依要求交出了所有财物即可，同时寻找时机进行反抗、求助或迅速逃离。

除直接反抗的行为外，还有一种间接反抗法，即求助作记号。具体来说就是可以寻找时机报警或发出其他求救信号；可以故意在作案人的衣服或身上留下印记，可以利用身边的泥土和血，也可以趁其不备，将一些标志性的小东西放入作案者的衣物中；犯罪嫌疑人逃离时，应注意其去向，如条件允许，可一边报警一边悄悄跟踪。

应多留意作案人自身的特征，如身高、体态、年龄、衣着、发型、胡须、疤痕、语言、行为等，如果他还使用了交通工具，应尽量记下其大小、型号、颜色和车牌号码。

尽量寻找机会呼救，或与作案人周旋时可故意提高音调以引起附近行人的注意，为自己争取更多的被救机会。遭遇抢劫时，应具体情况具体分析，灵活运用上述方法，为制服歹徒，保护自己人身和财产安全争取更大的机会。

参考文献

[1] 胡炬波 . 户外运动与拓展训练 [M]. 杭州：浙江大学出版社，2017.

[2] 李舒平，董范 . 户外运动 [M]. 北京：高等教育出版社，2012.

[3] 杨绛梅 . 户外运动 [M]. 北京：北京体育大学出版社，2015.

[4] 钱永健 . 拓展训练 [M]. 北京：企业管理出版社，2006.

[5] 李冈脚 . 做最好的拓展培训师 [M]. 北京：企业管理出版社，2008.

[6] 经理人培训项目编写组 . 拓展培训游戏全案 [M]. 北京：中国国际广播出版社，2005.

[7] 张建新，牛小洪 . 户外运动宝典 [M]. 武汉：湖北科学技术出版社，2009.

[8] 克里斯 . 拜格肖 . 户外运动终极手册 [M]. 杨雪，译 . 沈阳：辽宁科学技术出版社，2005.

[9] 董立 . 大学生户外运动 [M]. 成都：西南交通大学出版社，2010.

[10] 柴松，王洪武 . 大学生野外生存生活指南 [M]. 合肥：中国科技大学出版社，2008.

[11] 王桂忠，邱世亮，范锦勤 . 野外生存教育教程 [M]. 广州：暨南大学出版社，2009.

[12] 李舒平，邹凯 . 户外运动的风险管理 [M]. 广州：广东科技出版社，2009.

[13] 邹纯学，李远乐 . 户外运动 [M]. 长沙：湖南科学技术出版社，2005.

[14] 杨毅 . 山地户外运动产业研究 [M]. 北京：中国纺织出版社，2018.

[15] 王广兰 . 营养学 [M]. 北京：北京体育大学出版社，2005.

[16] 王小源 . 户外运动用品与装备手册 [M]. 北京：中国水利水电出版社，2005.

[17] 陶宇平 . 户外运动与拓展训练教程 [M]. 北京：电子科技大学出版社，2006.

[18] 王奉安 . 云——气象万千 [M]. 北京：气象出版社，2007.

[19] 程君杰 . 户外运动与拓展训练研究 [M]. 长春：吉林大学出版社，2016.

[20] 李一新 . 最新遭祸遇险求生手册 [M]. 北京：石油工业出版社，2007.

[21] 梁立立 . 户外运动服饰的功能性研究与设计开发 [M]. 北京：中国纺织出版社，2018.

[22] 韩云钢 . 中国户外用品 2009 年度调查报告 [J]. 纺织报告，2010（6）：8-14.

[23] 周红伟 . 我国户外运动安全保障系统的构建研究 [J]. 南京体育学院学报，2010，24（2）：92-96.

[24] 杨毅华 . 幼儿户外体育活动开展中的支持策略 [J]. 课程教育研究 ,2019(04):222.

[25] 肖平 . 浅谈户外循环式的运动开展与实施 [J]. 才智 ,2019(04):234.

[26] 宋学岷 , 司虎克 . 中国户外运动研究的发展特征及趋势分析 [J]. 广州体育学院学报 ,2018,38(02):48-56.

[27] 王莉 , 胡贝贝 . 户外运动研究问题透视与展望 [J]. 体育科学研究 ,2018,22(02):54-59.

[28] 刘朝明 , 杨树荣 . 山地户外运动安全因素及对策研究 [J]. 当代体育科技 ,2018, 8 (09): 234-236.

[29] 彭浩波 . 户外运动在高中体育教学中的运用 [J]. 青少年体育 ,2018(07):71-72.

[30] 张宇鑫 . 大学生户外运动需求及参与行为研究 [J]. 体育世界 (学术版), 2018(09): 185-186+126.